CULTURE GÉNÉRALE ADMINISTRATIVE

100 FICHES

Nouvelle édition revue et augmentée

Ludovic LESTIDEAU

Docteur en droit public, chargé de cours à l'université de Cergy-Pontoise, formateur au CNFPT et membre de jurys de concours, Ludovic LESTIDEAU est administrateur au sein d'une métropole.

Ouvrage dirigé par Laurence BRUNEL

GROUPE Studyrama

Le groupe Studyrama, partenaire de votre avenir.

En tant qu'acteur référent du monde de l'orientation et de l'aide à la réussite aux examens et aux concours, notre vocation est de vous accompagner et de vous conseiller tout au long de votre parcours étudiant et professionnel.

Convaincus que la formation est la clé de votre employabilité, nous avons créé un écosystème pertinent pour vous aider dans les décisions déterminantes pour votre avenir.

• Chaque année, nos 140 salons permettent à plus de 500 000 jeunes de trouver la formation et l'établissement qui les mèneront vers la réussite.

• 4,5 millions de lycéens, étudiants et professionnels trouvent chaque mois, sur nos sites web et applis, les réponses à leurs questions grâce à des contenus d'experts sur l'orientation, la formation, les révisions, l'évolution de carrière, l'efficacité professionnelle...

• Nos ouvrages, rédigés par les meilleurs spécialistes, facilitent le choix d'orientation de nos lecteurs et apportent un soutien efficace dans la préparation des concours et des examens.

• Le service d'accompagnement sur-mesure de notre réseau de conseillers d'orientation tonavenir.net guide des milliers de jeunes afin qu'ils trouvent la voie du succès.

Notre démarche est fondée sur trois objectifs majeurs : fournir une information de qualité et actualisée, créer les rencontres décisives pour votre évolution et vous offrir les meilleurs conseils d'experts et services personnalisés.

Et comme c'est ensemble que nous avançons, nous sommes à votre écoute permanente pour optimiser nos produits et nos offres, afin d'être le partenaire de votre avenir à chaque étape de votre vie !

Pour découvrir l'univers de Studyrama :
Le site référent de l'orientation : studyrama.com
L'agenda de nos 140 salons : studyrama.com/salons
Nos conseillers d'orientation dans toute la France : tonavenir.net
Nos maisons d'édition : librairie.studyrama.com

Pour nous contacter : info@studyrama.com

LISTE DES SIGLES ET ACRONYMES

3E	Entreprises, emploi, économie
AAI	Autorité administrative indépendante
AAU	Acte administratif unilatéral
ACNUSA	Autorité de contrôle des nuisances sonores aéroportuaires
AE	Autorisation d'engagement
AFLD	Agence française de lutte contre le dopage
AJDA	Actualité juridique du droit administratif
AMF	Autorité des marchés financiers
AMO	Assistant au maître d'ouvrage
APA	Allocation personnalisée d'autonomie
Apu	Administrations publiques
Apul	Administrations publiques locales
Arafer	Autorité de régulation des activités ferroviaires et routières
ARDP	Autorité de régulation de la distribution de la presse
Arecp	Autorité de régulation des communications électroniques et des postes
Arjel	Autorité de régulation des jeux en ligne
ASE	Aide sociale à l'enfance
ASN	Autorité de sûreté nucléaire
BOAMP	Bulletin officiel des annonces de marchés publics
BS	Budget supplémentaire
Cada	Commission d'accès aux documents administratifs
CAO	Commission d'appel d'offres
CC	Communauté de communes
CCAG	Cahiers des clauses administratives générales
CCAS	Centres communaux d'action sociale
CCFP	Conseil commun de la fonction publique
CCTG	Cahiers des clauses techniques générales
CDG	Centre de gestion
Ceca	Communauté européenne du charbon et de l'acier
CEDH	Cour européenne des droits de l'homme
CEEA	Communauté européenne de l'énergie atomique
CESDH	Convention européenne de sauvegarde des droits de l'homme
CESE	Conseil économique, social et environnemental
Ceser	Conseil économique, social et environnemental régional
CGCT	Code général des collectivités territoriales
CGLPL	Contrôleur général des lieux de privation de liberté

LISTE DES SIGLES ET ACRONYMES

CGPPP Code général de la propriété des personnes publiques
Civen Comité d'indemnisation des victimes des essais nucléaires
CJUE Cour de justice de l'Union européenne
CMS Centre municipal de santé
CNA Cour nationale du droit d'asile
CNCTR Commission nationale de contrôle des techniques de renseignement
CNDA Cour nationale du droit d'asile
CNDP Commission nationale du débat public
Cneser Conseil national de l'enseignement supérieur et de la recherche
CNFPT Centre national de la fonction publique territoriale
Cnil Commission nationale informatique et libertés
CRE Commission de régulation de l'énergie
CRPA Code des relations entre le public et l'administration
CSDN Commission du secret de la défense nationale
CSFPE Conseil supérieur de la fonction publique de l'État
DASEN Directeur académique des services de l'Éducation nationale
DAJ Direction des affaires juridiques
DC Décision en conformité
DDCS Direction départementale de la cohésion sociale
DDCSPP Direction départementale de la cohésion sociale et de la protection des populations
DGCS Direction générale de la cohésion sociale
DGOS Direction générale de l'offre de soins
DGS Direction générale de la santé
DIES Délégation à l'innovation en santé
Dila Direction de l'information légale et administrative
Direccte Direction régionale des entreprises, de la concurrence, de la consommation, du travail et de l'emploi
DJSCS Direction de la jeunesse, des sports et de la cohésion sociale
DPD Délégué à la protection des données
Draaf Direction régionale de l'alimentation, de l'agriculture et de la forêt
Drac Direction régionale des affaires culturelles
Dreal Direction régionale de l'environnement, de l'aménagement et du logement
DRJSCS Direction régionale de la jeunesse, des sports et de la cohésion sociale
DSP Délégation de service public
EHESP École des hautes études en santé publique
ENA École nationale d'administration
ENS École nationale supérieure

EPA Établissement public administratif
EPIC Établissement public industriel ou commercial
EPL Établissement public local
EPLE Établissement public local d'enseignement
ESP École supérieure de publicité
FPE Fonction publique de l'État
FPH Fonction publique hospitalière
FPT Fonction publique territoriale
GBCP Gestion budgétaire et comptable publique
GIP Groupement d'intérêt public
H3C Haut Conseil du commissariat aux comptes
Hadopi Haute Autorité pour la diffusion des œuvres et la protection des droits sur Internet
HAS Haute Autorité de santé
HATVP Haute Autorité pour la transparence de la vie publique
HCERES Haut Conseil de l'évaluation de la recherche et de l'enseignement supérieur
INET Institut national des études territoriales
Inserm Institut national de la santé et de la recherche médicale
IR Impôt sur le revenu
IS Impôt sur les sociétés
JAL Journal d'annonces légales
JDC Journée défense et citoyenneté
LRAR Lettre recommandée avec accusé de réception
Mapa Marché à procédure adaptée
Matpam Modernisation de l'action publique territoriale et d'affirmation des métropoles
Odac Organisme divers d'administration centrale
Ofpra Office français de protection des réfugiés et apatrides
Ondam Objectif national des dépenses d'assurance maladie
OPH Office public de l'habitat
PESC Politique étrangère et de sécurité commune
PLF Projet de loi de finances
PPP Partenariat public-privé
RAA Recueil des actes administratifs
RAPO Recours administratif préalable obligatoire
RGBCP Relatif à la gestion budgétaire et comptable publique
RGPD Règlement général de la protection des données
RSA Revenu de solidarité active
Scic Société coopérative d'intérêt collectif

LISTE DES SIGLES ET ACRONYMES

SDCI Schéma départemental de coopération intercommunale
SDIS Service départemental d'incendie et de secours
SEM Société d'économie mixte
SGAE Secrétariat général des affaires européennes
SIEG Service d'intérêt économique général
Sivom Syndicat intercommunal à vocation multiple
Sivu Syndicat intercommunal à vocation unique
SPL Société publique locale
SVA Silence vaut acceptation
TAAF Terres australes et antarctiques françaises
TECE Traité établissant une Constitution pour l'Europe
TFUE Traité sur le fonctionnement de l'Union européenne
TICPE Taxe intérieure de consommation sur les produits énergétiques
TP Travaux publics
TVA Taxe sur la valeur ajoutée
UEM Union économique monétaire
Ugap Union des groupements d'achats publics

PRINCIPALES STATISTIQUES CONCERNANT L'ADMINISTRATION FRANÇAISE

COMPOSITION DU GOUVERNEMENT AU 1ER DÉCEMBRE 2020

Ministres

Ministre de l'Europe et des Affaires étrangères : **Jean-Yves Le Drian**
Ministre de la Transition écologique : **Barbara Pompili**
Ministre de l'Éducation nationale, de la Jeunesse et des Sports : **Jean-Michel Blanquer**
Ministre de l'Économie, des Finances et de la Relance : **Bruno Le Maire**
Ministre des Armées : **Florence Parly**
Ministre de l'Intérieur : **Gérald Darmanin**
Ministre du Travail, de l'Emploi et de l'Insertion : **Élisabeth Borne**
Ministre des Outre-mer : **Sébastien Lecornu**
Ministre de la Cohésion des territoires et des Relations avec les collectivités territoriales : **Jacqueline Gourault**
Garde des Sceaux, ministre de la Justice : **Éric Dupond-Moretti**
Ministre de la Culture : **Roselyne Bachelot**
Ministre des Solidarités et de la Santé : **Olivier Véran**
Ministre de la Mer : **Annick Girardin**
Ministre de l'Enseignement supérieur, de la Recherche et de l'Innovation : **Frédérique Vidal**
Ministre de l'Agriculture et de l'Alimentation : **Julien Denormandie**
Ministre de la Transformation et de la Fonction publiques : **Amélie de Montchalin**

Ministres délégués

Ministre délégué auprès du Premier ministre, en charge des Relations avec le Parlement et de la Participation citoyenne : **Marc Fesneau**
Ministre déléguée auprès du Premier ministre, en charge de l'Égalité entre les femmes et les hommes, de la Diversité et de l'Égalité des chances : **Élisabeth Moreno**
Ministre délégué auprès du ministre de l'Europe et des Affaires étrangères, en charge du Commerce extérieur et de l'Attractivité : **Franck Riester**
Ministre déléguée auprès de la ministre de la Transition écologique, en charge du Logement : **Emmanuelle Wargon**
Ministre délégué auprès de la ministre de la Transition écologique, en charge des Transports : **Jean-Baptiste Djebbari**

Ministre déléguée auprès du ministre de l'Éducation nationale, de la Jeunesse et des Sports, en charge des Sports : **Roxana Maracineanu**

Ministre délégué auprès du ministre de l'Économie, des Finances et de la Relance, en charge des Comptes publics : **Olivier Dussopt**

Ministre déléguée auprès du ministre de l'Économie, des Finances et de la Relance, en charge de l'Industrie : **Agnès Pannier-Runacher**

Ministre délégué auprès du ministre de l'Économie, des Finances et de la Relance, en charge des Petites et Moyennes Entreprises : **Alain Griset**

Ministre déléguée auprès de la ministre des Armées, en charge de la Mémoire et des Anciens combattants : **Geneviève Darrieussecq**

Ministre déléguée auprès du ministre de l'Intérieur, en charge de la Citoyenneté : **Marlène Schiappa**

Ministre déléguée auprès de la ministre du Travail, de l'Emploi et de l'Insertion, en charge de l'Insertion : **Brigitte Klinkert**

Ministre déléguée auprès de la ministre de la Cohésion des territoires et des Relations avec les collectivités territoriales, en charge de la Ville : **Nadia Hai**

Ministre déléguée auprès du ministre des Solidarités et de la Santé, en charge de l'Autonomie : **Brigitte Bourguignon**

Secrétaires d'État

Auprès du Premier ministre

Porte-parole du Gouvernement : **Gabriel Attal**

Chargée des Personnes handicapées : **Sophie Cluzel**

Auprès du ministre de l'Europe et des Affaires étrangères

Chargé du Tourisme, des Français de l'étranger et de la Francophonie : **Jean-Baptiste Lemoyne**

Chargé des Affaires européennes : **Clément Beaune**

Auprès de la ministre de la Transition écologique

Chargée de la Biodiversité : **Bérangère Abba**

Auprès du ministre de l'Éducation nationale, de la Jeunesse et des Sports

Chargée de l'Éducation prioritaire : **Nathalie Élimas**

Chargée de la Jeunesse et de l'Engagement : **Sarah El Haïry**

Auprès du ministre de l'Économie, des Finances et de la Relance et de la ministre de la Cohésion des territoires et des Relations avec les collectivités territoriales :

Chargé de la Transition numérique et des Communications électroniques : **Cédric O**

Auprès du ministre de l'Économie, des Finances et de la Relance :

Chargée de l'Économie sociale, solidaire et responsable : **Olivia Grégoire**

Auprès de la ministre du Travail, de l'Emploi et de l'Insertion
Chargé des Retraites et de la Santé au travail : **Laurent Pietraszewski**
Auprès de la ministre de la Cohésion des territoires et des Relations avec les collectivités territoriales
Chargé de la Ruralité : **Joël Giraud**
Auprès du ministre des Solidarités et de la Santé
Chargé de l'Enfance et des Familles : **Adrien Taquet**

LES ADMINISTRATIONS DEÉCENTRALISÉES

(Au 1er janvier 2020 - données fournies par le ministère de l'Intérieur)

Collectivités	Nombre	Compétences
Commune	34 968	Clause de compétence générale (hormis les compétences de l'État) ; gestion des écoles
Département	101 (96 en métropole et 5 en outre-mer)	Gestion des collèges Action sociale et médico-sociale Sécurité
Région	13	Gestion des lycées Aménagement du territoire, des infrastructures et des transports Environnement Formation et enseignement Grands équipements (ports et aérodromes) Logement et habitat Vie économique
EPCI	1 254 21 métropoles 14 communautés urbaines 222 communautés d'agglomération 997 communautés de communes 4 communes sont isolées et ne font pas partie des EPCI	Les compétences varient en fonction de la typologie de l'EPCI et des compétences attribuées par les communes.

LES AGENTS PUBLICS

Nombre total d'agents dans la fonction publique française, au 1er janvier 2019 :

Fonction publique de l'État	2 470 283
Fonction publique territoriale	1 915 415
Fonction publique hospitalière	1 178 622
Total	**5 564 320**

Évolution du nombre de fonctionnaires en 2018 par rapport à 2017 :

Fonction publique de l'État	0,8 %
Fonction publique territoriale	0,7 %
Fonction publique hospitalière	0,4 %
Total	**0,7 %**

INTRODUCTION

La France est un État administratif, comme nombre d'autres pays européens. L'administration y est présente à tous les niveaux : elle régule, ordonne et organise l'économie et la vie des citoyens, de leur naissance à leur disparition et pour chacune des étapes de la vie.

Comprendre l'**administration**, c'est saisir l'essence du système français et toutes ses spécificités : que ce soit les règles juridiques qui s'appliquent à elle (**Partie I**) et la forme que cette administration peut prendre (État, collectivités territoriales, établissements publics, etc., **Partie II**). Une fois ce cadre posé, il est plus facile d'appréhender les moyens d'action dont l'administration dispose (les actes administratifs et les contrats, **Partie III**) ainsi que les acteurs qui la composent (usagers et personnels, **Partie IV**).

C'est cela, **la culture administrative** : l'acquisition de règles juridiques de même que la compréhension de l'histoire, de l'organisation et de l'environnement administratifs.

Cette culture doit être acquise par les candidats ou agents publics, lorsqu'ils se présentent à des concours administratifs, ainsi que tout au long de leur carrière professionnelle.

Il en est de même de tous les citoyens et usagers, qu'ils soient français, européens ou issus d'un pays non européen.

La qualité de l'administration et du service public **français** repose sur ces quatre postulats :

- une soumission de l'administration au droit ;
- un cadre administratif précis ;
- des moyens puissants et circonscrits ;
- des acteurs clairement identifiés.

L'objectif de ce texte actualisé avec les réformes les plus récentes est d'offrir l'essentiel de ce panorama précis et synthétique de **la culture administrative française** à tous les lecteurs. Des focus, à la fin de certaines fiches, précisent les terminologies utilisées.

DROIT ADMINISTRATIF ET PRINCIPE DE LÉGALITÉ

PARTIE I

L'administration publique, qu'elle soit étatique, territoriale ou hospitalière, obéit au **principe de légalité.**

Cette **soumission au droit** impose que chaque administration ne peut agir que dans son propre domaine, tel qu'il est posé par la loi et les textes réglementaires. Sans quoi, elle se place hors du champ juridique et son action peut être déclarée illégale et légitimement contestée. C'est ainsi que, par exemple, l'administration des douanes intervient dans le seul domaine des douanes ou bien encore qu'une région n'intervient qu'en matière d'aménagement du territoire, d'emploi, d'enseignement (lycée) et de transport.

Pour bien comprendre ce dispositif de soumission au droit, il convient de poser les règles liées à la **hiérarchie des normes,** plus communément appelée ordonnancement juridique ou pyramide de Kelsen (cf. fiches 1 à 4). Ceci posé, il sera plus aisé de parler du droit propre à l'administration, **le droit administratif** (cf. fiches 5 à 7). Le juge administratif, ou pour être plus précis, **les juges de l'administration,** seront présentés (cf. fiches 8 à 14), sans oublier la place prépondérante qu'occupent **les droits européens,** issus de l'Union européenne et du Conseil de l'Europe, *via* la Convention européenne de sauvegarde des droits de l'homme (cf. fiches 15 à 18).

CHAPITRE 1 : LA NOTION D'ORDONNANCEMENT JURIDIQUE

Les textes juridiques qui s'imposent à l'administration ne produisent pas tous les mêmes effets. Depuis le milieu du XXe siècle, sous l'impulsion d'Hans Kelsen, philosophe et juriste autrichien, on conçoit ces textes sous la forme d'une pyramide (cf. fiche 1).

Ce **droit « positif » et rigide** se voit opposer au **droit « souple »**, que le Conseil d'État vient de consacrer (cf. fiche 2).

À la lecture de cette pyramide, cependant, sont évincées **la jurisprudence** (cf. fiche 3) et **les questions parlementaires** auxquelles répondent les ministres (cf. fiche 4). Ces deux matières, toutefois, disposent d'un domaine qui leur est propre.

FICHE 1 : LA HIÉRARCHIE DES NORMES

La **hiérarchie des normes** doit principalement sa notoriété à un Autrichien de renommée : **Hans Kelsen (1881-1973)**. Penseur du droit et philosophe, il a posé nombre de préceptes dont celui d'une **superposition des normes** qui formeraient le droit positif (cf. focus « Le droit positif »). C'est à cette occasion qu'il a pu préciser que « *la théorie pure du droit est une théorie du droit positif* ».

Le schéma de la **pyramide de Kelsen**, ci-après, présente une série de blocs qui sont situés les uns au-dessus des autres, ce qui a pour conséquence d'imposer les blocs supérieurs aux blocs inférieurs.

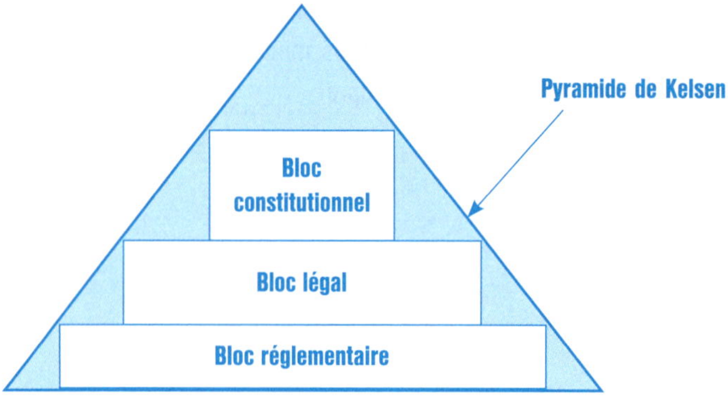

FOCUS : LE DROIT POSITIF

L'expression « droit positif » désigne les règles de droit en vigueur.
Le droit positif est l'ensemble des textes présents dans la hiérarchie des normes.

Pour raccrocher ce schéma aux dispositions constitutionnelles françaises, on peut dire que le bloc de légalité est rattaché à l'article 34 de la Constitution qui définit le domaine de la loi, et le bloc réglementaire, à l'article 37, qui précise que ce qui n'est pas du domaine de loi est du domaine réglementaire. Il s'en dégage trois règles :

- **une norme ne peut contredire une norme qui lui est supérieure ;**
- en sens contraire, **une norme s'impose « de droit » aux normes qui lui sont inférieures.** Ces dernières doivent être établies selon les formes et procédures prévues par les normes supérieures ;
- des normes de rangs identiques ne peuvent produire des effets contraires puisqu'elles subissent, à leur tour, une hiérarchie. **Soit l'une d'elles est supérieure aux autres au sein du même**

bloc, soit elle la remplace puisqu'elle est plus récente. Si ces deux alternatives n'aboutissent pas, la règle spéciale déroge alors à la règle principale.

Le tout est soumis au contrôle d'un juge, clé de voûte du dispositif. Au bloc de légalité, on associe **le juge constitutionnel, à savoir le Conseil constitutionnel**. Au bloc réglementaire, **le juge administratif**.

Les textes présents dans les trois blocs sont les suivants :

- **le bloc constitutionnel** est fondé sur la Constitution de 1958, le préambule de la Constitution de 1946, la Déclaration des droits de l'homme et du citoyen de 1789, la Charte de l'environnement, les principes fondamentaux reconnus par les lois de la République, les objectifs de valeur constitutionnelle et enfin les principes constitutionnels. C'est le Conseil constitutionnel, dès 1971, qui a permis de définir ce bloc constitutionnel ;
- **le bloc légal** comprend **les lois ordinaires, les lois organiques** (elles précisent l'organisation et le fonctionnement des pouvoirs publics en appliquant la Constitution) et **les ordonnances** (il s'agit des actes pris par le gouvernement dans le domaine de la loi, tel que prévu par l'article 38 de la Constitution) ;
- **le bloc réglementaire** est composé **d'actes réglementaires** (parce qu'ils sont généraux et ne visent pas une ou plusieurs personnes nommément désignées, mais une ou des catégories) et **d'actes individuels** (parce qu'ils comportent un ou plusieurs noms de personnes physiques ou morales) (cf. fiches 47 à 49). On y trouve :

- **le décret** (il existe trois catégories de décrets, du plus au moins important : le décret pris en conseil des ministres et signé par le président de la République, le décret signé parle Premier ministre et pris en Conseil d'État et le décret « simple »),
- **l'arrêté**, qui émane d'un ou plusieurs ministres (arrêté ministériel ou interministériel) ou d'autres autorités administratives (arrêté préfectoral, municipal, etc.),
- **la délibération** (municipale ou du conseil d'administration d'un établissement public administratif, comme une université),
- **la circulaire** (texte émanant d'un ministère et destiné à donner une interprétation d'un texte de loi ou d'un règlement, afin que ce texte soit appliqué de manière uniforme sur le territoire. Ce sont des recommandations ; elles ne s'appliquent qu'aux agents du service public en charge de l'exécution de celui-ci),
- **la directive** (acte administratif par lequel le titulaire d'une compétence discrétionnaire fixe par avance la manière dont il va l'utiliser. Elle facilite la tâche de l'administration et permet une action plus homogène en garantissant une plus grande égalité dans le traitement des administrés. La directive doit s'adapter à la réglementation appliquée et n'est pas réglementaire – l'administration peut y déroger).

Deux problèmes se posent cependant au sujet de cette lecture hiérarchique des textes :

- **Le premier problème** concerne **les actes « infraréglementaires »,** c'est-à-dire cette catégorie d'actes qui ont la « couleur » des actes réglementaires, mais qui n'en sont pas. Il s'agit de circulaires administratives interprétatives, de lettres d'intention, de déclarations... ce qui se rapproche du **droit mou** (cf. fiche 2). On parle d'actes « infraréglementaires », puisqu'ils ne produisent pas, pour le juge administratif, de droits ni d'obligations. Ce dernier les appelle des **mesures d'ordre intérieur** (MOI). Cette typologie d'acte, qu'on peut placer sous les actes réglementaires, et qui sont donc hors de la pyramide de Kelsen, interroge les juristes. Si la frontière semble aisée à définir, en réalité il n'en est rien. Elle offre une vraie difficulté sur laquelle il convient de se pencher. Pour ce faire, l'exemple le plus significatif concerne les décisions prises au sein des établissements pénitentiaires. Le juge a été interrogé à plusieurs reprises par des détenus qui se voyaient appliquer des interdictions ou des obligations, voire des sanctions, sans que le juge administratif ne puisse intervenir. Dès 1992, puis en 1995 et enfin en 2007, le juge administratif (le Conseil d'État) a accepté de juger des actes administratifs où des détenus voyaient leurs droits restreints, à l'appui d'un préjudice. Avec ce tournant majeur, le Conseil d'État a fait rentrer la majeure partie des mesures d'ordre intérieur dans la catégorie des actes réglementaires. Le bloc réglementaire a ainsi été considérablement augmenté, sans toutefois que la catégorie des MOI ne disparaisse totalement ;
- **le second problème** est celui de la place des **traités internationaux et des normes issues de l'Union européenne.** Plus globalement, il s'agit de savoir comment ces textes « pénètrent le droit français ». On parle alors « d'étanchéité entre le droit international et le droit interne des États ». Ce système était qualifié de « dualiste ». Avec le développement du **droit européen** (cf. fiche 12), on est passé à un système moniste. L'article 55 de la Constitution précise sur ce point : « *Les traités ou accords régulièrement ratifiés ou approuvés ont, dès leur publication, une autorité supérieure à celles des lois, sous réserve, pour chaque accord ou traité, de son application par l'autre partie.* »

Au regard de la réciprocité des autres parties, la Constitution admet que les traités occupent **une place supérieure à la loi en droit interne.** C'est exactement le cas pour le droit européen. La Cour de justice de l'Union européenne (CJUE) continue cependant d'estimer que tout le droit européen de l'Union est supérieur à la Constitution elle-même (c'est-à-dire aux constitutions des États).

Ceci n'est pas le cas en France. **C'est la Constitution qui est supérieure à tous les textes.** Aussi, lorsque le Traité d'Amsterdam, en 1997, a été adopté, la France a fait le choix de modifier sa Constitution pour se mettre en conformité avec ce texte.

FICHE 2 : DROIT SOUPLE ET DROIT DUR

Le droit, tel qu'il est présenté par **la hiérarchie des normes,** crée des obligations et s'impose à tous les acteurs sociaux : on dit qu'il est obligatoire et contraignant. On trouve cependant, à côté de celui-ci, **un droit qu'on appelle souple ou mou** parce qu'il est suggéré, voire recommandé. Il peut s'agir de codes privés, de chartes, d'avis ou de communiqués.

C'est ainsi qu'en mars 2016, le Conseil d'État a rendu deux décisions tout à fait intéressantes et novatrices, qui font « jurisprudence », concernant cette notion.

Pour le juge suprême, on peut parler de **droit souple** quand les trois conditions suivantes sont réunies :

- **l'acte modifie ou oriente** les comportements des destinataires en suscitant, dans la mesure du possible, leur adhésion ;
- **l'acte ne crée pas en soi de droits ou d'obligations** pour ses destinataires ;
- **l'acte représente,** par son contenu et son mode d'élaboration, **un degré de formalisation et de structuration** qui l'apparente aux règles de droit.

Sur ce point, le juge suprême précise que « *pour examiner la légalité de ces actes, le juge contrôle, en l'espèce, la compétence des personnes publiques pour les édicter, le respect des droits de la défense et, avec une intensité variable selon les actes en cause, l'appréciation portée par l'autorité* ». Il en déduit sa compétence dans deux cas :

- quand il s'agit de l'application de sanctions ;
- « *lorsque l'acte contesté est de nature à produire des effets notables, notamment de nature économique, ou lorsqu'il a pour objet d'influer de manière significative sur les comportements des personnes auxquelles il s'adresse* ». Il peut s'agir, en pratique, et à titre d'exemple, de communiqués de presse.

Lorsqu'il reconnaît qu'un texte correspond à la définition du droit souple, le Conseil d'État accepte à présent d'en vérifier la légalité et peut l'annuler.

Ce **droit souple** est très présent dans la sphère du droit de la régulation économique ou sectorielle (activités bancaires et de bourses, secteur audiovisuel, télécommunications, concurrence...). Les autorités administratives indépendantes (cf. fiche 24) ont souvent recours à cette typologie juridique pour influencer les acteurs dont elles ont la charge de réguler l'activité.

Le droit souple cohabite, par conséquent, avec la hiérarchie des normes.

FICHE 3 : LA PLACE DE LA JURISPRUDENCE

Lorsqu'un juge rend une décision, on parle de **jurisprudence**.

Ce mot trouve dans sa racine étymologique, pour partie, une explication : *juris, droit et prudence, connaissance.* Il est, au sens strict, la connaissance (prudence) du droit. Cela ne suffit toutefois pas à le définir parce que ce terme est polysémique, c'est-à-dire qu'il a plusieurs significations.

- En premier lieu, il signifie **l'ensemble des décisions rendues par les tribunaux.** C'est ainsi que lorsque l'on parle de jurisprudence administrative, on dira qu'il s'agit de l'ensemble des décisions rendues par les tribunaux composant la juridiction administrative (les tribunaux administratifs, les cours administratives d'appel et le conseil d'État, principalement. Cf. fiche 7).
- En deuxième lieu, le terme jurisprudence renvoie à **une décision de justice importante et qui fait date.** Par exemple, lorsqu'on évoque le retrait d'un acte administratif, on cite la jurisprudence Ternon de 2001, parce que c'est la décision qui a posé la règle en la matière.
- En dernier lieu, c'est **un terme générique** qui peut vouloir renvoyer à une pratique générale, comme de dire que pour qu'un acte administratif produise ses effets, il est de jurisprudence constante qu'il soit affiché et notifié s'il s'agit d'un acte individuel.

La place de cette jurisprudence est cruciale en droit administratif, davantage qu'en droit civil, commercial ou criminel. À cet égard, le juge administratif œuvre depuis longtemps et au quotidien afin d'encadrer et de sécuriser juridiquement la pratique de l'administration. Dans le silence des textes réglementaires et législatifs, voire leur approximation, **le juge administratif crée du droit.**

Cette création « jurisprudentielle », que l'on appelle aussi **« droit prétorien »** (du prétoire du juge, c'est-à-dire de la salle d'audience), permet de combler ou de traduire les textes de droit positif.

En retour, le producteur de la norme, pouvoir législatif ou exécutif (le Parlement pour la loi, le gouvernement pour les actes réglementaires, décret ou arrêté), s'en empare pour créer du droit. **C'est ainsi que la jurisprudence du Conseil d'État a pu influencer de manière significative le gouvernement** pour écrire de nombreux articles composant le code des relations entre le public et l'administration.

De manière plus générale, on peut dire que **le droit administratif est essentiellement un droit jurisprudentiel (prétorien)**, et que ce sont principalement le Conseil d'État et le tribunal des conflits qui en sont à l'origine.

FICHE 4 : LES QUESTIONS PARLEMENTAIRES ET LES RÉPONSES MINISTÉRIELLES

Les membres élus du Parlement, députés et sénateurs, ont la possibilité de poser des questions au **gouvernement**. Celles-ci sont soit à forte sensibilité politique, soit plus techniques (juridiques, sociales, budgétaires...). Dans ce dernier cas, elles ont pour objectif d'apporter des précisions.

Le gouvernement, par l'intermédiaire de ses ministres, y répond dans un délai plus ou moins long. **Ces réponses sont publiées sur les sites de l'Assemblée nationale ou du Sénat** et donnent parfois lieu à des **commentaires de la part des spécialistes** des disciplines (on parlera alors de **doctrine**).

La question que se posent les juristes concerne la valeur de ces réponses. **S'agit-il de règles juridiques de droit positif insérées dans la pyramide de Kelsen, ou de simples interprétations de textes et pratiques ?**

Sur ce point, tout va dépendre de la réponse donnée. Une certitude en ressort, posée par l'article 1er, alinéa 2 de la loi du 17 juillet 1978 réglant les questions d'accès aux documents administratifs et codifiée au sein du code des relations entre le public et l'administration, à l'article L. 300-2 : « *Sont considérés comme documents administratifs, au sens des titres Ier, III et IV du présent livre, quels que soient leur date, leur lieu de conservation, leur forme et leur support, les documents produits ou reçus, dans le cadre de leur mission de service public, par l'État, les collectivités territoriales ainsi que par les autres personnes de droit public ou les personnes de droit privé chargées d'une telle mission. Constituent de tels documents notamment les dossiers, rapports, études, comptes rendus, procès-verbaux, statistiques, instructions, circulaires, notes et réponses ministérielles, correspondances, avis, prévisions, codes sources et décisions.* »

Le même code précise d'ailleurs à son article L. 312-2 que « *font l'objet d'une publication les instructions, les circulaires ainsi que les notes et réponses ministérielles qui comportent une interprétation du droit positif ou une description des procédures administratives* ».

Le Conseil d'État, à plusieurs reprises, a affirmé que « *les réponses faites par les ministres aux questions écrites des parlementaires ne constituent pas des actes susceptibles de faire l'objet d'un recours contentieux* », ce que le gouvernement a également précisé explicitement : « *Les réponses aux questions écrites posées par les députés et les sénateurs ont pour objet d'informer ceux-ci de l'action conduite par le gouvernement. Cet objet même fait obstacle à ce que ces réponses puissent s'insérer dans la hiérarchie des normes de droit et, dès lors, se substituer aux décisions réglementaires ou individuelles prises par les autorités administratives compétentes. De plus, eu égard au principe d'indépendance des juridictions, l'interprétation des dispositions législatives donnée par le gouvernement n'engage pas le juge, qui reste maître au sens qu'il entend donner aux textes. Pour ces deux raisons, les réponses ministérielles n'ont pas, en principe, de valeur juridique.* »

C'est dire l'importance de ces questions-réponses et leur place originale au sein du droit administratif, sans pour autant créer du droit.

CHAPITRE 2 : LE DROIT ADMINISTRATIF, DROIT DE L'ADMINISTRATION

Le droit est loin d'être uniforme. Il est composé de matières qui sont sensiblement différentes les unes des autres. C'est ainsi qu'on évoque le droit du travail, le droit des sociétés, le droit pénal… et le droit administratif.

Toutes ces matières sont essentiellement regroupées au sein de deux grandes branches : le droit privé et le droit public. À cet égard il est d'usage de parler de **séparation des autorités juridictionnelles** (cf. fiche 5) dans un État, la France, où est affirmée **la séparation des pouvoirs** (cf. fiche 6).

Ceci posé, il sera plus aisé d'aborder le **droit administratif**, composante du droit public, dans ses principales caractéristiques (cf. fiche 7).

FICHE 5 : SÉPARATION DES AUTORITÉS JURIDICTIONNELLES

Le système politique et juridique français repose sur un ensemble de principes et de textes qui prennent racine dans une histoire plus ou moins ancienne.

Depuis le Moyen Âge, il est interdit aux tribunaux judiciaires de « **connaître des litiges administratifs** ». Ce qui signifiait que toute affaire concernant l'administration (texte administratif à interpréter ou à annuler, problème de responsabilité ou de contrat...) ne pouvait pas être jugée par un juge (les juges administratifs n'existaient pas). Très souvent transgressée, cette règle a donné lieu à de très nombreux conflits jusqu'à la Révolution.

Cette règle a été reprise et posée par une très célèbre loi révolutionnaire (loi des 16 et 24 août 1790 : « *Les fonctions judiciaires sont distinctes et demeureront toujours séparées des fonctions administratives. Les juges ne pourront, à peine de forfaiture, troubler de quelque manière que ce soit les opérations des corps administratifs, ni citer devant eux les administrateurs pour raison de leurs fonctions* »). Depuis cette date, ce principe a été inscrit dans les Constitutions de 1791 et 1848, et répété dans nombre de textes de droit positif.

La conséquence directe de cette **séparation des autorités** concerne l'usager du service public. Jusqu'en 1800, il lui est impossible de s'adresser aux tribunaux lorsqu'il est en conflit avec l'État. Les tribunaux administratifs n'existant pas, le requérant ne peut que solliciter l'administration (ce qui correspond actuellement au recours gracieux), et celle-ci est alors peu conciliante.

Progressivement, vont apparaître des « embryons » de juridiction administrative : le Conseil d'État et les conseils de préfecture, qui préfigurent les tribunaux administratifs. Ils ne rendent pas de décisions, mais seulement des avis qui sont adressés aux ministres, qui seuls décident. Il faudra attendre la loi du 24 mai 1872 pour que le système de justice alors en vigueur (**la justice retenue**) évolue et que soit confiée à ces deux instances (Conseil d'État et conseils de préfecture), la capacité de rendre des décisions à l'encontre de l'administration (c'est le système de **justice déléguée**).

Pour sécuriser le tout, la même loi de 1872 recrée un tribunal en charge de trancher les litiges entre le juge judiciaire et ce nouveau juge administratif : le tribunal des conflits.

Une dernière évolution significative intervient, de 1872 à 1889, quand les ministres sont considérés comme des juges de première instance. Le Conseil d'État était alors seulement juge d'appel. Il faudra là aussi attendre une décision de 1889 (arrêt CADOT) pour que ce système soit définitivement supprimé et que le juge administratif prenne la main sur le contentieux administratif.

Tout ceci a été finalement confirmé par le Conseil constitutionnel en 1980 puis par la procédure liée à la question prioritaire de constitutionnalité (cf. fiche 28).

On peut dire, à présent, que la notion de séparation des autorités est stable.

FICHE 6 : SÉPARATION DES POUVOIRS

La séparation des pouvoirs a été posée au milieu du XVIIIe siècle par le philosophe anglais John Locke, puis par Montesquieu dans son ouvrage devenu un classique de la philosophie politique, *L'Esprit des lois*. Il y affirme que « *Pour qu'on ne puisse pas abuser du pouvoir, il faut que, par la disposition des choses, le pouvoir arrête le pouvoir.* »

Le principe est simple : de l'observation des pouvoirs qui sont entre les mains du roi de France, il ressort un abus manifeste. Ces deux auteurs prônent trois pouvoirs distincts (voire quatre) en charge de leur domaine respectif et de manière exclusive :

- le **pouvoir législatif** en charge des assemblées représentatives ;
- le **pouvoir exécutif** entre les mains du gouvernant ;
- le **pouvoir de la justice** ;
- le **pouvoir fédératif** (pour Locke. Ce principe ne sera pas repris par Montesquieu).

Cette séparation des pouvoirs aura un retentissement considérable, au point que l'article 16 de la Déclaration des droits de l'homme et du citoyen du 26 août 1789 la cite explicitement : « *Toute société dans laquelle la garantie des droits n'est pas assurée ni la séparation des pouvoirs déterminée, n'a point de Constitution.* » Ce dispositif deviendra progressivement le garant de la protection des libertés.

Concrètement, en revanche, sa mise en œuvre sera plus longue. Les constitutions françaises qui ont instauré une séparation des pouvoirs « *rigide* », c'est-à-dire stricte, ont toutes échoué (Directoire et IIe République). Une séparation plus « *souple* » a alors progressivement émergé, entraînant une collaboration entre les différents pouvoirs : dissolution du Parlement par le pouvoir exécutif, renversement du gouvernement par le Parlement ou encore soumission partielle des juges au pouvoir exécutif.

Le système adopté en France en 1958 et toujours en vigueur correspond à ce dispositif souple, avec une caractéristique supplémentaire : celle de la séparation des autorités juridictionnelles. En effet, le pouvoir législatif et le pouvoir exécutif, c'est-à-dire celui de l'administration, ont été soustraits au contrôle des juridictions judiciaires.

FICHE 7 : CARACTÉRISTIQUES DU DROIT ADMINISTRATIF

Le droit administratif est le droit de l'administration. Cette affirmation découle logiquement d'une lecture issue, d'une part, du principe de la séparation des autorités (cf. fiche 5), et d'autre part, de l'organisation juridictionnelle (cf. fiche 8).

Cette définition est cependant trop restrictive. On peut la compléter par les précisions suivantes : le droit administratif est une des composantes du droit public. Sur ce point, dans le schéma suivant, on peut relever la place qu'occupe le droit administratif au regard de l'ensemble des autres branches du droit.

Le droit administratif n'est pas codifié (bien qu'il existe des codes abordant partiellement le droit administratif : le code général des collectivités territoriales [CGCT], le code général de la propriété des personnes publiques [CGPPP], le code des relations entre le public et l'administration [CRPA]...). Les codes intitulés « Code administratif » sont seulement des codes d'éditeurs (établis par une maison d'édition) et ne sont pas versés dans le droit positif, comme le sont les 75 codes actuellement en vigueur (code civil, code de commerce, code du travail...).

Le droit administratif trouve ses sources dans deux séries de textes : **les uns issus du droit positif** tel qu'il ressort de la hiérarchie des normes (cf. fiche 1), les autres **de la jurisprudence** essentiellement administrative.

Sur ce dernier point, le juge administratif occupe une place significative en apportant des précisions que les textes de droit positif n'ont pas abordées (soit parce qu'ils sont imprécis, soit parce qu'ils sont silencieux). Davantage que cela, le juge administratif a pu dégager des principes généraux spécifiques au droit administratif comme les droits de la défense, l'accès au service public, le principe de non-rétroactivité des actes administratifs... Ces principes concernent principalement les droits de l'homme et la sécurité juridique. Ils seraient situés dans la hiérarchie des normes, selon la doctrine, entre les blocs législatifs et réglementaires. Il s'agit des **principes généraux du droit**.

Schéma des droits français

Droit public	**Droit constitutionnel**
	Droit administratif
	Droit international public
	Droit budgétaire
Droit privé	Droit civil
	Droit commercial
	Droit des sociétés...
Droit mixte	Droit pénal

FOCUS : LA DOCTRINE JURIDIQUE

Les penseurs « du droit », représentés par les professeurs de droit et les chercheurs de cette matière, mais également les praticiens (avocats, magistrats...), produisent des opinions qu'on appelle doctrine. Celle-ci n'a pas de force juridique en soi, mais a plutôt pour fonction de donner à penser, et donc d'influencer indirectement Parlement et gouvernement, mais aussi magistrats administratifs et bien sûr l'administration.

CHAPITRE 3 : LE TRIBUNAL ADMINISTRATIF, JUGE DE L'ADMINISTRATION, ET LE CONTENTIEUX ADMINISTRATIF

Le juge « naturel » de l'administration est **le tribunal administratif**. Cette évidence, à présent partagée et acceptée, ne s'est pas toujours imposée. Elle est d'abord le fruit d'un long processus historique ayant permis de dégager l'actuelle organisation juridictionnelle (cf. fiche 8).

De l'examen de la place du juge administratif dans ce vaste ensemble, on retient que ce dernier intervient à titre principal dans le cadre de deux recours administratifs : lorsqu'un acte administratif est attaqué (**recours pour excès de pouvoir**, cf. fiche 10) ou bien quand une question de **responsabilité de l'administration** ou en lien avec un **contrat administratif** (cf. fiche 11) sont en jeu (plein contentieux). Cette phase contentieuse interviendra parfois après un **recours administratif** (cf. fiche 9).

Seront également exposés les différents référés administratifs (cf. fiche 12)

Dans l'un ou l'autre de ces cas, il s'agira de **contentieux administratif**. Le procès administratif est alors actionné (cf. fiche 13). C'est à la suite de cela que l'administration et le requérant subiront les conséquences, positives ou négatives, de ce contentieux administratif (cf. fiche 14).

FICHE 8 : L'ORGANISATION JURIDICTIONNELLE

Le terme *juridictionnel*, sur le plan étymologique, n'a qu'un sens : il s'agit de dire le droit (*diction* et *jus*). C'est ainsi que lorsqu'on parle de juridiction, on vise exclusivement un tribunal.

Sur ce point, Montesquieu, dès 1750, a repéré le rôle central, voire dangereux pour les droits et libertés, que peut occuper le juge dans la société, en indiquant : « *Les juges de la nation ne sont que la bouche qui prononce les paroles de la loi, des êtres inanimés, qui n'en peuvent modérer ni la force ni la rigueur.* »

Par la suite, ce principe a été inscrit dans l'article 5 du code civil de 1804 qui dispose qu'il « *est défendu aux juges de prononcer par voie de disposition générale et réglementaire sur les causes qui leur sont soumises* ». En clair, les juges ont interdiction de produire des normes « générales » parce que leur seule mission est de résoudre les litiges « concrets » qui leur sont soumis.

Ce point est crucial et limite les pouvoirs du juge. Dès lors, en s'interrogeant sur l'organisation juridictionnelle propre au droit administratif, on relève d'une part, les tribunaux « classiques », et d'autre part, d'autres juridictions.

Schéma juridiction administrative

JURIDICTIONS ADMINISTRATIVES CLASSIQUES	AUTRES JURIDICTIONS ADMINISTRATIVES	
Conseil d'État (juge de cassation)		**Cassation**
Cour administrative d'appel	Cneser (Conseil national de l'enseignement supérieur et de la recherche) ; CNDA (Cour nationale du droit d'asile)	Deuxième instance
Tribunal administratif	Commission de contentieux de l'indemnisation des rapatriés ; section disciplinaire des universités ; ordres professionnels (huissier, médecins, dentistes...)	Première instance

Les tribunaux administratifs, qui ont pris la suite des conseils de préfecture, en 1954, sont juges de premier ressort et de droit commun de l'ordre administratif. C'est-à-dire que ce sont les premiers tribunaux à saisir en cas de différend avec l'administration pour les matières générales de l'administration, hors compétence réservée à une juridiction spécialisée. Ils sont également les conseils des préfets. Ce sont les portes d'entrée de la juridiction administrative pour tous les requérants (personnes physiques, morales, domiciliées ou non sur le territoire national). Il y en a 42 (34 en France métropolitaine et 8 hors métropole).

Leurs décisions sont soumises à l'appel (dans les deux mois) des cours administratives d'appel (sauf certaines matières qui sont soumises directement au juge de cassation qu'est le Conseil d'État). Ces dernières créées en 1987 ont commencé à rendre des décisions en matière d'appel, dès 1989. On en relève actuellement huit, toutes situées en France métropolitaine.

Les cours administratives d'appel sont également juge d'appels des jugements de différentes commissions qui rendent en première instance des décisions juridictionnelles.

Le ministère d'avocat n'est pas obligatoire devant les tribunaux administratifs lorsqu'il s'agit d'un REP (cf. fiche 10), à la différence des cours administratives d'appel et du Conseil d'État où en règle générale il est obligatoire d'être assisté d'un avocat (cf. focus).

Le juge de cassation de la juridiction administrative, qu'on qualifie de cour suprême ou encore de Juridiction administrative suprême, est le Conseil d'État. Il siège à Paris, place du Palais-Royal, et comprend plus de trois cents magistrats. Il exerce deux fonctions : juge administratif et conseil du gouvernement.

Il est parfois juge en premier et dernier ressort (contre les ordonnances, décrets, arrêtés à caractère réglementaire des ministres et décisions de certaines autorités administratives indépendantes (cf. fiche 30) ainsi que les décisions des ministres compétents en matière de contrôle des concentrations économiques) ou bien encore juge d'appel (pour les contentieux des élections municipales et départementales ou contre les ordonnances rendues par le juge des référés des tribunaux administratifs).

Sa principale activité contentieuse reste néanmoins le **contrôle de cassation** par lequel le Conseil d'État vérifie que les juridictions inférieures ont correctement appliqué la procédure juridictionnelle (c'est-à-dire le droit applicable), sans commettre d'erreur dans la qualification des faits (il s'agit des faits à l'origine du contentieux).

Le Conseil d'État est organisé en six sections (intérieur, finances, travaux publics, social, administration et rapport et études) lorsqu'il rend des avis, et en chambre de jugements, chambres réunies, section du contentieux ou bien encore assemblée du contentieux, lorsqu'il rend des arrêts.

Les autres juridictions administratives, en grand nombre, sont des juridictions financières (Cour des comptes, chambres régionales des comptes, Cour de discipline budgétaire et financière), sociales (Commission centrale d'aide sociale, commission départementale d'aide sociale) ou encore liées à l'enseignement (Conseil national de l'enseignement supérieur et de la recherche, Juridiction disciplinaire des membres du personnel enseignant et hospitalier, etc.). Certaines d'entre elles sont d'ailleurs des commissions administratives qui se transforment en juridiction pour traiter certaines affaires.

Ponctuellement, des administrations ou ordres professionnels s'organisent en juridiction et rendent des jugements soumis en appel ou cassation, aux juges administratifs « classiques » (cf. schémas ci-avant).

FOCUS : LES AVOCATS

Il existe deux catégories d'avocats :

- les avocats à la cour : ils peuvent intervenir devant tous les tribunaux, sauf les cours suprêmes. Il en existe 69 900 en France (dont 18 000 en Île-de-France) ;
- les avocats aux conseils : ils peuvent intervenir, tant devant les tribunaux que devant les cours suprêmes. Il en existe 122.

Les premiers sont titulaires de diplômes juridiques et ont suivi une formation de 18 mois. Les avocats aux conseils ont, eux, été avocats à la cour et ont passé des examens supplémentaires, avant d'acheter leur cabinet (on parle de « charge »).

Un rapport de la Commission européenne d'octobre 2020, sur l'efficacité de la justice dans 45 pays, relève que la moyenne est de 164 avocats pour 100 000 habitants. En France, on relève 100 avocats pour 100 000 habitants, en Espagne, 305, en Italie, 388 et en Grèce, 400.

FICHE 9 : LES RECOURS ADMINISTRATIFS

Il existe plusieurs catégories de recours, liés à l'objet contesté et à l'espace-temps qui s'impose aux requérants.

Le requérant (qui est un administré, un électeur, un contribuable, un usager, etc.) peut tout d'abord contester un acte administratif (décret, arrêté, délibération, décision de l'administration). Il en demande alors l'annulation. Il s'agit du contentieux de l'annulation, appelé « *recours pour excès de pouvoir* » (REP - cf. fiche 10). C'est le plus courant.

Le même requérant peut aussi invoquer la responsabilité de l'administration, parce que celle-ci lui a causé un préjudice : cela peut être un accident quelconque, un trou sur la chaussée, une somme due au requérant que l'administration aurait dû lui régler. Il s'agit du « *plein contentieux* » (cf. fiche 11). Pour cela, le requérant doit absolument, avant de saisir le juge, demander directement à l'administration la somme qu'il estime lui être due.

Le requérant peut aussi contester un contrat passé avec l'administration : les termes du contrat ne sont pas respectés, celui-ci est rompu ou non correctement exécuté. Là aussi, il s'agit du « *plein contentieux* » (cf. fiche 11). Il en est de même pour le contentieux fiscal ou le contentieux électoral.

Dans tous les cas, on parle soit de recours administratif, soit de recours contentieux : le premier est toujours devant l'administration, le second, toujours devant un juge (soit une vraie juridiction, soit une instance administrative qui se réunit exclusivement pour juger).

Pour la première catégorie, le recours pour excès de pouvoir (REP), le requérant peut directement solliciter l'administration. Cette phase en amont de la saisine du juge s'appelle le « *recours administratif* ». Elle prend deux formes :

- *le recours gracieux* : c'est le fait de demander à l'administration qui a pris l'acte contesté, de le retirer ou le modifier ;
- *le recours hiérarchique* : c'est le fait de demander à l'autorité administrative qui a autorité sur l'administration (le préfet sur le maire dans les cas de question d'urbanisme, le ministre sur le préfet...) de bien vouloir retirer l'acte de son subordonné.

Dans certains cas, ce recours administratif est obligatoire. On parle alors de RAPO (*recours administratif préalable obligatoire*). Cela concerne les travaux publics, les impôts ou encore les relations des militaires avec leur hiérarchie ainsi que, depuis janvier 2018, à titre expérimental, certaines catégories de fonctionnaires dans les relations avec leur hiérarchie. Le fait de ne pas respecter cette obligation impose au juge administratif qui sera saisi de rejeter d'office la demande du requérant.

FICHE 10 : LE RECOURS POUR EXCÈS DE POUVOIR (REP)

Lorsque le requérant saisit le juge administratif à l'encontre d'un acte administratif, il s'agit d'un recours contentieux. Cette saisine intervient soit après un *recours administratif*, soit directement quand le RAPO (cf. fiche précédente) n'est pas obligatoire.

Ce recours n'est possible que dans un délai de deux mois après la parution de l'acte administratif (s'il s'agit d'un acte réglementaire) ou de sa notification (s'il s'agit d'un acte individuel). Ce délai s'impose également après la réponse de l'administration.

Le cas du *recours pour excès de pouvoir* (REP).

Dans ce cadre, le requérant doit présenter différents arguments pour convaincre le juge de l'illégalité de l'acte administratif, c'est-à-dire prouver que la hiérarchie des normes (cf. fiche 1) est violée par l'acte attaqué.

Le requérant peut même solliciter une expertise. Il doit alors invoquer des « moyens » :

- *moyens de fait* : il revient au requérant de présenter l'affaire de la manière la plus claire possible, en joignant à sa demande l'acte administratif qu'il attaque. Sans quoi, sa demande peut être rejetée sans être jugée ;
- *moyens de droit* : le requérant va invoquer des motifs liés à la « légalité externe » et à la « légalité interne » de l'acte (cf. focus). Il peut exposer un seul moyen d'illégalité.

Le délai moyen de jugement devant tous les tribunaux administratifs est de onze mois.

À l'appui de ces moyens, le requérant doit transmettre l'acte attaqué au tribunal administratif. Il peut cependant arriver que le requérant n'arrive pas à se procurer ce même acte. Dans ce cas, il pourra saisir la Cada (Commission d'accès aux documents administratifs, cf. fiche 30) pour que celle-ci invite l'administration à transmettre l'acte attaqué - ou pas (certains actes ne sont pas transmissibles parce qu'ils sont couverts par un secret, parce qu'ils contiennent des informations confidentielles ou encore parce qu'ils n'ont pas la qualité d'acte administratif. Les délais de saisine du juge [deux mois] sont alors suspendus et reprennent à zéro une fois l'acte [ou la décision de refus de l'administration de transmettre l'acte] obtenu).

Le REP est un recours « *objectif* », dont le but est d'assurer le respect de la légalité. Les conséquences sont de deux ordres : soit l'acte est annulé (il disparaît et est censé ne jamais avoir existé), soit la demande du requérant est rejetée.

Cette procédure est ouverte à tout justiciable « *froissé* » par un acte administratif.

Les caractéristiques du REP sont les suivantes : la constitution d'un avocat n'est pas obligatoire, nul ne peut renoncer à ce type de recours, le désistement est possible à tout moment.

C'est, pour certains, la procédure juridictionnelle la plus démocratique.

FOCUS : MOYENS D'ILLÉGALITÉ

MOYENS D'ILLÉGALITÉ EXTERNE	MOYENS D'ILLÉGALITÉ INTERNE
Incompétence de l'auteur de l'acte	Violation de la loi
Vice de forme de l'acte administratif	Erreur de fait (les faits sur lesquels s'appuie l'administration pour rendre la décision sont inexacts)
Vice de procédure suivie en vue d'établir l'acte administratif	Erreur sur la qualification juridique des faits
	Erreur de droit
	Détournement de la procédure
	Détournement de pouvoir

FICHE 11 : LE RECOURS DE PLEIN CONTENTIEUX

De manière synthétique, on peut indiquer que tout contentieux administratif qui n'est pas un REP (c'est-à-dire un procès fait à un acte administratif) est du plein contentieux.

Trois grandes catégories de recours de plein contentieux sont à distinguer :

- **Le contentieux contractuel :** il concerne les contrats de l'administration. Le juge va vérifier les termes du contrat et son exécution ;
- **Le contentieux de la responsabilité :** dès qu'un préjudice est causé à une personne physique ou morale (entreprise, association...), l'administration engage sa responsabilité et peut être condamnée à le réparer ; les pouvoirs du juge, très intrusifs, peuvent lui permettre de connaître tous les éléments du dossier, afin de condamner l'administration à réparer le préjudice de la victime. La victime doit cependant, avant de saisir la justice administrative, adresser à l'administration une demande indemnitaire chiffrée et étayée, de façon à faire naître une réponse ;
- **Les autres contentieux :** il s'agit du contentieux des sanctions administratives (sauf les sanctions disciplinaires qui relèvent du REP. Les pouvoirs du juge sont significatifs, il peut annuler, mais aussi moduler la sanction, selon les circonstances de l'affaire), du contentieux électoral (le juge a le pouvoir d'annuler les résultats des élections et de procéder à de nouvelles proclamations), de celui en lien avec les pensions civiles et militaires de retraite et aussi de celui en lien avec le retrait des points sur le permis de conduire. Il existe aussi des recours portés devant des juridictions spécialisées comme en droit des étrangers par exemple (Office français de protection des réfugiés et apatrides [Ofpra] puis Cour nationale du droit d'asile [CNA] avant la cassation exercée par le Conseil d'État).

Les principales caractéristiques qui ressortent du plein contentieux sont les suivantes : il faut qu'un droit subjectif soit lésé (c'est-à-dire que l'administration ait violé, par exemple, le droit de propriété du requérant, le droit de vote, l'image, ou qu'elle ait attenté à sa réputation, son corps, son patrimoine...). Le requérant peut alors utiliser tous les moyens légaux pour se défendre (tous les modes de preuve sont possibles, comme les témoignages, les expertises privées ou judiciaires par exemple). Par ailleurs, le juge dispose de pouvoirs très étendus qui lui permettent de demander tout ce qui l'intéresse et de missionner, à la demande des parties ou sans leur accord, un expert.

Le délai moyen de jugement est de deux années et la constitution d'avocat est obligatoire.

FICHE 12 : LE RÉFÉRÉ ADMINISTRATIF

Le référé est une mesure d'urgence offerte aux requérants. Le juge se réunit alors très rapidement (entre 48 heures et 15 jours).

Le requérant doit saisir le juge administratif en indiquant qu'il s'agit d'un référé. Il a alors plusieurs possibilités puisqu'il existe une multitude de référés possibles, qu'on peut classer en trois catégories.

- **Les référés urgence** : il s'agit d'aller vite. Cela concerne trois référés :

- **le référé suspension** : le requérant demande la suspension (non-application) de l'acte attaqué dans le cadre du REP. Le juge pourra suspendre l'application d'un acte administratif, le temps que le juge du fond, dans le cadre du recours au fond (le REP) se prononce sur l'annulation ;
- **le référé liberté** : l'administration aurait porté atteinte de manière grave et manifestement illégale à une liberté fondamentale (liberté de circulation, de penser, de croyance...). Le juge se prononce dans un délai de 48 heures ;
- **le référé mesures utiles** : il permet de demander au juge toute mesure utile avant même que l'administration ne prenne une décision (par exemple, délivrance d'une autorisation de construire, interdiction d'inscription à un concours...).

- **Les référés ordinaires** : il s'agit de trois référés :

- **le référé constat** : dans le cas d'une construction, le juge ordonne une mesure d'expertise sur l'état du bâti avoisinant, avant, pendant et après une construction ;
- **le référé instruction** : le juge nomme un expert pour vérifier un point particulier ;
- **le référé provision** : le juge attribue une partie d'une somme totale qui reviendra au requérant à l'issue de la procédure classique.

- **Les référés spéciaux** : ils sont présents en droit fiscal, droit de l'environnement ou marchés publics.

Certaines règles s'imposent lorsque le requérant saisit le juge des référés : parfois, il reviendra au demandeur de saisir obligatoirement le juge du fond en parallèle (pour le référé suspension par exemple). Le requérant devra faire deux recours simultanément : un recours en REP et un recours en référé. D'autres fois, il lui reviendra de prouver l'urgence de cette saisine.

L'audience est quant à elle plus simple et se déroule sans assesseurs et rapporteur public, mais seulement en présence du magistrat et du greffe.

FICHE 13 : LE DÉROULEMENT DU PROCÈS ADMINISTRATIF

Le juge administratif décide seul de la date d'audience. Pour ce faire, il lui faut estimer que les échanges entre les parties sont terminés ou bien qu'ils n'apportent plus rien au débat juridique.

Dans le cadre du REP, la procédure est la suivante :
- **requête** du requérant (où il soulève des moyens de fait et de droit) ;
- **contre-requête** de l'administration : elle répond point par point aux moyens de fait et de droit du requérant. En général, elle a deux mois pour cela, mais le juge, jusqu'à présent, est clément ;
- éventuellement, **réplique** du requérant s'il le souhaite. Il va alors répondre à la contre-requête ;
- **contre-réplique** de l'administration si elle souhaite répondre à la réplique du requérant ;
- **triplique** et **contre-triplique** quand les parties n'ont pas terminé de développer leurs arguments et leur défense ;
- fin des échanges annoncés par le juge ;
- information des parties de la tenue d'une date d'audience ;
- audience ;
- la **note en délibéré** : un ultime jeu d'écritures peut avoir lieu entre les parties, après l'audience, si ces dernières estiment nécessaire de préciser un point ou de fournir une pièce afin « d'éclairer le juge ».

Tout au long de cette procédure, les parties (le requérant et l'administration) sont informées *via* une plate-forme Internet où tous les échanges de documents sont dématérialisés (quasi obligatoire). Il s'agit de **Télérecours** : www.telerecours.juradm.fr

Cette plate-forme est couplée avec une autre application également sécurisée, **Sagace**, qui permet de suivre la procédure contentieuse : https://sagace.juradm.fr/Authentification.aspx

Ces deux sites rendent la procédure administrative plus souple et moderne, évitant les nombreux échanges de courriers.

En interne, le juge administratif s'organise pour qu'un seul magistrat suive l'affaire : **le rapporteur**. Son rôle est essentiel. Il va piloter l'affaire jusqu'à l'audience, pendant laquelle il va présenter la synthèse de toutes les écritures contentieuses.

À sa suite, ce sera **le rapporteur public** (qui s'appelait auparavant *commissaire du gouvernement*) qui interviendra à l'audience pour, selon le Conseil d'État : prononcer « *à cette fin des conclusions* *dans lesquelles il expose publiquement, et en toute indépendance, son opinion sur les questions soulevées par la requête et sur la solution qu'elle appelle* ».

Après ces deux interventions, **le président de l'audience** laisse la parole au requérant et à l'administration. L'un et l'autre peuvent se faire représenter par un avocat. Ce sera ce dernier qui interviendra. Le juge administratif cependant ne permet pas aux parties de développer à l'oral des points nouveaux qui n'auraient pas été présentés dans les écritures. Si c'est le cas, il peut soit renvoyer l'audience à une date ultérieure, le temps pour les parties de s'exprimer par écrit, soit refuser de prendre connaissance de ces nouveaux développements.

L'audience administrative est courte et dure en général moins de trente minutes, le juge estimant que tout a été dit dans les écritures. C'est pour cela que l'on parle d'une procédure contentieuse essentiellement écrite, à la différence des audiences civiles et pénales, où la plaidoirie joue un rôle essentiel.

Une fois que tous les « acteurs » de l'affaire sont intervenus, le juge met au « délibéré », c'est-à-dire qu'il indique que l'affaire sera jugée par les seuls trois membres de l'audience (le président, le rapporteur et le juge assesseur), sans la présence du rapporteur public. La lecture de la décision se fait après le délibéré, entre quinze jours et un mois après l'audience.

Lorsque le juge des référés intervient, les échanges d'écritures sont moins significatifs et parfois il n'y a que la requête du demandeur, l'administration se contentant de venir à l'audience pour s'expliquer. C'est alors un moment important, où les plaidoiries sont au cœur du débat. Le juge est alors seul (assisté d'un greffier qui s'occupe du dossier administratif) et interroge les parties sans formalité particulière (pas de rapporteur ni de rapporteur public pour lire ses conclusions).

C'est une audience qui peut durer plus d'une heure et le délibéré est rendu quelques heures après l'audience, sur les mêmes sites cités précédemment (Sagace et Télérecours).

Il convient de préciser que le requérant peut bénéficier de l'aide juridictionnelle, comme devant le juge judiciaire et dans les mêmes conditions.

Certaines audiences en REP dérogent au déroulé exposé précédemment : le magistrat statue en qualité de juge unique. Il en va ainsi, par exemple, des contentieux du permis de conduire. Dans ce cas, l'appel n'est pas possible et le recours éventuel contre le jugement rendu est directement porté devant le Conseil d'État statuant en qualité de juge de cassation.

De même, pour certaines matières (contentieux du permis de conduire ou du refus de délivrance de la carte de stationnement pour personne handicapée par exemple), le président de la formation de jugement ou le magistrat statuant seul peut dispenser le rapporteur public, sur sa proposition, de prononcer des conclusions à l'audience.

Ces deux possibilités visent principalement à rendre **la justice administrative plus fluide et rapide**.

FICHE 14 : LES CONSÉQUENCES D'UN PROCÈS ADMINISTRATIF POUR L'ADMINISTRATION ET LE REQUÉRANT

La décision du tribunal est adressée aux parties à l'instance et est immédiatement exécutoire. C'est-à-dire qu'elle s'applique directement, même s'il y a appel (l'appel n'est pas, en principe, suspensif devant le juge administratif, à la différence du juge judiciaire).

Dans le cas du REP, la décision offre seulement deux solutions :

- **annulation de l'acte** : l'acte disparaît de l'ordonnancement juridique et est supposé n'avoir jamais existé. Il ne fait plus partie de la hiérarchie des normes. Le juge peut cependant annuler seulement une partie de l'acte administratif attaqué s'il estime qu'il peut laisser d'autres articles ou parties de l'acte subsister. Il le fera si l'acte peut continuer d'exister malgré cette suppression ;
- **rejet** de la demande du requérant : la demande du requérant de faire annuler l'acte administratif est écartée par le juge, ce dernier donne raison à l'administration.

L'appel est possible pour la partie « perdante », le requérant si le juge a rejeté sa requête, l'administration, si le juge a annulé partiellement ou totalement l'acte attaqué. Dans ce cas, les parties ont deux mois pour saisir le juge de l'appel (la cour administrative d'appel en général). Si, en revanche, l'affaire était jugée devant la cour administrative d'appel, les parties peuvent saisir le juge de cassation (le Conseil d'État), dans les deux mois, comme en appel, pour lui demander d'examiner les erreurs de droit de la procédure. Ce juge suprême ne pourra pas rejuger l'affaire, sauf si une faute importante a été commise par les juges initiaux et qu'il convient pour une « meilleure administration de la justice », de juger l'affaire au fond.

Dans le cas du plein contentieux, le juge administratif peut condamner l'administration à exécuter les termes du contrat administratif litigieux ou encore condamner l'administration à réparer le préjudice du requérant en obligeant au versement d'une somme d'argent. Le même juge, dans le cadre du contentieux électoral, peut annuler l'élection et obliger la tenue de nouvelles élections dans un délai qu'il choisit.

Il peut arriver que le jugement rendu ne soit pas compréhensible ou que l'administration se montre réticente à l'exécuter. À ce moment-là, le requérant ou l'administration peuvent demander au juge initial de les aider à comprendre et exécuter la décision. De la même manière, l'administration qui exerce une autorité sur l'administration concernée (le préfet à l'égard des collectivités territoriales, le recteur à l'égard des universités, l'ARS pour les établissements de santé et hospitaliers...) peut être saisie par le requérant en vue de faire exécuter de force la décision juridictionnelle.

Enfin, le juge peut condamner la partie « perdante » (administration ou requérant) à verser à la partie « gagnante », une somme liée aux frais de justice. On parle de **frais irrépétibles** et c'est l'article L. 761-1 du code de justice administrative qui est visé (équivalent à l'article 700 du code de procédure civile).

CHAPITRE 4 : LE DROIT EUROPÉEN ET L'ADMINISTRATION FRANÇAISE

Parler de droit public, ou plus généralement, d'administration, sans aborder le droit européen, est une erreur. Près de la moitié des normes françaises trouvent leur origine dans le droit européen. Mais de quel droit européen parle-t-on ?

Il n'existe en effet pas une seule Europe « juridique », mais au moins deux, qui coexistent et aussi s'interpénètrent.

Le droit de l'Union européenne, tout d'abord, issu de l'ancienne Communauté économique européenne (CEE). C'est devenu un droit complexe, à plusieurs étages, qui s'intéresse tant aux institutions qu'aux citoyens et aux entreprises (cf. fiches 15 et 16).

Le droit du **Conseil de l'Europe**, ensuite, qui pénètre toutes les sphères de la société et s'étend sur un territoire beaucoup plus important (cf. fiches 17 et 18). C'est un droit à « hauteur d'hommes », où les 820 millions d'habitants de ses 47 pays peuvent saisir la **Cour européenne des droits de l'homme (CEDH)** pour voir s'appliquer la Convention européenne de sauvegarde des droits de l'homme (CESDH).

FICHE 15 : LES TRAITÉS DE L'UNION EUROPÉENNE

À l'issue de la Seconde Guerre mondiale, les principaux États européens ont fait le choix de s'unir pour créer un espace de paix. Les difficultés économiques et politiques qu'elles ont alors rencontrées furent nombreuses.

La France a œuvré en premier pour qu'une Communauté européenne du charbon et de l'acier (CECA) soit créée. Elle date du 18 avril 1951 et associe à la France, la République fédérale d'Allemagne (RFA), l'Italie et la Belgique, les Pays-Bas et le Luxembourg (Benelux).

On dit qu'il s'agit de la première organisation d'intégration européenne. Elle sera suivie de près par la CEE (Communauté économique européenne) en 1957, qui vise à créer les instances de gouvernance de l'Europe tout en instaurant une liberté de circulation des personnes, des services, des marchandises et des capitaux sur le territoire continental pour les États adhérents.

Simultanément est créée la Communauté européenne de l'énergie atomique (CEEA intitulée également Euratom).

Dès 1973, ce groupe de six pays s'ouvre à d'autres acteurs nationaux : le Royaume-Uni, le Danemark et l'Irlande, puis la Grèce (1981), l'Espagne et le Portugal (1986), l'Autriche, la Finlande et la Suède (1995), ainsi que dix nouveaux membres en 2004 (Pologne, Hongrie, Tchéquie, Slovaquie, Slovénie, Lituanie, Lettonie, Estonie, Chypre et Malte). En 2007, la Bulgarie et la Roumanie rejoignent l'Union européenne, suivies de près en 2013 par la Croatie. Depuis le 31 janvier 2020, le Royaume-Uni ne fait plus partie de l'Union européenne.

Ce sont donc 27 États qui sont à présent membres de l'Union européenne.

On peut également citer des États associés (comme Monaco) ou candidats à l'entrée dans l'Union (Albanie, Macédoine, Monténégro, Serbie, Turquie, Bosnie-Herzégovine, Kosovo).

Depuis les années 1950, la forme de l'Union européenne a évolué. Une série d'espaces a été créée, liée à la monnaie (création de l'euro) et à la sécurité ou l'agriculture. Des traités ont été adoptés, modifiant en substance les missions et l'organisation de l'Union européenne :

- l'accord de Schengen en 1985 (contrôles aux frontières de l'Union) ;
- l'acte unique européen en 1986 (modification des traités de 1957 et création de nouvelles compétences de l'Union) ;

• le traité de Maastricht en 1992 (élargissement des compétences de l'Union en les étendant à l'industrie, au transport et à la culture ; création de l'Union européenne et de l'Union économique monétaire (UEM) qui va permettre l'arrivée en 2001 de l'euro) ;
• le traité d'Amsterdam en 1997 (création d'un niveau supplémentaire de coopération entre les États membres, de la politique étrangère de sécurité commune, la PESC. Les citoyens sont également autorisés à saisir la Cour de justice de l'Union européenne - CJUE) ;
• le traité de Nice en 2001 (entrée de nouveaux pays au sein de l'Union européenne et redéfinition des droits de vote) ;
• le traité établissant une Constitution pour l'Europe (TECE) en 2004 ne sera pas adopté du fait du refus des électeurs néerlandais et français de l'adopter ;
• le traité de Lisbonne en 2007 (établi après l'échec européen de créer une constitution unique. Il permet également à un État de sortir de l'Union, comme le Royaume-Uni souhaite le faire depuis 2016).

Il y a actuellement trois traités en vigueur :

• le traité sur l'Union européenne (TUE), créé par le traité de Lisbonne en 2007 ;
• le traité sur le fonctionnement de l'Union européenne (TFUE), également créé par le traité de Lisbonne, en 2007 ;
• la charte des droits de l'Union européenne, de décembre 2000.

D'autres traités existent, en grand nombre.

Il ressort de cet aperçu que ce grand nombre de traités témoigne d'une vitalité significative sur le plan des relations et des engagements réciproques entre tous les acteurs européens, ce qui peut cependant apporter de la confusion.

FICHE 16 : L'ORGANISATION ET LE FONCTIONNEMENT DE L'UNION EUROPÉENNE

L'Europe s'est construite par strates et à-coups et elle est à présent composée de plusieurs institutions :

- le Parlement : il comprend 705 députés élus pour cinq années au suffrage universel direct. Il a des compétences législatives, budgétaires et de contrôle de l'exécutif européen ;
- la Commission européenne : elle comprend un membre par pays adhérent, soit 27 commissaires (au 1er novembre 2019, du fait du départ du Royaume-Uni), et dispose d'une administration de plusieurs milliers de fonctionnaires. C'est l'organe exécutif et à ce titre, elle est responsable devant le Parlement européen. Elle a également pour mission d'assurer la légalité européenne ;
- le Conseil européen est l'organe politique de l'Union. Il est composé des chefs d'État ou de gouvernement et se réunit deux fois par an. Il est dirigé par un président élu à la majorité pour une durée de trente mois renouvelable une fois.
- la Cour de justice de l'Union européenne (CJUE) fait respecter le droit de l'union. Elle siège à Luxembourg et est composée d'un juge par État membre.

Lorsque l'on parle de droit européen de l'Union, on fait référence à deux droits différents :

- le droit primaire, qui est composé des différents traités (TUE et TFUE) ;
- le droit dérivé, composé des règlements (ils ont une portée générale et obligatoire et s'imposent directement à tous les États), des directives (les États disposent d'une certaine latitude pour les mettre en œuvre sur leur territoire), des décisions (elles s'adressent directement à une catégorie de destinataire) et des recommandations et avis. On dénombre près de 800 directives et plus de 5 000 règlements.

Le fonctionnement de l'Union européenne est complexe, parce qu'il y a beaucoup d'acteurs politiques et non politiques qui sont présents simultanément, tout en ayant des pouvoirs de rang égal significatifs.

Ce sont principalement les États composant l'Union qui œuvrent à son bon fonctionnement. Ces derniers n'ont pas cédé facilement leurs compétences, et ne les ont pas toutes cédées, bien évidemment. La souveraineté nationale, au cœur du traité de Rome en 2005, a donné lieu à débats puis refus d'adhésion sur ce principal motif.

Il n'en demeure pas moins que l'Union agit au regard de ses propres compétences, sous la surveillance tant du juge européen que des États eux-mêmes.

Le Conseil européen, composé des chefs d'État, tire vers le haut l'ensemble du processus, imposant, après orientation et stratégie, la politique à mettre en œuvre dans le cadre du processus législatif :

- trois acteurs peuvent déposer une proposition législative : la Commission européenne, le Parlement et les citoyens si, dans le cadre de l'initiative citoyenne, ils sont un million à faire cette demande ;
- le texte formalisé par la Commission européenne est soumis en première lecture au Parlement. Ce dernier peut modifier, par voie d'amendement, le projet. Le texte est ensuite soumis au Conseil de l'Union européenne (composé des ministres concernés).
Ce dernier peut adopter le texte, qui devient définitif, ou imposer une seconde lecture au Parlement (qui peut accepter les modifications, les amender ou demander une conciliation avec le Conseil de l'Union européenne) ;
- une troisième lecture du texte par le Parlement est possible et débouche soit sur une adoption du texte, soit sur un rejet.

Les textes adoptés prennent alors deux formes différentes :
- les règlements européens : ils sont directement applicables dans le droit des États membres ;
- les directives européennes : elles nécessitent une transposition dans le droit interne des États.

Quoi qu'il en soit, une fois le texte adopté, il revient à la Commission européenne de le mettre en œuvre. Là aussi, le texte étant versé dans le droit positif européen, il peut être déféré au juge européen pour le faire annuler.

Ce système où de nombreux acteurs institutionnels participent au fonctionnement de l'Union européenne repose sur un « triangle institutionnel » où la politique (le Conseil de l'Union européenne), l'administration (la Commission européenne) et la démocratie directe (le Parlement européen) jouent un rôle crucial.

Les symboles de l'Union européenne sont :

- un drapeau, composé de douze étoiles dorées sur fond bleu ;
- un hymne, *L'Ode à la joie*, prélude du dernier mouvement de la 9e *Symphonie* de Beethoven, qui est la mise en musique du poème du même nom de Friedrich von Schiller qui évoque la fraternisation de tous les hommes ;
- une devise : « *Unie dans la diversité* » ;
- une monnaie : l'euro (qui n'est cependant pas applicable à tous les États membres de l'Union européenne).

FICHE 17 : L'ORGANISATION DU CONSEIL DE L'EUROPE

Le Conseil de l'Europe est une organisation distincte de l'Union européenne qui regroupe 47 États, dont les 27 États membres de l'Union européenne, représentant plus de 833 millions d'habitants.

Il a été créé en 1949 et est entré en vigueur en 1953. Il a pour mission de :

- défendre les droits de l'homme et la prééminence du droit ;
- rechercher des solutions aux problèmes de société ;
- développer la stabilité démocratique en Europe ;
- favoriser la prise de conscience et la mise en valeur de l'identité culturelle de l'Europe et de sa diversité.

Le Conseil de l'Europe siège à Strasbourg au Palais de l'Europe. Il se compose :

- d'un Comité des ministres rassemblant les ministres des Affaires étrangères des États membres ou de leurs représentants permanents. C'est l'instance de décision du Conseil ;
- d'une Assemblée parlementaire dont les membres sont désignés par les parlements nationaux ;
- d'un Secrétaire général, élu par l'Assemblée parlementaire pour cinq ans. Il a pour mission de coordonner les activités du Conseil ;
- du Congrès des pouvoirs locaux et régionaux de l'Europe, organe consultatif, représentant les collectivités locales ;
- de la Cour européenne des droits de l'homme, qui est la juridiction du Conseil de l'Europe. Instituée en 1959, depuis 1998, elle siège dans ses locaux à Strasbourg.

L'activité principale du Conseil de l'Europe et pour lequel il est connu est relative à la Convention européenne de sauvegarde des droits de l'homme (CESDH). Il s'agit d'un traité international en vertu duquel les États membres du Conseil de l'Europe garantissent les droits fondamentaux, civils et politiques, non seulement à leurs ressortissants, mais aussi à toutes les personnes relevant de leur juridiction.

FICHE 18 : LA COUR EUROPÉENNE DES DROITS DE L'HOMME (CEDH) ET LA CONVENTION EUROPÉENNE DE SAUVEGARDE DES DROITS DE L'HOMME (CESDH)

Pour mettre en œuvre les principes voulus par le Conseil de l'Europe, et inscrits dans la Convention européenne de sauvegarde des droits de l'homme, la Cour européenne des droits de l'homme est compétente pour statuer sur des requêtes individuelles ou étatiques alléguant des violations des droits civils et politiques énoncés par ce texte.

Depuis 1998, la Cour siège en permanence et peut être saisie directement par les particuliers.
La Convention garantit :

- le droit à la vie ;
- le droit à un procès équitable ;
- le droit au respect de la vie privée et familiale ;
- la liberté d'expression ;
- la liberté de pensée, de conscience et de religion ;
- le droit au respect de ses biens.

La Convention interdit :

- la torture et les peines ou traitements inhumains ou dégradants ;
- l'esclavage et le travail forcé ;
- la peine de mort ;
- la détention arbitraire et illégale ;
- les discriminations dans la jouissance des droits et libertés reconnus par la Convention.

Au texte initial qu'est la Convention européenne de sauvegarde des droits de l'homme, se sont ajoutés des protocoles qui ajoutent ou modifient son contenu. Il y en a à présent 18.

C'est cependant la jurisprudence du juge européen qui est l'élément le plus significatif de la CEDH. Elle repose sur trois grands principes :

- le caractère objectif : c'est dans une affaire opposant l'Autriche à l'Italie, en 1961, que le juge européen des libertés a précisé : « *Considérant que les obligations souscrites par les États contractants dans la Convention ont essentiellement un caractère objectif, du fait qu'elles visent à protéger les droits fondamentaux des particuliers contre les empiétements des États contractants plutôt qu'à créer des droits subjectifs et réciproques entre ces derniers* » ;

• la subsidiarité : c'est à l'État qu'il incombe en premier lieu de garantir le respect de la Convention. Le juge européen n'interviendra que dans l'hypothèse où l'État a manqué à cette obligation générale inscrite à l'article 1er de la Convention européenne de sauvegarde des droits de l'homme (CESDH) : « *Les Hautes Parties contractantes reconnaissent à toute personne relevant de leur juridiction les droits et libertés définis au titre 1er de la présente Convention* » ;
• l'ordre public européen : c'est l'ordre d'une Europe institutionnelle vouée intégralement à la protection des valeurs et des libertés fondamentales. La définition de son contenu s'est principalement faite autour des notions de prééminence du droit et de société démocratique. Cette dernière notion, « *qui suggère à la fois l'idée de société civile et de démocratie* », a été dressée en 1976 comme « *valeur centrale de l'ordre public européen* ». Elle propose une « *vision libérale, relativiste et ouverte de la démocratie - qui commande un équilibre entre les intérêts des minorités et la position dominante de la majorité - et dans laquelle le juge occupe une place centrale* ».

La cour est composée de 47 juges (un par État) élus par l'Assemblée parlementaire et traite plus de 100 000 demandes annuelles. Elle juge en formation plénière ou restreinte des affaires européennes. Les requérants, qu'ils soient ou non européens, ne peuvent la saisir qu'après avoir « *épuisé* » les voies internes, c'est-à-dire quand il n'y a plus de recours possibles dans le pays.

Les décisions qu'elle rend s'imposent aux États et pénètrent le droit français, sans formalités, imposant des modifications du droit interne (par exemple l'interdiction de licencier une femme enceinte, le nombre d'heures travaillées...).

LA FORME DE L'ADMINISTRATION FRANÇAISE

PARTIE II

L'un des plus grands spécialistes du droit administratif, le professeur Rivero, indiquait, dans un de ses ouvrages dédiés à cette matière : « *Quand on parle en France de "l'Administration" tout court, avec une majuscule, on entend désigner un ensemble d'organes par lesquels sont conduites et exécutées des tâches publiques* ».

Ces « *organes* » sont à la fois **l'État**, dans son acception la plus large (cf. fiches 19 à 23) et les différents acteurs au cœur du **pouvoir** (cf. fiches 24 à 31).

Sera présentée l'organisation de la justice judiciaire, bras armé de l'État (cf. fiches 32 et 33).

De ce point central, à la jonction de l'État et du pouvoir, se dégage naturellement la notion de **service public** (cf. fiches 34 à 39). Sa mise en œuvre, quant à elle, s'articule en trois fonctions publiques différentes, mais dont des traits communs demeurent : la **fonction publique d'État** (cf. fiches 40 à 47), **la fonction publique territoriale** (cf. fiches 48 à 56) et la **fonction publique hospitalière** (cf. fiches 57 à 59).

CHAPITRE 1 : LA NOTION D'ÉTAT

La notion d'administration, prise dans son terme le plus large et généraliste, renvoie systématiquement à celle d'État. La question se pose alors de lui donner des contours et une définition, la plus précise possible. La variété l'emporte sur la généralité. Sur le plan strictement juridique, l'État est une « *personne morale titulaire de la souveraineté* » (cf. fiche 19).

Cependant, aussitôt ceci posé, la réponse se fragmente selon l'opposition **État fédéral** contre **État unitaire** (cf. fiche 20) et **État centralisé** contre **État décentralisé** (cf. fiche 21).

Le système français est à la croisée de nombreuses définitions. Il est le fruit de son histoire (cf. fiche 22), mais pour bien le comprendre, il faut le comparer aux autres modèles étrangers (cf. fiche 23).

FICHE 19 : QU'EST-CE QU'UN ÉTAT ?

Un État, c'est une **population**, un **territoire** et un **pouvoir**. Ces notions ne sont cependant pas complètement identiques à celle de nation puisqu'il est de coutume de dire que l'État donne un statut juridique à la nation.

Sur le premier point, la population, il n'y a pas d'ambiguïté. Il suffit que des ressortissants de l'État existent pour répondre à cette exigence. C'est ainsi qu'on parle de Français, de Russes, de Brésiliens pour évoquer la France, la Russie et le Brésil. Monaco, par exemple, bien qu'étant un État de petite taille, dispose de ressortissants monégasques, ce qui lui confère cette première caractéristique de l'État.

Les ressortissants d'un État disposent par voie de conséquence de la nationalité et/ou de la citoyenneté :

- **la nationalité** confère aux habitants et aux personnes morales (focus « personne morale ») la possibilité de relever de la législation de l'État auprès duquel elles sont rattachées. Elles disposent de droits (protection, vote, etc.) et d'obligations (payer des impôts, effectuer le service militaire, etc.). La nationalité s'acquiert de deux manières différentes, selon les règles des États : par la filiation, c'est le **droit du sang**, ou par la naissance sur le territoire, c'est le **droit du sol**. Ce droit du sol est la règle par exemple pour pratiquement tous les pays du continent américain. En France, c'est une combinaison mixte qui s'applique : un enfant né d'un parent français est automatiquement Français. En revanche, si un étranger donne naissance à un enfant sur le territoire français, la règle est plus complexe et dépend de plusieurs critères plus précis ;
- **la citoyenneté**, elle, est davantage liée à la vie dans la cité. L'individu/citoyen relève de la vie dans la cité et est placé sous sa protection.

Dès lors, citoyenneté et nationalité sont parfois déconnectées. Un Européen présent sur un territoire qui n'est pas son pays peut parfaitement bénéficier de droits politiques là où il réside, sans pour autant être titulaire de la nationalité de ce pays d'accueil.

Sur le second point, le territoire, bien que la réponse soit assez logique, puisque tous les territoires du monde sont du ressort d'un État, il apparaît en revanche que certaines nations ne disposent pas de territoire. Ce qui, sur le plan juridique, leur dénie la qualité d'État. La Palestine, par exemple, rencontre des difficultés à se voir reconnaître un territoire. Il en est de même des Touaregs, qui du fait de leurs déplacements sur des territoires appartenant à plusieurs pays (Algérie, Mali, Libye, etc.) ne peuvent prétendre à disposer d'un territoire.

Enfin, le pouvoir, qu'on peut légitimement appeler souveraineté, a toujours interrogé. L'État doit disposer d'institutions politiques indépendantes et puissantes, c'est-à-dire à même d'imposer des choix. Par exemple, une commune dispose d'un territoire et d'une population, mais son lien de subordination à l'autorité politique de l'État français lui retire tout pouvoir souverain. Pour aller plus loin, il est courant de parler, en termes de pouvoir, de violence légitime puisque l'État peut exercer une contrainte physique sur sa population en la privant de la liberté de se déplacer, voire en l'enfermant.

Avec le système européen, la théorie de l'État telle qu'exposée ici est fortement remise en question et le sera davantage encore dans les années à venir.

Aussi, en s'intéressant aux théoriciens de l'État, on relève différentes « écoles » de pensées :
- **une théorie de l'État de** « puissance », qui s'inspire des écrits de Machiavel, Hobbes ou encore Bodin, et qui a été développée et actualisée par Hauriou. Le maintien du pouvoir et celui de l'ordre sont ses principales caractéristiques et pour ce faire, l'État dispose de prérogatives liées à sa souveraineté. Le droit en est le premier instrument et s'impose aux individus sans qu'ils ne le consentissent vraiment ;
- **une théorie de l'État** « positiviste », qui rejoint la théorie de Kelsen (cf. fiche 1). L'État, selon ce dernier, est la résultante du droit. Un ordre juridique s'impose au point qu'il précède toute existence de l'État et qu'il le tient complètement sous son respect ;
- **une théorie du** « service public », pensée au tournant du XXe siècle, notamment par Duguit. Elle a pour principal postulat le fait que l'État provient de la société et ne s'impose pas à elle.

FOCUS : LA PERSONNE MORALE

La personne morale, qu'on oppose à la personne physique, est constituée d'un groupement qui comprend soit des personnes morales, soit des personnes physiques, soit les deux. Ces personnes morales sont soit de droit public (État, collectivité territoriale, établissement public), soit de droit privé (associations et sociétés). La personne morale dispose de la personnalité juridique, ce qui lui confère des droits et des devoirs et lui permet de passer des contrats, mais aussi d'actionner la justice.

FICHE 20 : ÉTAT FÉDÉRAL ET ÉTAT UNITAIRE

Du paysage mondial des États, on comprend rapidement que ceux-ci diffèrent les uns des autres. Certains pays disposent ainsi de territoires très autonomes comme des régions, *Länder* ou bien encore des cantons. Il s'agit respectivement de l'Espagne, de l'Allemagne et de la Suisse. On parle alors de modèle fédéral.

D'autres pays disposent d'un modèle unitaire où le territoire n'est pas morcelé, comme la France, l'Italie ou la Grèce.

• **L'État fédéral (modèle fédéral)** est un ensemble d'États, à deux niveaux. Un niveau local, composé d'États fédérés qui disposent de pouvoirs forts, au-dessus desquels on trouve un seul État fédéral qui a quelques prérogatives non négligeables comme celui d'entretenir des relations diplomatiques. Une constitution écrite fait état des règles de partage entre ces deux catégories d'acteurs. Dès lors, les disparités sont souvent flagrantes entre les États fédérés, du fait de leur propre histoire et de leurs ressources propres. Bien souvent, ces États fédérés lèvent les impôts et organisent des services publics qui leur sont propres. Parfois, on relève des lois fédérées qui ne peuvent trouver à s'appliquer dans des États fédérés voisins alors qu'ils relèvent du même État fédéral. Le Brésil, les États-Unis, l'Inde en sont des exemples typiques.

• **L'État unitaire (modèle unitaire)** est, lui, sensiblement différent. La France en est un des exemples et c'est l'article 1er de la Constitution qui l'indique très clairement : « *La France est une République indivisible, laïque, démocratique et sociale* [...]. » De cet article, on peut également tirer la règle selon laquelle deux principes caractérisent l'État unitaire : l'unité et l'indivisibilité :
- **L'unité** fait appel à plusieurs notions comme l'unité territoriale (pour la France, les territoires français situés à l'étranger (cf. fiche 42) empêchant cette notion d'être pleinement réalisée), l'unité institutionnelle (une seule série d'institutions qui s'appliquent) ou encore l'unité culturelle (le fait de parler une seule langue) ;
- **L'indivisibilité** impose qu'aucune autorité territoriale dans l'État ne dispose de prérogatives lui assurant une indépendance : elle sera toujours soumise à une autorité de contrôle.

Tout ceci est à regarder, pour la France, sous le prisme de la décentralisation (cf. fiche 15) et la déconcentration (cf. fiche 36). L'un et l'autre participant à la définition de l'État unitaire.

FICHE 21 : DE L'ÉTAT CENTRALISÉ À L'ÉTAT DÉCENTRALISÉ

Les notions de **centralisation** et **décentralisation** ne sont pas complètement suffisantes à caractériser l'État français, mais permettent, dans un premier temps, une bonne appréhension. Il conviendra en effet d'y rajouter le second mouvement de balance, opéré par la **concentration** et la **déconcentration** (cf. fiche 36).

La centralisation est la capacité de l'État à se rassembler en une administration unique et centralisée. À ce titre, la figure du Premier ministre ainsi que celle du gouvernement suffisent à expliquer cette caractéristique. Ces derniers tirent leur pouvoir de la Constitution et conduisent la politique de la nation. C'est l'article 20 de la Constitution qui précise qu'ils disposent de l'administration (cf. fiche 32 et suivantes).

La décentralisation, en sens inverse, correspond au transfert de la compétence « administrative » du gouvernement vers des autorités locales. On relève deux formes de décentralisation :

- **la décentralisation technique**, qui repose entre les mains d'établissements publics. Leur spécialité limite l'étendue de leurs pouvoirs. Les hôpitaux comme les universités en sont de parfaits exemples. L'un et l'autre sont constitués d'instances élues et n'interviennent qu'en rapport avec leur propre compétence : le soin médical pour l'un, l'enseignement et la recherche pour l'autre ;
- **la décentralisation territoriale** quant à elle est propre aux collectivités territoriales que sont les communes, les départements et les régions. Ces dernières sont composées d'instances élues (le conseil municipal, le conseil départemental ou le conseil régional). C'est l'article 72 de la Constitution qui précise de manière très explicite que « *les collectivités s'administrent librement par des conseils élus* ». Le corollaire à cette « liberté » est la personnalité juridique qui les caractérise de même que leurs compétences propres (les départements disposent notamment de la compétence sociale, alors que la région a la main sur l'emploi et le transport et la commune dispose d'une compétence générale qui peut porter sur une multitude de compétences). Ces collectivités peuvent passer des contrats et sont responsables. Par ailleurs, elles lèvent l'impôt (c'est-à-dire qu'elles votent les taux applicables et perçoivent ces derniers) et disposent d'un budget annuel (cf. fiche 38 et suivantes).

FICHE 22 : BREF RAPPEL HISTORIQUE DE L'ÉTAT FRANÇAIS

La principale caractéristique de l'État français est son ancrage dans l'histoire. Dès le Ve siècle de notre ère se constitue un État disposant des prérogatives précédemment rappelées : un territoire, une population et une puissance.

La conversion du jeune roi mérovingien Chlodovecus, en 499, au catholicisme transforme non seulement son nom en Clovis (qui se rapproche de Clouis qui deviendra Louis, le prénom de 18 rois français), mais également son régime. Ce sont les premiers éléments d'une histoire qui ne cessera de s'affirmer. Les frontières vont évoluer, les institutions du pays se former et développer par à-coups leurs compétences. L'identité nationale va s'affirmer puis prendre forme.

Avec un peu de recul, de ce long fil temporaire, on distingue tout d'abord deux grandes périodes :

- **l'Ancien Régime**, qui va du Ve siècle à la Révolution française et s'étend sur près de treize siècles. On peut parler d'une sorte de continuité faite de microfractures, du fait du changement des familles régnantes et de pratiques qui vont mener à la mainmise du roi sur tout le territoire. On voit apparaître et se développer le Parlement, la justice, des territoires locaux, des pratiques juridiques plus ou moins développées. Cette monarchie, qui s'achèvera sur un système dit de droit divin, associera la royauté au catholicisme, faisant passer certains rois pour des « thaumaturges », sorte de guérisseurs sorciers (Louis IX, dit Saint Louis, notamment) ;
- **l'histoire moderne et contemporaine**, qui commence au début de la Révolution pour se perpétuer de nos jours. C'est une série de ruptures et de continuité où défileront tous les régimes politiques imaginables : royauté, empire, république, etc. Après une Révolution française qui s'étalera finalement sur près de dix années, c'est Napoléon qui mettra fin à cette « *anarchie politique* » en 1799 par son coup d'État, en déclarant : « *Citoyens, la révolution est fixée aux principes qui l'ont commencée, elle est finie.* » Cette formule lapidaire ouvrira un XIXe siècle chaotique sur le plan politique et simultanément de croissance démographique et économique significative.

À la « période révolutionnaire » succéderont l'Empire, la Restauration de la monarchie, la IIe République, le Second Empire et enfin, la IIIe République, dès le 4 septembre 1870.

Depuis lors, c'est le régime républicain qui prévaut en France (hormis la parenthèse liée à l'occupation allemande et au régime de Vichy, de 1940 à 1945).

Au total, depuis 1789, la France a connu trois régimes de monarchie constitutionnelle différents, deux empires, cinq républiques, et trois régimes supplémentaires et éphémères (la Convention, le Directoire et le Consulat), le tout en moins de 230 ans.

Tous ces régimes politiques ont donné à la France sa forme contemporaine, celle d'un État semi-présidentiel ou encore semi-parlementaire.

L'administration y a progressivement occupé une place de plus en plus prépondérante, où le pilotage de toute la société par le pouvoir central (système dit Jacobin) s'est opposé à un pouvoir décentralisé et local (système dit Girondin). Cette opposition est toujours très présente dans la tension qui anime l'organisation du pouvoir.

FICHE 23 : QU'EN EST-IL DES MODÈLES ÉTRANGERS ?

La question des régimes politiques et juridiques étrangers a toujours enrichi l'étude du système français.

Cette approche, intitulée « droit comparé », fait ressortir, de manière schématique, deux grands systèmes juridiques dans le monde.

Un premier grand système dit de droit écrit, appelé aussi de *droit romain* ou *romano-germanique*. Il est issu de l'héritage gréco-romain et se caractérise essentiellement par l'existence d'une Constitution et la codification des textes de droit positif. C'est-à-dire le versement dans un recueil de textes, de toutes les lois applicables à une matière. C'est le système français, inauguré pendant la Révolution et qui débouchera sur le **code civil napoléonien** de 1804. Deux ans plus tard, ce sera le code pénal qui naîtra. Depuis, 75 codes ont été rédigés. Le dernier en date, publié en décembre 2018, s'intitule le « code de la commande publique ».

La première constitution « mondiale » rédigée et mise en œuvre à l'ère moderne est celle des États-Unis, en 1787. Ce seront les États européens, par la suite, qui rédigeront des constitutions, assorties bien souvent de déclaration de droits et libertés (comme la Déclaration des droits de l'homme et du citoyen, de 1789).

Les pays du sud de l'Europe et leurs anciennes colonies (comme toute l'Afrique du Nord et de l'Ouest ainsi qu'une partie de l'Asie du Sud), de même que l'Amérique centrale et du Sud relèvent de cette grande famille : c'est-à-dire de constitutions écrites et de textes de droit positif codifiés.

Un second grand système dit de droit oral, appelé aussi de *droit du précédent* ou *anglo-saxon* ou bien encore de *Common Law*. Il s'appuie non pas sur un code écrit, mais sur un système de règles produites concurremment par le Parlement et le juge. D'essence en grande partie jurisprudentielle, il provient du régime britannique et s'est diffusé d'une part dans ses anciennes colonies (Inde et États-Unis notamment, bien que ces pays disposent de constitutions et de recueils de textes de droit positif), et d'autre part au sein du Commonwealth (intitulé aussi *Commonwealth of Nations*, pour Communauté des nations. Il comprend 54 États, dont le Canada, l'Australie, la Nouvelle-Zélande, etc.). Ses principales caractéristiques reposent sur la voix du juge qui forme un corpus de règles très concrètes, mais aussi générales, applicables à des situations différentes, mais qui se ressemblent. Cette façon de faire, d'aller chercher dans une autre matière juridique, un raisonnement particulier, est aussi appelée « téléologie ». Elle est très utile pour résoudre des problèmes nouveaux.

Bien évidemment ces deux systèmes ne se trouvent pas à l'état pur, ils cohabitent entre eux, laissant l'un ou l'autre prendre le dessus. Au Royaume-Uni, une démarche de codification existe, et en France, la parole du juge suprême (Conseil d'État, Cour de cassation ou Conseil constitutionnel) occupe une place significative dans l'espace juridique.

D'autres modèles existent, souvent uniques, ou fondus dans les deux premiers : le Japon dispose d'un système complexe et orignal où il n'existe pas de séparation des autorités, certains pays du monde arabo-musulman ont quant à eux laissé une place significative à un juge religieux, **le cadi**, sorte de notaire et de juge en charge des affaires civiles (droit de la famille, droit des successions, litiges mineurs, etc.).

CHAPITRE 2 : L'ORGANISATION DU POUVOIR

« *Pour qu'on ne puisse abuser du pouvoir, il faut que, par la disposition des choses, le pouvoir arrête le pouvoir.* » Cette assertion de Montesquieu illustre le partage et l'organisation du pouvoir opérés dans le texte de la Constitution de 1958 qui institue la **Ve République** (cf. fiche 24).

En procédant à l'examen de celle-ci, **l'organisation institutionnelle** qui en découle (cf. fiche 25) permet de mieux comprendre l'articulation entre le **pouvoir exécutif** (cf. fiche 26) et le **pouvoir législatif** (cf. fiche 27).

Le **Conseil constitutionnel**, créé par le texte de 1958, peut alors être considéré comme la « clé de voûte » de l'**organisation du pouvoir** (cf. fiche 28), à côté d'autres institutions créées par le pouvoir constituant ou législatif, comme le **Conseil économique, social et environnemental** (cf. fiche 29) ou les nombreuses et à présent indispensables **autorités administratives indépendantes et autorités publiques indépendantes** (cf. fiche 30).

Ce même pouvoir est à présent soumis, volontairement ou pas, à un type de responsabilité tout à fait original, la **responsabilité sociétale** (cf. fiche 31).

FICHE 24 : LA CONSTITUTION DU 4 OCTOBRE 1958 : LA Ve RÉPUBLIQUE

Pour bien comprendre le système constitutionnel de la Ve République, il convient tout d'abord de connaître ses origines et plus particulièrement les crises vécues sous la IVe République, qui ont abouti à la fin de celle-ci.

Le régime institué en 1946, qui crée la IVe République, est parlementaire. Le président y joue un rôle très restreint alors que le Parlement est omnipotent : il fait et défait les gouvernements à un rythme effréné (le gouvernement est renversé en moyenne tous les six mois).

Cette instabilité gouvernementale est très nuisible pour les institutions et davantage encore pour l'administration. Aucune continuité n'est assurée et surtout, toute politique mise en place est aussitôt freinée, voire balayée, par des réformes nouvelles et parfois contradictoires.

À cette instabilité institutionnelle majeure et unique dans l'histoire française se profile le choc des colonies, qui revendiquent leur souveraineté. La crise algérienne sera cependant le détonateur le plus violent.

Deux camps se disputent la destinée de ce département français : les tenants d'une Algérie française et les partisans d'une Algérie indépendante dont les choix doivent être assurés par ses habitants. Cette tension tout au long de l'année 1957 grandit au point que le printemps 1958 s'avère très tendu et qu'une insurrection s'installe, tant sur le territoire algérien que continental. L'armée se divise et les généraux présents en Algérie menacent de faire scission si le gouvernement français se dirige vers l'indépendance.

La crise atteint son paroxysme le 13 mai 1958. Le président de la République René Coty fait alors appel au général de Gaulle, retiré à Colombey-les-Deux-Églises en Lorraine après le refus de son projet constitutionnel par les Français en 1946.

Le général de Gaulle propose au président Coty, non pas une solution adaptée aux institutions de la IVe République, mais une réforme en profondeur des institutions et du système politique, en changeant de République et donc de Constitution.

Pour cela, le projet constitutionnel proposé inverse le système institutionnel et instaure un système semi-parlementaire, où le président de la République devient l'un des personnages clés et le Parlement se voit partiellement rationalisé. De même, il est proposé que les partis politiques disposent de moins de pouvoir au Parlement, afin de sortir de l'alternance gouvernementale, source de fragilité pour la France.

Le Président Coty accepte cette proposition et autorise le général à organiser, sous cinq mois, une consultation auprès des Français sous la forme d'un référendum.

Les principes qui doivent gouverner le nouveau texte qui est écrit durant l'été 1958 sont simples :
- le suffrage universel reste la source du pouvoir ;
- assurer au président de la République, élu au suffrage université indirect, une place prédominante dans le paysage institutionnel français ;
- assigner au Parlement un nombre de matières réduites ;
- permettre au Parlement de renverser le gouvernement, sous certaines conditions techniquement et politiquement restrictives ;
- sur les colonies, « *la Constitution doit permettre d'organiser les rapports de la République avec les peuples associés* ».

Le projet de texte est soumis au vote des Français le 28 septembre 1958 et adopté très massivement (79 %) avant d'être **promulgué le 4 octobre 1958**.

Cette constitution devient ainsi **la 17e Constitution française**. Elle est toujours en vigueur. Cette durée est très probablement due à un texte souple qui s'adapte aux circonstances et aux changements. Depuis 1958, elle a été modifiée 24 fois. Certaines de ses modifications sont mineures, d'autres substantielles. Ces dernières sont intervenues sur les périmètres suivants :
- 1962 : l'élection du président de la République, jusqu'alors indirecte (le président était élu par un collège électoral composé d'environ 80 000 personnes, issues du Parlement et des collectivités territoriales) devient directe. Les citoyens élisent directement le président de la République, depuis 1965 ;
- 1974 : la saisine du Conseil constitutionnel est étendue à 60 députés ou 60 sénateurs ;
- 1992 : création des articles 88-1 à 88-4 relatifs à l'Union européenne (Union économique et monétaire, franchissement des frontières communautaires, droit de vote et d'éligibilité des ressortissants communautaires aux élections municipales et européennes, etc.) ;
- 1995 : modifications relatives au Parlement (session unique, inviolabilité des parlementaires, etc.) ;
- 1999 : égalité hommes-femmes (pouvoir du Parlement de favoriser celle-ci) ;
- 2000 : le mandat du président de la République est ramené de sept à cinq ans, applicable dès 2002 ;

• 2005 : intégration de la Charte de l'environnement dans le préambule de la Constitution ;
• 2008, insertion de la question prioritaire de constitutionnalité (cf. fiche 22) et création du Défenseur des droits (cf. fiche 24).

Bien que ces modifications soient en grand nombre (par exemple, et en sens contraire, la constitution du 26 octobre 1946 instituant la IVe République n'a été modifiée qu'une fois), la Constitution de 1958, toujours en vigueur, est solide parce qu'elle a fait preuve d'une souplesse et d'une adaptabilité inégalée.

L'exemple le plus frappant concerne les trois cohabitations entre le président de la République et son chef de gouvernement issu d'une autre majorité que la sienne, au Parlement : 1986, 1993 et 1997. Dans chacune de ces situations, la relative imprécision du texte constitutionnel a permis une continuité et un partage du pouvoir entre le président et le Premier ministre (on parle alors de dyarchie, c'est-à-dire d'un pouvoir à deux têtes).

FICHE 25 : L'ORGANISATION INSTITUTIONNELLE DU POUVOIR

Le jeu institutionnel français paraît simple de prime abord, alors qu'il recèle nombre de procédures le rendant tout à la fois unique et d'une précision surprenante.

Tout d'abord, tout part de l'élection. Ou plutôt d'une double élection, et depuis 2002, alignée dans le même espace-temps, celle du président de la République (élu au suffrage universel direct depuis la réforme de 1962, mise en œuvre en 1965) et celle des députés, tous deux élus pour cinq années.

Cela permet, selon toute logique, que le président et les députés soient du même bord politique. Ce qui aura pour conséquence de permettre aux institutions de bien fonctionner puisque les réformes initiées par le gouvernement auront toutes les chances d'être votées au Parlement.

Cette concordance n'est pas mineure et rend le couple exécutif formé par le président et le Premier ministre (la dyarchie) puissant et coordonné. Assurant ainsi une politique durable à long terme. Les exemples d'un président doté tout au long de son mandat d'un seul Premier ministre (Nicolas Sarkozy avec François Fillon) ou de deux ou trois Premiers ministres (François Hollande avec Jean-Marc Ayraut, Manuel Valls et Bernard Cazeneuve) en sont des exemples frappants.

Ensuite, le système décisionnel fait intervenir un grand nombre d'acteurs : la loi est de l'initiative des parlementaires (proposition de loi) ou du gouvernement (projet de loi) ; les actes réglementaires sont entre les mains de plusieurs autorités (président de la République, Premier ministre, ministres, préfets, recteurs, chefs d'exécutif et assemblées délibérantes des collectivités territoriales et des établissements publics administratifs, etc.).

Enfin, le duo exécutif et législatif. L'organisation institutionnelle ne peut s'analyser que sous le prisme de la dyarchie exécutive (président de la République et Premier ministre) face au bicamérisme (deux chambres au sein du Parlement, l'Assemblée nationale et le Sénat).

Ce double jeu, composé de quatre acteurs, est cependant déséquilibré. C'est là toute la « marque de fabrique » de la constitution proposée par le général de Gaulle en mai 1958 : permettre au pouvoir exécutif d'assumer la conduite du pouvoir, sous un contrôle et en collaboration avec un Parlement asservi. Le tout dominé par la figure du président de la République, organe politique et juridique tout à la fois.

Pour cela, le texte constitutionnel intervient sur deux niveaux, à l'égard de ces deux institutions : un niveau fonctionnel, lié aux matières dont ils relèvent, et un niveau organique, lié à leur organisation.

FICHE 26 : LE POUVOIR EXÉCUTIF : MISSIONS, POUVOIRS ET LIMITES

Quand on évoque le pouvoir exécutif français, on se réfère à deux institutions : le président de la République et le gouvernement (la dyarchie). Cette approche pouvant se décliner en niveaux fonctionnel et organique.

Président de la République : c'est le texte constitutionnel, souvent lapidaire, qui nous renseigne à l'égard de ce personnage central dans le paysage institutionnel français : « *Le président de la République veille au respect de la Constitution. Il assure, par son arbitrage, le fonctionnement régulier des pouvoirs publics ainsi que la continuité de l'État. Il est le garant de l'indépendance nationale, de l'intégrité du territoire et du respect des traités* » (article 5). Élu au suffrage universel direct (depuis la réforme constitutionnelle de 1962, mise en œuvre en 1965) pour une durée de cinq années (depuis la réforme constitutionnelle de 2000, mise en œuvre en 2002) et un nombre de mandats limités à deux (depuis la réforme constitutionnelle de 2008), le président de la République dispose de prérogatives propres et de prérogatives partagées.

Prérogatives propres :

- il nomme le Premier ministre et met fin à ses fonctions ;
- il peut décider de prendre la parole devant le Parlement réuni en Congrès ;
- il peut soumettre au référendum certains projets de loi, relatifs à l'organisation des pouvoirs publics, à des réformes relatives à la politique économique, sociale ou environnementale de la nation et aux services publics qui y concourent ;
- il peut, après consultation du Premier ministre et des présidents des assemblées, prononcer la dissolution de l'Assemblée nationale ;
- lorsque les institutions de la République, l'indépendance de la nation, l'intégrité de son territoire ou l'exécution de ses engagements internationaux sont menacées d'une manière grave et immédiate et que le fonctionnement régulier des pouvoirs publics constitutionnels est interrompu, il prend les mesures exigées par ces circonstances (article 16 de la Constitution) ;
- il peut saisir le Conseil constitutionnel d'une loi ou d'un traité et nomme un tiers de ses membres. Le pouvoir de nomination du président de la République s'exerce après avis public de la commission permanente compétente de chaque assemblée. Lorsque l'addition des votes négatifs au sein de chaque commission représente au moins trois cinquièmes des suffrages exprimés au sein des deux commissions, la nomination ne peut intervenir.

Prérogatives partagées (avec le Premier ministre ou un ministre) :

- sur proposition du Premier ministre, il nomme les autres membres du gouvernement ;
- il préside le Conseil des ministres ;

- il promulgue les lois dans les quinze jours qui suivent la transmission au gouvernement de la loi définitivement adoptée et peut, avant l'expiration de ce délai, demander au Parlement une nouvelle délibération de la loi ou de certains de ses articles ;
- il signe les ordonnances et les décrets délibérés en Conseil des ministres et nomme aux emplois civils et militaires de l'État ;
- il est le chef des armées.

Le gouvernement : il est formé du Premier ministre et de ses ministres et secrétaires d'État. Le Premier ministre est désigné par le président de la République (article 8 de la Constitution), alors que le choix des ministres est effectué par le chef de l'État sur proposition du Premier ministre.

C'est le même article qui précise que le président de la République met fin aux fonctions du Premier ministre sur présentation, par celui-ci, de la démission du gouvernement. Cette démission peut être le fait d'un vote de défiance de l'Assemblée nationale, volontaire ou encore « engagée » par le président lui-même.

Le gouvernement dispose de très nombreuses attributions que lui confère la constitution :
- **il détermine et conduit la politique de la nation**, dispose de l'administration et de la force armée et est responsable devant le Parlement (article 20) ;
- **il dirige l'action du gouvernement**, est responsable de la Défense nationale et assure l'exécution des lois, exerce le pouvoir réglementaire et nomme aux emplois civils et militaires (article 21).

Enfin, il convient de préciser que les membres du gouvernement jouent un rôle à la fois politique et juridique puisqu'ils sont placés à la tête d'un ministère composé de services et que, par voie de conséquence, en leur qualité de supérieur hiérarchique, ils organisent leur administration en appliquant la politique gouvernementale.

Sur le plan fonctionnel, quand le gouvernement souhaite intervenir dans le domaine de la loi pour accélérer les procédures législatives et se réserver la possibilité de proposer un texte qui ne sera pas amendé et modifié en substance, la Constitution, *via* l'article 38, lui permet de le faire par la voie de l'ordonnance. Utilisée régulièrement par le gouvernement lorsque la confiance est de mise avec le Parlement, on en totalise, depuis 1958, plus de 550.

Ce procédé est cependant tout à fait discutable sur le plan démocratique puisqu'il dessert le Parlement de ses prérogatives que le texte constitutionnel comme les électeurs lui assignent, à savoir celui de discuter et de voter la loi. Le texte adopté, selon une procédure technique (le Parlement habilite le gouvernement à intervenir dans le domaine de la loi pour une durée déterminée et concernant une série de matières - si ceci est respecté, le texte entièrement écrit par le gouvernement dans les « cabinets » prend la forme d'une loi. En revanche, si ce n'est pas le cas, l'ordonnance reste un texte produit par le gouvernement et, par voie de conséquence il s'agira d'un acte réglementaire soumis à l'appréciation du juge administratif qui pourra l'annuler), a force de loi une fois la procédure respectée.

Sur le plan organique, le pays est dirigé par le président de la République et le gouvernement sous le contrôle du Parlement et du Conseil constitutionnel. Pouvoirs législatif et exécutif, conformément aux idées de Montesquieu, se contrebalancent. Le pouvoir exécutif cependant dispose de plusieurs moyens d'action à l'encontre du Parlement, nettement plus significatifs que ceux conférés au Parlement à l'encontre du gouvernement :

- **en premier lieu**, il « rationalise » la procédure parlementaire grâce à la maîtrise de l'élaboration des lois (il choisit l'assemblée devant laquelle il déposera son projet de loi et organise l'ordre du jour des sujets au Parlement, il dépose les amendements aux textes discutés) et choisit les procédures à mettre en place (accélérée, blocage des votes, éventuelle soumission à une commission mixte paritaire, etc.) ;
- **en second lieu**, il peut renverser l'Assemblée nationale. C'est l'article 12 de la Constitution qui prévoit que « *le président de la République peut, après consultation du Premier ministre et des Présidents des Assemblées, prononcer la dissolution de l'Assemblée nationale* ». Cette possibilité, cependant, est assez rare dans l'histoire française. Sous la IIIe République, elle eut lieu à plusieurs reprises jusqu'en 1877 puis fut complètement écartée. Sous la IVe, la mécanique étant trop complexe, elle n'eut lieu qu'une fois, en 1955. Depuis 1958, le pouvoir exécutif a renversé l'Assemblée nationale à cinq reprises : 1962, 1968, 1981, 1988 et 1997.

FICHE 27 : LE POUVOIR LÉGISLATIF : CARACTÉRISTIQUES

Les lois « *se divisent en deux grandes catégories : celles qui formulent une règle de droit et celles qui prennent des mesures pour en assurer l'application. J'ai appelé les premières lois normatives et les secondes lois constructives* ». Cette approche est celle de Léon Duguit, professeur de droit du début du XXe siècle.

La loi est cependant générale et cantonnée, du moins en théorie, par l'article 34 de la Constitution, à fixer des règles et déterminer des principes fondamentaux. Elle est assurée par le pouvoir législatif, composé de deux chambres, l'Assemblée nationale et le Sénat.

- **L'Assemblée nationale**, qui siège dans le centre de Paris, au palais Bourbon, est composée de 577 députés et a pour fonctions de représenter le peuple français, légiférer et contrôler l'action du gouvernement. Ses membres sont élus pour cinq ans, au suffrage universel direct, sans limites de renouvellement. Peuvent être élus à ce poste tous les Français des deux sexes, âgés d'au moins dix-huit ans, jouissant de leurs droits civiques et ne relevant pas d'un des cas d'inéligibilités personnelles ou professionnelles fixés par la loi.
- **Le Sénat** siège également dans le centre de Paris, au palais du Luxembourg. Il est composé de 348 sénateurs et a pour fonctions de voter la loi, contrôler l'action du gouvernement et évaluer les politiques publiques. Ses membres sont, depuis une loi de 2003, élus pour six ans selon un principe qui impose que les sièges sont renouvelables par moitié tous les trois ans, les sénateurs étant ainsi répartis en deux séries. Âgés d'au moins 24 ans, les sénateurs sont élus dans chaque département par un collège électoral composé des députés, sénateurs, conseillers régionaux de la section départementale correspondant au département (selon les cas : conseillers de l'assemblée de Corse, conseillers à l'assemblée de Guyane, conseillers à l'assemblée de Martinique), conseillers départementaux et des délégués des conseils municipaux ou des suppléants de ces délégués qui à eux seuls représentent 95 % du collège électoral (soit 72 000 électeurs actuellement).

Il convient de préciser que ces deux chambres sont inégalitaires, la première, l'Assemblée nationale disposant de prérogatives supérieures à la seconde, le Sénat. Les pouvoirs de l'Assemblée nationale sont les suivants :

- elle peut mettre seule en cause la responsabilité du gouvernement ;
- en cas de désaccord sur un texte législatif, seule l'Assemblée nationale peut avoir le dernier mot ;
- sur les seuls textes relatifs à la loi de finances et le financement de la Sécurité sociale, l'Assemblée nationale est prépondérante ;
- l'Assemblée nationale dispose d'une hégémonie politique et médiatique considérable.

Sur le plan fonctionnel, l'article 34 de la Constitution assigne au Parlement une série limitée de matières, au-delà desquelles il ne peut intervenir. C'est ainsi que la loi fixe les règles concernant les droits civiques, la nationalité, les impôts, les garanties des fonctionnaires, l'enseignement, l'environnement, etc.

Sur le niveau organique : le Parlement dispose de plusieurs moyens :
- **moyens d'information** : il peut poser des questions au gouvernement (cf. fiche 4) ;
- **moyens d'investigation** : il peut ouvrir des enquêtes *via* des commissions d'enquête ;
- **moyens de déstabilisation** par le pouvoir de renverser le gouvernement *via* une motion de censure (article 49 de la Constitution). Celle-ci est alors présentée par 1/10e des députés (les sénateurs ne peuvent pas l'actionner). Elle n'est adoptée qu'à la majorité de l'effectif total de l'Assemblée, soit 289 voix sur les 577. Dans l'histoire de la Ve République, plus de cinquante motions ont été mises en œuvre, mais une seule a renversé le gouvernement (1962). Le président de la République, le général de Gaulle, avait aussitôt dissous l'Assemblée nationale.

FOCUS : COLLECTIVITÉS TERRITORIALES – RÉFORMES LÉGISLATIVES

Courant 2020, une réforme constitutionnelle devait intervenir, mais les événements sanitaires, d'une part, et l'absence de majorité claire au Parlement pour ce projet, d'autre part, ont empêché le président Macron d'intervenir pour réduire le nombre de parlementaires d'un quart, tout en fusionnant le Sénat avec le CESE (Conseil économique, social et environnemental). Le président avait également le vœu d'introduire davantage de proportionnelle dans ces élections. Tous ces projets sont reportés *sine die*.

FICHE 28 : LE CONSEIL CONSTITUTIONNEL, UN ACTEUR CLÉ

Créé de toutes pièces en 1958, le Conseil constitutionnel n'est pas tout à fait nouveau dans l'environnement institutionnel. Inventé à l'entre-deux-guerres en Autriche par Kelsen (cf. fiche 1), il dispose d'une originalité qui en fait son principal caractère : celui d'assurer la protection et la bonne mise en œuvre de la Constitution.

Les critiques cependant ne sont pas rares à son adresse, tant à ses débuts, où il fut accusé d'institutionnaliser un **gouvernement des juges** à même de fragiliser la démocratie française, que plus récemment. Le professeur de droit constitutionnel Guy Carcassonne a pu dire à son propos : « *Quelle composition a priori absurde ! L'institution doit être indépendante du pouvoir politique, ses membres sont nommés par les autorités les plus politiques qui soient. L'institution doit avoir une légitimité indiscutable : ses membres ne sont pas élus, leur désignation n'a pas même à être ratifiée, ils procèdent d'un choix largement discrétionnaire. L'institution exerce un rôle juridique éminent : ses membres peuvent être parfaitement incultes en droit. Et, comme si cela ne suffisait pas, on a également fait du Conseil constitutionnel la maison de retraite des anciens présidents de la République.* »

Tout ceci fait bien évidemment sourire, tant les contradictions sont présentes, cependant, Carcassonne, comme la majorité des juristes, ne tarit pas d'éloges à l'endroit de cette cour suprême qui occupe une place significative dans la société et le droit constitutionnel « moderne ».

C'est l'article 56 de la Constitution qui précise que le Conseil constitutionnel « *comprend neuf membres, dont le mandat dure neuf ans et n'est pas renouvelable. Le Conseil constitutionnel se renouvelle par tiers tous les trois ans. Trois des membres sont nommés par le président de la République, trois par le président de l'Assemblée nationale, trois par le président du Sénat* [...]. *En sus des neuf membres prévus ci-dessus, font de droit partie à vie du Conseil constitutionnel les anciens présidents de la République. Le Président est nommé par le président de la République. Il a voix prépondérante en cas de partage.* »

Ses missions sont réduites, mais significatives puisqu'il est le garant de l'équilibre institutionnel.

Il juge la conformité des lois à la Constitution : à cet égard, il exerce deux types de contrôle de la loi.

Le contrôle *a priori* est posé très clairement par l'article 61 : « *Les lois organiques, avant leur promulgation, les propositions de loi mentionnées à l'article 11 avant qu'elles ne soient soumises au référendum, et les règlements des assemblées parlementaires, avant leur mise en application,* *doivent être soumis au Conseil constitutionnel, qui se prononce sur leur conformité à la Constitution. Aux mêmes fins, les lois peuvent être déférées au Conseil constitutionnel, avant leur promulgation, par le président de la République, le Premier ministre, le Président de l'Assemblée nationale, le Président du Sénat ou soixante députés ou soixante sénateurs. Dans les cas prévus aux deux alinéas précédents, le Conseil constitutionnel doit statuer dans le délai d'un mois. Toutefois, à la demande du gouvernement, s'il y a urgence, ce délai est ramené à huit jours. Dans ces mêmes cas, la saisine du Conseil constitutionnel suspend le délai de promulgation.* »

Et l'article 62 précise ainsi qu'« *une disposition déclarée inconstitutionnelle sur le fondement de l'article 61 ne peut être promulguée ni mise en application* ».

On parle alors de décision en conformité (DC). Ce fut l'activité principale (hormis le contrôle des élections présidentielles et nationales) de cette institution, de 1958 à 2009.

Plusieurs de ces décisions ont véritablement bouleversé les institutions et les pratiques. La première des plus importantes d'entre elles date de 1971 et concerne la liberté d'association. Elle permit au Conseil constitutionnel de créer le « bloc de constitutionnalité » (cf. fiche 1).

Le contrôle *a posteriori* est posé très clairement par l'article 61-1 de la Constitution, depuis une modification constitutionnelle de 2008 : « *Lorsque, à l'occasion d'une instance en cours devant une juridiction, il est soutenu qu'une disposition législative porte atteinte aux droits et libertés que la Constitution garantit, le Conseil constitutionnel peut être saisi de cette question sur renvoi du Conseil d'État ou de la Cour de cassation qui se prononce dans un délai déterminé.* »

L'article 62 rajoute « *une disposition déclarée inconstitutionnelle sur le fondement de l'article 61-1 est abrogée à compter de la publication de la décision du Conseil constitutionnel ou d'une date ultérieure fixée par cette décision. Le Conseil constitutionnel détermine les conditions et limites dans lesquelles les effets que la disposition a produits sont susceptibles d'être remis en cause. Les décisions du Conseil constitutionnel ne sont susceptibles d'aucun recours. Elles s'imposent aux pouvoirs publics et à toutes les autorités administratives et juridictionnelles.* »

Cette procédure, appelée QPC, pour **question prioritaire de constitutionnalité**, est en œuvre depuis 2009 et a sensiblement modifié le paysage juridique français. Elle résulte de la volonté de Robert Badinter, ministre de la Justice de François Mitterrand, qui indique à ce propos : « *En 1989, année du bicentenaire de la Déclaration des droits de l'homme et du citoyen, je publiais une tribune dans Le Monde dans laquelle je dénonçais l'ambiguïté de la situation des justiciables en France. Ils pouvaient saisir la Cour européenne des droits de l'homme à Strasbourg, depuis octobre 1981,* *en invoquant la non-conformité d'une loi à la Convention européenne de sauvegarde des libertés et des droits fondamentaux. En revanche, l'accès au Conseil constitutionnel à Paris afin de faire constater la violation de leurs droits fondamentaux, leur était refusé. Ce déséquilibre institutionnel, qui faisait du citoyen français un majeur conventionnel mais un mineur constitutionnel, ne devait plus durer. Il convenait d'y remédier en introduisant dans notre droit une exception d'inconstitutionnalité.* » Tout justiciable peut contester une loi lors d'une instance devant n'importe quel juge. Pour cela, le justiciable doit préciser que la loi qui s'applique à lui est inconstitutionnelle. Le juge analyse cette demande et peut la transmettre à sa cour suprême (Cour de cassation ou Conseil d'État) qui vérifie si cette question mérite d'être posée au Conseil constitutionnel. Si tel est le cas, le juge constitutionnel doit rendre sa décision sous trois mois. Ses audiences, fort instructives, sont publiques et mises en ligne sur le site Internet du Conseil constitutionnel. Ce dernier rend deux catégories de décisions : soit il annule la loi, partiellement ou totalement, soit il rejette la demande, estimant que la loi attaquée est conforme au bloc de constitutionnalité.

Ces deux procédures, **contrôle *a priori*** et **contrôle *a posteriori***, visent ainsi à assurer à la loi sa légitimité tout en permettant à l'État de droit de pleinement œuvrer, permettant à tous les acteurs de bénéficier de leurs droits et libertés.

À ceci, s'ajoutent trois autres prérogatives en lien avec la conformité à la constitution :
- le contrôle de la compatibilité des accords internationaux avec la Constitution ;
- la vérification du respect des domaines de la loi et du règlement (qui découlent du partage entre les articles 34 et 37 de la Constitution - cf. fiche 1) ;
- la vérification du respect du domaine de compétence des collectivités d'outre-mer dotées d'un statut d'autonomie (articles 72 et suivant de la Constitution - cf. fiche 42).

Il veille à la régularité des élections nationales et des référendums. À ce titre, il est juge des élections des députés et sénateurs, et des élections présidentielles, comme des référendums nationaux. C'est lui qui proclame les résultats des élections présidentielles. Il peut ainsi annuler les élections des députés et sénateurs, sans possibilité d'appel pour ces derniers. Ce qui signifie que de nouvelles élections doivent avoir lieu. Les conséquences de ces annulations sont nombreuses puisqu'elles vont concerner non seulement le député ou le sénateur qui voit son élection annulée, que le paysage politique, puisque la composition de l'Assemblée nationale ou du Sénat est susceptible d'être modifiée selon le nouveau résultat de l'élection organisée.

Le Conseil constitutionnel édite une revue en ligne, gratuite (*Les Nouveaux Cahiers du Conseil constitutionnel*), qui reprend des analyses de ses décisions.

Depuis près de 60 ans que le Conseil constitutionnel (cette « *arme contre la déviation du régime parlementaire* », selon l'un des rédacteurs de la constitution, Michel Debré) rend des décisions, le paysage juridique français a été considérablement modifié.

Le Conseil constitutionnel a rendu plus de 3 500 décisions relatives à la conformité des lois à la Constitution ou en qualité de juge électoral.

Le Conseil constitutionnel dispose d'autres prérogatives plus marginales.

Il peut « *constater l'empêchement du président de la République d'exercer ses fonctions* ».

Il peut également intervenir lorsque « *le bureau de l'assemblée à laquelle appartient le parlementaire émet un doute* » sur la situation d'un parlementaire, ou bien encore « *constater la déchéance d'un parlementaire dont l'inéligibilité se révèle après l'élection* ».

En dernier lieu, depuis 2009, « *si la Conférence des présidents de la première assemblée saisie d'un projet de loi refuse son inscription à l'ordre du jour en invoquant la méconnaissance des règles de présentation des projets de loi, le Conseil constitutionnel peut être saisi par le président de l'assemblée intéressée ou le Premier ministre pour trancher, dans un délai de huit jours, le désaccord entre la Conférence des présidents et le gouvernement* ».

FICHE 29 : LE CONSEIL ÉCONOMIQUE, SOCIAL ET ENVIRONNEMENTAL

Née en 1925, cette institution « constitutionnelle » (parce que prévue explicitement par la Constitution) a évolué avec son temps, après avoir subi plusieurs transformations plus ou moins importantes. Siégeant au Palais d'Iéna, dans Paris, depuis 2008, son caractère « environnemental » lui a été rajouté, après l'adoption de la Charte sur l'environnement.

Le Conseil économique, social et environnemental (CESE) est composé de 233 membres au maximum, désignés pour cinq ans renouvelables une fois. Ils doivent appartenir depuis au moins deux ans à la catégorie qu'ils représentent. Enfin, la parité homme-femme s'impose.

Le CESE, comme son acronyme l'indique, est avant tout une institution consultative incontournable :
- saisi par le gouvernement, il « *donne son avis sur les projets de loi, d'ordonnance ou de décret ainsi que sur les propositions de loi qui lui sont soumis* » (article 69 de la Constitution) ;
- il peut être « *consulté par le gouvernement et le Parlement sur tout problème de caractère économique, social ou environnemental. Le gouvernement peut également le consulter sur les projets de loi de programmation définissant les orientations pluriannuelles des finances publiques. Tout plan ou tout projet de loi de programmation à caractère économique, social ou environnemental lui est soumis pour avis* » (article 70 de la Constitution).

La grande particularité de cette institution est son caractère représentatif des organisations professionnelles de toute l'économie. Elle trouve son pendant auprès de chaque conseil régional (conseil économique, social et environnemental régional : Ceser) et européen (Comité économique et social européen : CESE). Pour rendre ses avis, il est divisé en neuf sections composées chacune de 27 à 29 membres.

Cependant, il est très critiqué, tant pour son coût que pour le peu d'implication de ses membres. Dès lors, on comprend le peu de saisines et d'avis qu'il rend (14 saisines du gouvernement en cinq ans et moins d'une vingtaine d'avis et rapports rendus chaque année). De Gaulle, par exemple, voulut le dissoudre afin de le fondre dans le Sénat (finalement, cette proposition mise au référendum des Français fut rejetée et le président démissionna). Plus récemment, des partis « extrêmes » demandèrent purement et simplement la suppression du CESE. Le président Macron, depuis le début de son mandat, a annoncé publiquement s'interroger sur le devenir de cette institution.

FICHE 30 : LES AUTORITÉS ADMINISTRATIVES INDÉPENDANTES ET LES AUTORITÉS PUBLIQUES INDÉPENDANTES

Longtemps considérées comme des « OVNIS administratifs », les autorités administratives indépendantes, les AAI, ont montré à la fois leur place tout à fait originale et nécessaire dans l'environnement tant juridique que politique, mais aussi qu'elles savent se mettre à portée tant des usagers que des institutions.

Elles interviennent dans deux cas : régulation économique ou protection des droits et des citoyens :

- **régulation économique** : l'objectif étant que l'État, qui ne souhaite pas intervenir directement, crée des institutions chargées en son nom « *d'assurer la régulation de secteurs considérés comme essentiels* ». Les secteurs se sont progressivement développés pour regrouper l'énergie, le transport, l'audiovisuel, mais aussi les droits et libertés là où l'administration est très présente... Cela implique par conséquent, la prise d'actes comme des sanctions dans certains cas (soumis au juge administratif qui peut les annuler). Elles sont composées de membres qui connaissent bien le milieu concerné. Il s'agit par exemple de l'Autorité des marchés financiers, du Médiateur national de l'énergie, de la commission nationale de l'énergie... ;
- **protection des droits des citoyens** : elles doivent veiller à ce que les citoyens, dans une matière donnée, ne souffrent pas de pratiques discriminantes ou partiales. Le Défenseur des droits en est l'exemple type, comme la Cada (Commission d'accès aux documents administratifs), la Cnil (Commission nationale informatique et libertés), etc.

Quelles sont-elles ? Les plus connues sont le CSA (Conseil supérieur de l'audiovisuel), la Haute Autorité pour la diffusion des œuvres et la protection des droits sur Internet (Hadopi), l'Autorité de la concurrence, la Commission nationale de l'informatique et des libertés (Cnil), la Commission d'accès aux documents administratifs (Cada), etc. - sans oublier le Défenseur des droits, qui regroupe quatre anciennes AAI (le Médiateur de la République, la Commission nationale de déontologie de la sécurité, le Défenseur des enfants et la Haute Autorité de lutte contre les discriminations et pour l'égalité).

Véritablement créées en France dans les années 1970, alors que nombre de pays dans le monde en étaient déjà dotés, il a fallu plus de vingt ans pour qu'elles croissent considérablement et pénètrent toutes les sphères de la vie publique.

Sur le plan juridique, on peut dire que le statut consultatif dévolu à un organe administratif est ici remplacé par une administration « indépendante » de toute pression politique, administration qui exerce parfois un pouvoir de décision voire de sanction. Une de ses autres caractéristiques est qu'elles peuvent être saisies par l'administration, mais aussi par les particuliers. Parfois même, ces autorités indépendantes agissent comme des tribunaux et condamnent l'administration, des entreprises ou des particuliers.

Devant leur développement considérable (tant par leur nombre, que par leurs pouvoirs), le législateur les a, par deux lois (une loi organique et une loi ordinaire) du 20 janvier 2017, modifiés en profondeur. Elles sont à présent 26 : 18 sont des **autorités administratives indépendantes** (Les AAI disposent de la personnalité morale. Cf. focus fiche 13) et 8 des **autorités publiques indépendantes**. Les API peuvent à ce titre soutenir une action en justice.

Il peut être rajouté le statut tout à fait original du **Défenseur des droits** qui, bien qu'étant une AAI, est la seule de ces administrations à être inscrite dans la Constitution (l'article 71-1 lui attribue la mission de veiller « *au respect des droits et libertés par les administrations de l'État, les collectivités territoriales, les établissements publics, ainsi que par tout organisme investi d'une mission de service public* »).

Partiellement contrôlées par le Parlement et le gouvernement, ces AAI et API sont toutefois indépendantes de toute pression puisqu'aucun ministre n'a d'autorité sur elles.

AUTORITÉS PUBLIQUES INDÉPENDANTES	AUTORITÉS ADMINISTRATIVES INDÉPENDANTES
Agence française de lutte contre le dopage (AFLD)	Autorité de contrôle des nuisances sonores aéroportuaires (ACNUSA)
Autorité de régulation des transports (ART)	Autorité de la concurrence
Autorité des marchés financiers (AMF)	Autorité de régulation de la distribution de la presse (ARDP)
Conseil supérieur de l'audiovisuel (CSA)	Autorité de régulation des communications électroniques et des postes (Arecp)
Haut Conseil du commissariat aux comptes (H3C)	Autorité nationale des jeux (ANJ)
Haute Autorité de santé (HAS)	Autorité de sûreté nucléaire (ASN)
Haute Autorité pour la diffusion des œuvres et la protection des droits sur Internet (Hadopi)	Comité d'indemnisation des victimes des essais nucléaires (Civen)

AUTORITÉS PUBLIQUES INDÉPENDANTES	AUTORITÉS ADMINISTRATIVES INDÉPENDANTES
Médiateur national de l'énergie	Commission d'accès aux documents administratifs (Cada)
	Commission de régulation de l'énergie (CRE)
	Commission du secret de la défense nationale (CSDN)
	Commission nationale de contrôle des techniques de renseignement (CNCTR)
	Commission nationale de l'informatique et des libertés (Cnil)
	Commission nationale des comptes de campagne et des financements politiques (CCFP)
	Commission nationale du débat public (CNDP)
	Contrôleur général des lieux de privation de liberté (CGLPL)
	Défenseur des droits
	Haut Conseil de l'évaluation de la recherche et de l'enseignement supérieur (HCERES)
	Haute Autorité pour la transparence de la vie publique (HATVP)

FICHE 31 : LA RESPONSABILITÉ SOCIÉTALE

La responsabilité sociétale s'approche en deux étapes.

Par *responsabilité*, on entend en premier lieu la responsabilité de l'établissement (que ce soit, une collectivité territoriale ou un établissement public, pour autant qu'il dispose de la personnalité morale).

Par *sociétale*, en revanche, il s'agit essentiellement de questions liées aux conséquences sociales et environnementales de ce même établissement.

Fruit du perpétuel mouvement d'évolution des organismes privés (entreprises et associations) et publics (État, collectivités territoriales et établissements publics administratifs), la responsabilité sociétale peut être définie comme la mise en œuvre, d'une part, de la responsabilité liée aux conséquences environnementales de ces structures, et d'autre part, d'indicateurs en lien avec l'activité professionnelle.

Il est à présent commun d'évoquer à propos de cette responsabilité sociétale une question d'éthique. Cette terminologie (cf. fiche 77), en lien avec les devoirs professionnels, rejaillit non sur les agents eux-mêmes, mais sur le cadre dans lequel ils évoluent, c'est-à-dire l'établissement lui-même.

Sur ce plan, on peut citer le *Livre vert* de la communauté européenne de 2001, qui a permis l'adoption de la norme internationale ISO 26000. Cette même norme définit la responsabilité sociétale comme étant « *la responsabilité d'une organisation vis-à-vis des impacts de ses décisions et activités sur la société et sur l'environnement, se traduisant par un comportement éthique et transparent qui contribue au développement durable, à la santé et au bien-être de la société ; prend en compte les attentes des parties prenantes ; respecte les lois en vigueur et est en accord avec les normes internationales de comportement ; et qui est intégré dans l'ensemble de l'organisation et mis en œuvre dans ses relations* ».

La responsabilité sociétale est donc conçue, quand elle est envisagée en tant que responsabilité impliquant des questions liées à la société et à l'environnement, comme un ensemble de critères à atteindre, qui peuvent être les suivants :
- meilleure gestion des espaces verts (éco-responsabilité, etc.) ;
- mise en place d'un traitement des déchets ;
- établissement d'une charte éthique ;
- etc.

Des groupes de travail établis à cet effet définissent des actions à mener, à travers des calendriers adoptés par tous les acteurs concernés - où ces mêmes acteurs travaillent de concert à la définition puis la mise en œuvre de ces actions.

CHAPITRE 3 : L'ORGANISATION DE LA JUSTICE JUDICIAIRE

L'exercice de la justice, en France, relève du service public lui-même. Il s'agit, par conséquent, du *service public de la justice*. Il est rendu au nom de l'État et est soumis aux lois Rolland concernant l'administration : continuité, mutabilité et égalité.

Composée de juridictions en grand nombre, la justice judiciaire est organisée sous la forme d'un système (cf. fiche 32), au sein duquel on relève une justice civile et une justice pénale. Son accès, quant à lui (cf. fiche 33), est soumis à une série de textes historiques remontant jusqu'à la Révolution française de 1789.

FICHE 32 : LE SYSTÈME JUDICIAIRE FRANÇAIS

Le système judiciaire français, selon le ministère de la Justice, « *se divise en deux catégories de juridictions : les juridictions civiles et les juridictions pénales.* »

C'est ainsi que les juridictions civiles s'intéressent aux litiges (loyer, divorce, consommation, succession...) sans appliquer de peines, tandis que les juridictions pénales ont pour objet de sanctionner les atteintes aux personnes, aux biens et à la société.

Les juridictions civiles sont les tribunaux judiciaire et les tribunaux de proximité. Ces derniers, quand ils existent sur les territoires (ils sont alors une « chambre détachée du tribunal judiciaire »), traitent seulement des litiges d'un montant inférieur ou égal à 10 000 euros. Par ailleurs, a été créé le juge des contentieux de la protection, qui siège dans chaque tribunal de proximité, pour statuer sur le crédit à la consommation, le surendettement des particuliers, la protection des majeurs... Il existe actuellement 125 tribunaux de proximité et 164 tribunaux judiciaires.

Dans une communication sur l'efficacité de la justice dans 45 pays, parue en octobre 2020, la Commission européenne indique qu'il y a un mouvement de baisse du nombre de tribunaux mais un nombre de juges plus important. Il s'agit d'une baisse de 10 % des tribunaux. S'agissant des juges, la moyenne est de 21 juges pour 100 000 habitants. La France, quant à elle, ne répond pas à la moyenne puisqu'on relève 11 juges pour 100 000 habitants, l'Espagne, 11, l'Italie, 12, l'Allemagne, 24 et la Hongrie, 30.

En appel, ce sont les 36 cours d'appel qui jugent des litiges après jugement des tribunaux de première instance.

La cour de cassation, quant à elle, intervient sur les erreurs de droit affectant les jugements d'appel. Il n'y en a qu'une, elle siège à Paris au Palais de justice.

Les juridictions pénales sont les tribunaux de police (qui siègent dans les tribunaux de grande instance) qui sont compétents en matière de contravention. Ils sont composés d'un juge unique. Les tribunaux correctionnels, qui siègent également dans les tribunaux de grande instance et sont compétents pour juger des délits, c'est-à-dire des peines passibles d'emprisonnement jusqu'à 10 ans, et toutes les autres peines. On relève enfin les cours d'assises, qui jugent les crimes, passibles de peines supérieures à 10 années.

Il existe également **les juridictions spécifiques aux mineurs**, constituées du juge pour enfants (il a pour mission essentielle de protéger les mineurs en danger, mais aussi de juger ces derniers lorsqu'ils commettent des infractions), le tribunal pour enfants (qui intervient à l'égard des mineurs de moins de seize ans) et la cour d'assises des mineurs (qui juge les mineurs de moins de seize ans ayant commis des crimes).

En 2017, selon le ministère de la Justice, 2,6 millions de décisions en matière civile et commerciale ont été rendues et 1,18 million de décisions en matière pénale.

FICHE 33 : L'ACCÈS À LA JUSTICE JUDICIAIRE

La justice française est fondée sur des principes issus en grande partie de la Révolution française de 1789.

Le premier de ces principes est celui que la justice est entre les mains de l'État et non des citoyens, ce qui revient à dire que *nul ne peut se faire justice lui-même*.

Le deuxième principe est que *ce service public de la justice se fait au nom du peuple français*.

Le troisième principe est en lien avec *la protection des libertés individuelles*, assurée par l'État lui-même, *via* un dispositif de lois que tout un chacun doit connaître.

Pour ce faire, la justice est indépendante et cette indépendance est assurée dans le texte même de la Constitution de 1958, à son article 66, dans les termes suivants : « *L'autorité judiciaire, gardienne de la liberté individuelle, assure le respect de ce principe dans les conditions prévues par la loi.* »

Dans ce contexte, l'accès à la justice, et davantage que cela, le « *droit au recours juridictionnel* » est inscrit dans les textes français et internationaux.

L'article 8 de la Déclaration universelle des droits de l'homme du 10 décembre 1948 précise ainsi que « *Toute personne a droit à un recours effectif devant les juridictions nationales compétentes contre les actes violant les droits fondamentaux qui lui sont reconnus par la Constitution ou par la loi.* »

L'article 6 de la Convention de sauvegarde des droits de l'homme et des libertés fondamentales quant à lui précise que « *Toute personne a droit à ce que sa cause soit entendue équitablement, publiquement et dans un délai raisonnable, par un tribunal indépendant et impartial, établi par la loi, qui décidera, soit des contestations sur ses droits et obligations de caractère civil, soit du bien-fondé de toute accusation en matière pénale dirigée contre elle. Le jugement doit être rendu publiquement, mais l'accès de la salle d'audience peut être interdit à la presse et au public pendant la totalité ou une partie du procès dans l'intérêt de la moralité, de l'ordre public ou de la sécurité nationale dans une société démocratique, lorsque les intérêts des mineurs ou la protection de la vie privée des parties au procès l'exigent, ou dans la mesure jugée strictement nécessaire par le tribunal, lorsque dans des circonstances spéciales la publicité serait de nature à porter atteinte aux intérêts de la justice.* »

Le Conseil constitutionnel a, par la suite, en 1996, rappelé que la Constitution de 1958 interdisait « *de porter des atteintes substantielles au droit des personnes intéressées d'exercer un recours effectif devant une juridiction* ».

Selon le ministère de la Justice, « *L'aide à l'accès au droit consiste à offrir à quiconque en a besoin divers services dans des lieux accessibles (tribunaux, maisons de justice et du droit, mairies, antennes de quartier, centres d'action sociale, mairies, écoles, hôpitaux, centres d'hébergement d'urgence...) :*

- *information sur les droits et les obligations des personnes ;*
- *orientation vers les organismes, services ou professionnels chargés d'assurer ou de faciliter l'exercice des droits et l'exécution des obligations (services sociaux, caisses d'allocations familiales, Assedic, associations...) ;*
- *aide pour accomplir les démarches nécessaires ;*
- *assistance par un professionnel habilité (avocat, notaire, huissier de justice) au cours de procédures devant les administrations et certaines commissions, comme la commission de surendettement ;*
- *consultations juridiques et assistance juridique pour la rédaction ou la conclusion d'actes par des professionnels habilités.* »

CHAPITRE 4 : LE SERVICE PUBLIC

La notion de **service public**, à présent parfaitement comprise par les citoyens, a mis longtemps à émerger. Elle est le fruit d'un long cheminement qui s'est figé au tournant du XXe siècle. À ce titre, le professeur de droit Léon Duguit en a donné plusieurs définitions dont celle-ci est la plus simple : « *[le service public est] l'activité que les gouvernants doivent obligatoirement exercer dans l'intérêt des gouvernés* ».

À la suite de quoi se sont naturellement dégagées **les lois du service public** (cf. fiche 34), permettant d'appréhender ces différentes catégories d'établissements publics (cf. fiche 35).

S'ensuivent des formes allant de la plus simple, **la régie**, gestion directe du service public (cf. fiche 36), à **la gestion déléguée** (cf. fiche 37) ou bien encore des formes plus modernes, comme **le partenariat public privé** (cf. fiche 38) ou bien **des groupements d'intérêt public ou des sociétés privées** auxquelles participent les collectivités territoriales (cf. fiche 39).

FICHE 34 : LES LOIS DU SERVICE PUBLIC ET SES PRINCIPES

La notion de service public recèle quantité de sous-entendus et d'idées toutes faites.

Sur le plan étymologique, un service public est un service non privé, ou plus encore, un service quelconque rendu au nom de tous. Le Larousse offre une première définition plus étendue et précise : « *Activité d'intérêt général assurée par un organisme public ou privé soumis aux règles qui sortent du droit commun ; organisme assurant une activité de ce genre.* »

En premier lieu, on peut préciser que le service public diffère selon ses fonctions :
- la régulation juridique : c'est la sécurité publique intérieure et extérieure du pays, la justice, les ordres professionnels ;
- la protection sociale et l'aide : le service public hospitalier, la Sécurité sociale ;
- l'éducation et la culture : l'enseignement, du primaire au supérieur, le sport, l'offre culturelle des musées, etc. ;
- l'offre économique : le transport, parfois le cinéma, etc.

Certains juristes ont cherché à déterminer les lois qui régissent tout service public. Ce fut le cas du professeur de droit et député Louis Rolland. Ce dernier mit à jour ce qu'on appelle désormais les « lois de Rolland », principes dont l'objet est de décrire le fonctionnement du service public.

Ces lois sont au nombre de trois : **continuité**, **mutabilité** et **égalité**. Aucun consensus n'existe néanmoins sur le nombre de ces principes auxquels on pourrait ajouter notamment : la neutralité, la laïcité, l'indépendance ou encore la gratuité :
- **la continuité** : elle implique que le service doit être assuré régulièrement, sans retard dans le temps, sans discontinuité gênante ou pénalisante pour l'usager. Ce principe a donné lieu à confrontation avec l'exercice du droit de grève (cf. fiche 98) dans le service public ;
- **la mutabilité** : elle désigne l'adaptation des services publics à l'évolution des besoins collectifs et aux exigences de l'intérêt général. Ce qui peut se traduire de deux manières : dans le cadre d'une délégation de service public, l'administration garde un pouvoir de modification unilatérale des conditions d'exécution du service. Cela explique l'absence de droit acquis pour les usagers quant au maintien du service public ou de la réglementation régissant ce dernier ;
- **l'égalité** : elle interdit la discrimination entre les usagers du service tant vis-à-vis des prestations que des charges. Des situations identiques doivent être traitées de la même manière. Mais inversement, des traitements différents peuvent être réservés à des situations différentes ;
- **la neutralité et la laïcité** : elles doivent être observées par toutes les personnes qui collaborent à un service public ;

• **la réserve** : les collaborateurs de service public ne doivent pas se départir dans l'expression de leurs opinions ;
• **la primauté** : les intérêts privés ou personnels doivent s'incliner devant l'intérêt général ou collectif ;
• **la gratuité** : ce principe, envisagé par Louis Rolland, est respecté dans les services publics administratifs (enseignement notamment), mais ne l'est pas pour les Spic (services publics à caractère industriel et commercial). L'existence d'un prix payé par l'usager est même l'un des critères retenus par le Conseil d'État pour caractériser un Spic.

À ces définitions, il convient de préciser un point lié à l'Union européenne. En effet, les règles européennes s'intéressent davantage à la concurrence qu'au service public. Cette dernière notion n'est d'ailleurs pas entendue dans le sens français précédemment évoqué, mais plutôt comme un service d'intérêt général (SIG) ou encore un service d'intérêt économique général (SIEG).

Les SIG correspondent alors à toutes les activités marchandes et non marchandes « *que les États considèrent comme étant d'intérêt général et qu'ils soumettent à des obligations spécifiques de service public. Les SIEG ont un sens plus restreint et désignent uniquement les services de nature économique soumis à ces obligations de service public (ex : transports, services postaux, énergie, communications). Ils constituent en quelque sorte un sous-ensemble des SIG. Seuls les SIEG sont soumis aux règles de la concurrence, à la seule condition que l'accomplissement de leur mission ne soit pas compromis* ».

Cette formulation posée par les pouvoirs publics français est assez claire et permet de bien appréhender les mouvements en œuvre en Europe : certains services publics tendent à disparaître au profit d'une concurrence ouverte (télécommunication, depuis 1996, énergie depuis 1992, transport ferroviaire depuis 2006, etc.), tandis que d'autres, plus régaliens, perdurent.

Devant les réactions en chaîne de certains pays européens comme la France, qui tend à protéger le SIEG, la Commission européenne a rappelé que ces services publics « *constituent un élément essentiel du modèle de société européen, permettant d'améliorer la qualité de vie de tous les citoyens et de lutter contre l'exclusion sociale* ».

Dès lors, on comprend que si le service public à la française subit des transformations majeures, il n'est pas voué à disparaître, mais plutôt à se réorganiser sous le contrôle de l'Europe.

FICHE 35 : LES DIFFÉRENTES CATÉGORIES D'ÉTABLISSEMENTS PUBLICS

Un établissement public (EP) est une personne morale de droit public disposant d'une autonomie administrative et financière afin de remplir une mission d'intérêt général. À cette définition, il convient de préciser que l'établissement public est toujours organisé de façon à être placé sous le contrôle d'une collectivité nationale ou territoriale (État, région, département ou commune). Ces règles sont donc :

- **l'autonomie** : dotée de la personnalité morale (ce qui entraîne leur responsabilité, mais aussi leur capacité à contracter), leur organisation est très variable (conseil d'administration, président, directeur, etc.). Ils disposent d'un budget propre (leurs recettes proviennent de subventions de l'État ou des collectivités territoriales, de redevances des usagers, d'emprunts, etc.) ;
- **le rattachement à un niveau de l'administration** : afin de compenser leur autonomie, ils sont soumis au contrôle d'une administration constitutionnellement reconnue. Ce contrôle varie, mais engage toujours l'autorité supérieure ;
- **la spécialité** : l'établissement public est toujours limité à des compétences clairement énumérées selon sa nature (caisse des écoles : principalement la restauration des élèves du ressort géographique ; université : l'enseignement et la recherche, etc.).

On distingue deux grandes catégories d'établissement public :

- **EPA : Établissement public administratif ;**
- **EPIC : Établissement public industriel ou commercial.**

Cette dichotomie est parfois brouillée quand un établissement public assure à la fois des missions de service public administratif et des missions de service public industriel et commercial. Dans ce cas-là, c'est la nature dominante qui sera privilégiée (par exemple, les ports autonomes exercent deux types de missions et sont gérés comme des EPIC parce que c'est leur activité dominante).

Il peut arriver que le législateur crée un EPIC en raison de sa souplesse d'organisation, alors même qu'il devrait s'agir d'un EPA (par exemple le CEA, l'Office national des forêts, la Banque de France, etc.).

Le régime juridique de ces établissements publics varie selon qu'il s'agit d'un EPA ou d'un EPIC.

L'EPA est une véritable administration (cf. fiche 47) (par ex. : les universités, les hôpitaux, les services sanitaires, etc.). Ses principales caractéristiques sont les suivantes :

- tous ses actes sont administratifs ;

• tous ses contrats sont administratifs (soit parce qu'ils contiennent des clauses exorbitantes du droit commun, soit parce qu'ils confient l'exécution même du service public à un cocontractant - la personne privée) ;
• tous les agents contractuels sont des agents publics (depuis une décision du tribunal des conflits de 1996) ;
• tous les litiges relatifs à sa responsabilité sont soumis au juge administratif (depuis la célèbre décision du tribunal des conflits, Blanco, de 1873).

L'EPIC : ses principales caractéristiques sont les suivantes :
• tous les actes sont de droit privé, à l'exception du règlement d'organisation du service public qui est un acte administratif unilatéral (depuis une décision du tribunal des conflits de 1968) ;
• tous les contrats sont *a priori* des contrats de droit privé sauf s'ils sont passés avec une personne publique et à la condition alternative qu'ils contiennent des clauses exorbitantes du droit commun ou qu'ils confient à la personne privée l'exécution même du service public ;
• tous les agents sont dans une situation de droit privé avec le gestionnaire du Spic sauf le directeur du service public et le chef comptable. Dans ce cas, les litiges les concernant relèvent du juge administratif ;
• tous les litiges relatifs à la responsabilité des Spic sont soumis au juge judiciaire. Le juge administratif n'est compétent que dans deux cas : si la responsabilité découle de l'illégalité de l'acte d'organisation du service public et si les dommages résultent de la mise en œuvre de prérogatives de puissance publique.

À côté de cette dichotomie, EPA et EPIC, existent des **modèles mixtes**, qui rendent plus complexe ce partage. On parle plus volontiers de **service public assuré par une personne privée**. Lorsqu'une personne privée est investie d'une mission de service public (par ex. : une fédération sportive, une société d'autoroute, etc.), la règle est que le recours au droit privé est plus fréquent et donc que le droit public ne s'applique que sous certaines conditions. C'est ainsi que :
• tous les actes seront des actes administratifs unilatéraux s'ils sont pris dans l'exercice du service public. Ce sera le cas si la personne privée met en œuvre une prérogative de puissance publique. (Ex. : une fédération sportive qui organise une compétition nationale, qui établit un règlement, qui exclut un membre sur le fondement de ce règlement, qui impose à ses fournisseurs l'adoption de tel système de billetterie) ;
• tous les contrats de la personne privée gérant un SPA seront administratifs si et seulement s'ils sont passés avec une personne publique et s'ils contiennent des clauses exorbitantes du droit commun ou ont pour objet l'exécution même de la mission de service public ;
• tous les agents de la personne privée gérant un SPA seront des agents privés (et donc soumis au code du travail et au tribunal des prud'hommes) ;

• tous les litiges relatifs à la responsabilité de la personne privée gérant un SPA sont engagés devant le juge judiciaire sauf si le préjudice résulte de la mise en œuvre de prérogatives de puissance publique (*cf.* focus) ou que l'établissement intervient dans le cadre de la mission de service public.

FOCUS : LES PRÉROGATIVES DE PUISSANCE PUBLIQUE

Une prérogative est un avantage supplémentaire, comme un droit ou un pouvoir. Quand on y ajoute « de puissance publique », on parle de caractéristique particulière propre à l'administration. Il peut s'agir de l'expropriation, de la résiliation d'un contrat, d'une réquisition, de sanctions (comme les ordres professionnels en disposent par exemple).

FICHE 36 : LA GESTION DIRECTE DU SERVICE PUBLIC : LA RÉGIE

C'est le mode classique de gestion du service public : la personne publique assure directement la gestion de ses missions. Certains services publics n'ont juridiquement pas le droit de faire assurer leurs missions par une autre personne, publique ou privée : c'est le cas de la justice, de la police et sous certaines conditions, de l'enseignement.

Le service public procède donc au recrutement direct des agents qui sont en charge de ce service (agents titulaires ou contractuels), achète les biens nécessaires à cet exercice et gère son budget.

On distingue deux types de régies :

- **la régie simple** : elle correspond pleinement à ce qui est précédemment décrit. Les moyens financiers et humains sont toujours ceux de la collectivité ou de l'établissement. Il s'agit du mode classique ;
- **la régie autonome** : elle est appelée ainsi parce qu'elle bénéficie d'une relative autonomie financière bien qu'elle ne dispose pas de la personnalité morale. Les services en régie autonome ont donc un budget propre qui doit être en équilibre, ce qui impose une discipline budgétaire les rendant responsables et proches des EPA.

On parle parfois de régie intéressée, mais elle ne relève pas de la classification de la régie directe, mais bien de la gestion déléguée, sa terminologie entraînant d'ailleurs une certaine confusion (cf. fiche 29).

FICHE 37 : LA GESTION DÉLÉGUÉE DU SERVICE PUBLIC : LA CONCESSION DE SERVICES

Quand l'administration ne peut gérer directement ses missions, mais qu'elle souhaite avoir un regard et un contrôle très précis de son action, elle peut déléguer, c'est-à-dire concéder, une partie de ses activités (gestion d'une piscine, d'un port, d'un palais des congrès, d'un théâtre...). Il s'agit de la délégation de service public (DSP) à présent dénommée concession de service.

C'est une ordonnance de 2016, qui a transposé une directive européenne de 2014, avant que le code de la commande publique, en novembre 2018, ne le codifie, *via* son article L. 1121-1 :

« *Un contrat de concession est un contrat par lequel une ou plusieurs autorités concédantes soumises au présent code confient l'exécution de travaux ou la gestion d'un service à un ou plusieurs opérateurs économiques, à qui est transféré un risque lié à l'exploitation de l'ouvrage ou du service, en contrepartie soit du droit d'exploiter l'ouvrage ou le service qui fait l'objet du contrat, soit de ce droit assorti d'un prix.*
La part de risque transférée au concessionnaire implique une réelle exposition aux aléas du marché, de sorte que toute perte potentielle supportée par le concessionnaire ne doit pas être purement théorique ou négligeable. Le concessionnaire assume le risque d'exploitation lorsque, dans des conditions d'exploitation normales, il n'est pas assuré d'amortir les investissements ou les coûts, liés à l'exploitation de l'ouvrage ou du service, qu'il a supportés. »

Ce mécanisme est assez proche du marché public, à la différence près que l'administration n'achète pas de prestation, mais qu'elle oblige son cocontractant à gérer le service public concédé (elle passe un contrat « *de droit administratif* ») en contrepartie de quoi ce dernier peut se payer pour partie avec ce que l'administration lui verse et pour partie plus substantielle, se payer auprès des usagers, *via* les redevances que ces derniers lui versent. Ce mécanisme diffère donc totalement du marché public bien que le marché public soit un « *contrat de droit administratif* ».

La gestion déléguée met en œuvre deux acteurs :

- **l'autorité délégante**, c'est-à-dire l'administration (État, collectivité territoriale, établissement public administratif) ;
- **l'autorité délégataire**, c'est-à-dire le cocontractant (personne morale de droit privé, société, association, qu'on peut appeler **fermier** ou **régisseur**, selon le type de concession).

Les règles en la matière sont les suivantes :

- il s'agit d'un contrat administratif et non d'un acte administratif. Les parties s'obligent donc à des obligations réciproques qu'elles ont acceptées ;
- la délégation est passée par une personne morale de droit public ;
- l'objet du contrat est de gérer un service public où l'autorité délégataire doit assurer les risques de gestion ;
- peu importe le service public (SPA ou Spic) pour autant qu'il est légal et pas « régalien » ;
- le délégataire est principalement réglé par les droits des usagers.

On relève principalement trois sortes de concession :

- **la concession** de travaux publics : outre les caractéristiques ci-avant exposées, le concessionnaire a également pour mission de construire l'ouvrage (ou les biens nécessaires à ses missions). À la fin du contrat, tout revient, de droit et sans contrepartie financière, au délégant (l'administration). En revanche, parce que le contrat doit être financièrement équilibré, l'administration doit indemniser le concessionnaire (délégataire) de tous les frais qui lui auront été imposés « *au nom de la continuité du service public* ». La durée du contrat est en principe égale à la durée de l'amortissement des ouvrages construits ou des biens acquis. Le délégant dispose de prérogatives en matière de rupture de contrat, ce qui lui permet de résilier celui-ci, sans qu'une faute n'ait été commise par le délégataire. Il reviendra cependant au délégant de permettre au délégataire d'équilibrer financièrement son contrat en lui versant le reliquat des sommes dues ;
- **l'affermage** : c'est un système presque identique à la concession, à la différence près que le « *fermier* » verse une « *surtaxe* » au délégant. Ce dernier doit cependant lui confier des installations lui permettant de jouir correctement de son activité ;
- **la régie intéressée** : c'est un système plus simple qui permet à l'autorité délégante de confier à une autorité délégataire, appelée ici « régisseur », un service public, en échange d'une rémunération, qui est fixe et peut avoir une part variable (intéressement sur les résultats, par exemple), sans que les risques ne soient à la charge du régisseur.

S'agissant des procédures à mettre en œuvre pour créer une concession, elles relèvent de la législation précédemment exposée.

Bien que l'administration soit relativement libre concernant le choix du cocontractant, celui-ci n'est désigné qu'à l'issue d'une procédure de mise en concurrence, assez proche de celle concernant les marchés publics.

De même, la passation est encadrée et reste toujours une attribution de l'organe délibérant de l'établissement (conseil municipal, départemental ou régional, conseil d'administration) avec parfois un passage obligatoire devant la commission d'appel d'offres (CAO).

Enfin, les lois du service public (lois Rolland) s'imposent aussi à la concession et reposent sur les épaules du délégataire.

FICHE 38 : LE PARTENARIAT PUBLIC PRIVÉ (PPP) : LE MARCHÉ DE PARTENARIAT

Ce dispositif tout à fait original mérite un développement particulier bien qu'il s'apparente à une concession.

Créé par voie d'ordonnance en 2004, c'est la copie conforme d'un système britannique développé dans les années 1990.

Codifié en 2018 dans le code de la commande publique à l'article L. 1112-1, le marché de partenariat « *(...) est un marché public qui a pour objet de confier à un opérateur économique ou à un groupement d'opérateurs économiques une mission globale ayant pour objet la construction, la transformation, la rénovation, le démantèlement ou la destruction d'ouvrages, d'équipements ou de biens immatériels nécessaires au service public ou à l'exercice d'une mission d'intérêt général et tout ou partie de leur financement. Le titulaire du marché de partenariat assure la maîtrise d'ouvrage de l'opération à réaliser.*

Cette mission globale peut en outre comprendre :

1° Tout ou partie de la conception des ouvrages, équipements ou biens immatériels ;
2° L'aménagement, l'entretien, la maintenance, la gestion ou l'exploitation d'ouvrages, d'équipements ou de biens immatériels ou une combinaison de ces éléments ;
3° La gestion d'une mission de service public ou des prestations de services concourant à l'exercice, par la personne publique, de la mission de service public dont elle est chargée. »

Pour faire simple, il s'agit de confier à un groupement (composé d'un constructeur, d'un financier – une banque – et d'une société à même d'assurer l'entretien) une mission globale pour construire, gérer et assurer des missions de service public à un même bâtiment (en règle générale), en échange de loyers, et ce, pendant une durée très étalée dans le temps. Ce dispositif complexe est dénommé **contrat global**.

La motivation première de l'administration est avant tout financière et liée à la complexité du marché lui-même. Face à une dépense significative, l'administration préfère étaler ses dépenses, quitte à payer des intérêts très importants.

La logique qui avait été mise en œuvre dès le départ était celle de permettre aux « deux mondes », le privé et le public, de tirer le meilleur parti d'eux-mêmes. Sur ce, le juge administratif est intervenu (sur la demande de contribuables) et a pu préciser, dans le cadre de plusieurs contentieux, que le recours à un tel procédé devait être réservé à des dossiers complexes (et non trop onéreux). Le juge a alors invité l'administration à privilégier les marchés publics plutôt que les marchés de partenariat.

Le marché de partenariat concerne essentiellement des hôpitaux, des écoles, des infrastructures diverses, voire dématérialisées comme des systèmes informatiques ou encore des prisons.

Ce mécanisme est cependant très critiqué, tant pour le coût significatif qu'il impose à l'administration, à l'issue du contrat, une fois ajoutées toutes les mensualités, qu'en raison des acteurs privés qui peuvent intervenir : il s'agit toujours de groupements de taille européenne voire mondiale. Ceci a pour conséquence d'évincer les petites et moyennes entreprises (PME).

Par ailleurs, tous les juges et institutions publiques ont très durement critiqué ce mécanisme (le Conseil constitutionnel en 2003, l'Inspection générale des finances, en 2012, le Conseil d'État, depuis 2007). C'est cependant un dispositif qui s'ajoute aux marchés publics et aux concessions.

Différents bâtiments ont été construits sous l'égide de ce dispositif : le nouveau palais de justice de Paris, l'hôpital de Créteil, l'Hexagone Balard (siège du ministère de la Défense) ou encore les stades de Bordeaux ou du Mans.

FICHE 39 : LES GROUPEMENTS D'INTÉRÊT PUBLIC (GIP), LES SOCIÉTÉS D'ÉCONOMIE MIXTE (SEM) ET LES AUTRES MONTAGES JURIDIQUES

Afin de se dispenser de règles parfois très contraignantes en matière d'établissement public, les pouvoirs publics ont créé plusieurs entités disposant de caractéristiques propres.

Les groupements d'intérêt public (GIP) : créés en 1982, leur objectif premier était de proposer un cadre souple, pour éviter aux collectivités territoriales et aux établissements publics de fonder des associations de droit privé (qui avaient parfois débouché sur de faux marchés publics et des affaires de financement occulte). Il s'est rapidement avéré que ces GIP permettaient de se dispenser de certaines règles contraignantes liées aux services publics, mais qu'en revanche, ils étaient difficiles à créer et nécessitaient un suivi très précis.

Le GIP doit permettre à des acteurs privés et publics de mettre en commun des « *moyens pour la mise en œuvre de missions d'intérêt général* ».

Après quelques errements juridiques, les GIP sont à présent régis par une loi de 2011 qui unifie leur modèle et leurs règles de création et d'organisation.

Il peut s'agir de construction et de gestion d'habitat, de centres de recherche universitaire, de parcs naturels, d'institut de cancer ou bien encore de sécurité routière...

Les sociétés d'économie mixte (SEM) : le législateur a autorisé depuis plusieurs années (surtout depuis le grand mouvement de la décentralisation des années 1980) l'État et les collectivités territoriales à créer des entités privées et publiques dénommées société d'économie mixte (SEM).

C'est l'article L. 1521-1 du code général des collectivités territoriales qui permet à ces personnes morales de droit public, de concert avec **au moins une personne privée**, de créer une telle société pour exploiter des services publics à caractère industriel ou commercial, ou pour toute autre activité d'intérêt général.

Elles peuvent ainsi « [...] *réaliser des opérations de conception, réalisation, entretien ou maintenance ainsi que, le cas échéant, de financement d'équipements hospitaliers ou médico-sociaux pour les besoins d'un établissement de santé, d'un établissement social ou médico-social ou d'un groupement de coopération sanitaire* ».

Il s'agira alors d'une société anonyme où le capital apporté par la ou les collectivités territoriales ne doit pas être supérieur à 85 % du capital total.

Il en existe plus de mille en France, employant près de 50 000 personnes et réalisant un chiffre d'affaires supérieur à 10 milliards d'euros annuels.

Elles s'occupent de transport, d'autoroutes, de parkings, d'immobilier, etc.

Les sociétés publiques locales (SPL) : il s'agit d'une société dont les seuls propriétaires, à la différence des sociétés d'économie mixte (SEM), sont des collectivités territoriales. Elles peuvent par exemple mettre en œuvre une politique locale de l'habitat, acquérir ou céder des immeubles, gérer des Spic, des SPA, etc.

Organisées sous forme de société anonyme (dépendant donc du code de commerce), elles permettent aux collectivités territoriales d'être dispensées des procédures de mise en concurrence liées aux marchés publics. On peut rajouter que la rigidité de l'emploi public est écartée dans ce cas, tout en permettant aux collectivités territoriales d'exercer leurs missions de service public.

Au final, c'est l'usager qui profite de ces dispositifs quand les prix sont réduits (pour des biens culturels, l'eau potable, etc.) et la qualité du service public assurée.

Les sociétés coopératives d'intérêt collectif (Scic) : créée en 2001, la Scic participe à la promotion de valeurs collectives et vise toujours un double objectif : l'efficacité économique et la dimension sociale.

Organisée comme la SPL, sous forme de société anonyme, c'est le préfet qui surveille les participations des collectivités territoriales qui sont, elles, limitées à 20 % et décidées par délibération de l'organe délibérant.

Il s'agira toujours de répondre « *à un besoin d'intérêt général qui n'est pas satisfait ou qui vise à intervenir en dessous du prix du marché* ».

CHAPITRE 5 : LA FONCTION PUBLIQUE ÉTATIQUE : CONCENTRATION ET DÉCONCENTRATION

L'administration de l'État, dans sa forme classique et centralisée, est organisée sous forme de ministères.

De ceux-ci, on peut dégager les services du **Premier ministre** (cf. fiche 40), qui disposent d'un périmètre d'action tout à fait significatif et original, avant de distinguer les **ministères** et ministres (cf. fiche 41) des **autres membres du gouvernement** (cf. fiche 42).

De manière générale, on observe que l'organisation ministérielle est soumise à une forme qui tend à s'harmoniser (cf. fiche 43), malgré la grande hétérogénéité des portefeuilles ministériels.

L'appareil centralisé étatique est présent sur le territoire de la République, *via* une **déconcentration** complète et réglementée (cf. fiches 44 à 46), à laquelle on oppose des autorités locales dépendant du pouvoir central et disposant d'une certaine marge d'autonomie, que sont les **établissements publics administratifs** (cf. fiche 47).

FICHE 40 : LES SERVICES DU PREMIER MINISTRE

Aborder les services du Premier ministre de prime abord, sans présenter celui-ci au regard des pouvoirs du président de la République, fragilise cette approche. L'un et l'autre disposent de pouvoirs réglementaires partagés, qui ont longtemps été entre les mains, soit du président (sous la IIIe République), soit du Premier ministre (appelé président du Conseil, sous la IVe République).

Cette mixité est parfois une source de difficultés, notamment quand président et Premier ministre cohabitent, c'est-à-dire quand ils ne sont pas du même bord politique. En dehors de ces périodes (1986, 1993 et 1997), le partage s'opère comme suit :

- **pouvoirs du Premier ministre** : c'est l'article 21 de la Constitution qui précise que le Premier ministre dispose du pouvoir réglementaire de droit commun : « *Il exerce le pouvoir réglementaire et nomme aux emplois civils et militaires. Il peut déléguer certains de ses pouvoirs aux ministres* » ;
- **pouvoirs du président de la République** : il dispose quant à lui d'un pouvoir circonscrit à certaines matières ou fonctions (article 13 de la Constitution : « *Le président de la République signe les ordonnances et les décrets délibérés en Conseil des ministres. Il nomme aux emplois civils et militaires de l'État* »).

Le détail de ce partage entre ces deux autorités est essentiellement posé par la jurisprudence du Conseil d'État. Fort de ce « *pouvoir réglementaire de droit commun* », le Premier ministre organise ses services selon trois niveaux, sans qu'il ait une quelconque autorité hiérarchique sur les ministres :

- **premier niveau : le cabinet du Premier ministre**. Il est dirigé par un directeur et comprend près de cinquante membres. Il prend certaines décisions en l'absence du Premier ministre et suit les dossiers qui lui sont confiés (en général, ce sont les dossiers les plus sensibles politiquement) ;
- **deuxième niveau : le secrétariat général du gouvernement.** Il est dirigé par un conseiller d'État qui assiste au Conseil des ministres et doit en préparer l'ordre du jour ainsi que bon nombre de réunions interministérielles. Il a également pour mission de veiller à la publication des lois et décrets (*via* le *Journal officiel* et *Légifrance*), mais aussi d'assurer les relations du gouvernement avec le Parlement. C'est un personnage clé de la haute administration, qui sert plusieurs Premiers ministres, au point que depuis la Seconde Guerre mondiale, seuls dix secrétaires généraux ont assuré ces fonctions. Il dirige également tous les autres services du Premier ministre ;
- **troisième niveau : les autres services**. Le Premier ministre est assisté d'un très grand nombre de services, afin de pouvoir mener à bien toutes ses missions. On peut relever :

- La Direction de l'information légale et administrative (Dila), qui rassemble la Documentation française et les Journaux officiels. Elle a notamment en charge la publication des lois et décrets ;

- Le Service d'information du gouvernement : il s'intéresse à l'opinion publique et aux médias, informe le grand public de l'action du gouvernement et s'occupe de coordonner la communication de l'action interministérielle ;
- Le Commissariat général à la stratégie France Stratégie : il informe le gouvernement sur la mise en œuvre des orientations en « *matière économique, sociale, environnementale ou culturelle* » ;
- Le Secrétariat général des affaires européennes (SGAE) : il assure « *la cohérence des positions françaises au niveau communautaire* », afin que tous les ministres aient le même discours et la même position sur les questions européennes.

FICHE 41 : LES MINISTÈRES

Aucun texte constitutionnel ou législatif ne fixe le nombre de ministères, leur intitulé et leur organisation. Tout est d'abord une question politique. Une fois les choix de « *portefeuilles ministériels* » opérés, un décret fixe le périmètre, l'intitulé et le tenant de chaque ministère.

Trois facteurs n'ont cependant jamais changé :

- le nombre de ministères ne cesse d'augmenter. Avant la Première Guerre mondiale ils étaient une douzaine par gouvernement, puis entre quinze et dix-sept jusqu'au milieu des années 1950, et depuis les années 1960-1970, ils sont plus de vingt ;
- l'organisation interne est à peu près la même pour chaque ministère ;
- le partage ministères non régaliens et régaliens est une constante.

C'est ainsi qu'un **ministère régalien** assume des missions propres à l'État, sans que celui-ci ne puisse les externaliser. Il s'agit de l'Armée, de l'Intérieur (la police), de la Justice, des Affaires étrangères (diplomatie) et des Finances (les impôts). Ces ministères se sont principalement renforcés pendant les deux guerres mondiales, et le général de Gaulle n'a pas réduit leurs missions ni leur périmètre, mais plutôt renforcé leur place et l'idée même de ministère régalien. Une de leurs caractéristiques concerne le recrutement puisque les postes à pourvoir, directement liés à la fonction « régalienne », sont exclusivement et légalement réservés à des nationaux (comme le pratiquent tous les autres États).

Les **ministères non régaliens** sont, par voie de conséquence, les autres ministères : Santé, Sport, Ville, etc. Les emplois sont, eux « ouverts », c'est-à-dire non exclusivement réservés à des nationaux. Ils peuvent être occupés par des ressortissants de l'Union européenne, comme c'est la pratique dans toute la fonction publique européenne.

FICHE 42 : LES AUTRES MEMBRES DU GOUVERNEMENT

On distingue cinq catégories de membres du gouvernement.

• **Le ministre d'État**, qui dispose d'un « surtitre » honorifique. Cette appellation très ancienne, qui prévalait sous l'Ancien Régime dès le XVIIe siècle, a traversé, parfois avec peine, l'histoire. Elle a été rétablie dès le début de la IIIe République pour ne jamais disparaître. Dans les faits, ce ministre est placé protocolairement immédiatement après le Premier ministre. Il est coutume d'indiquer qu'une de ses prérogatives est de pouvoir organiser des réunions interministérielles, pouvoir entre les mains du Premier ministre. La réalité diffère puisqu'il ne détient aucun pouvoir propre supplémentaire, si ce ne sont ceux liés au protocole. Ce titre est davantage honorifique puisqu'il vise à valoriser une personne ou une fonction en lui conférant un titre supplémentaire. Ce « surtitre » peut également être attribué afin de valoriser un axe fort de la politique gouvernementale (la protection de l'environnement par exemple). Il devient alors un marqueur politique. On peut relever que certains gouvernements en ont parfois plusieurs (sous le gouvernement Rocard, on en a relevé jusqu'à six) alors que d'autres n'en créent aucun (Jacques Chirac lors de son premier mandat ou encore François Hollande). Sous Emmanuel Macron, on en a relevé deux (le ministre de l'Intérieur, Gérard Collomb, jusqu'en octobre 2018, et le ministre de la Transition écologique et solidaire, Nicolas Hulot, jusqu'en septembre 2018).

• **Le ministre :** il est dans une situation normale vis-à-vis de son ministère et au sein du gouvernement. Sous Emmanuel Macron, on en relève dix-neuf.

• **Le ministre délégué :** il exerce ses fonctions sur une matière très spécialisée et se trouve hiérarchiquement placé sous l'autorité du Premier ministre ou d'un ministre de tutelle.

• **Le secrétaire d'État :** il est soit entièrement dépendant d'un ministre, soit il dispose de services en propre. En règle générale (c'est la pratique qui nous renseigne davantage que le droit), il ne dispose pas de budget en propre et ne peut signer de décret. De même, il ne siège au Conseil des ministres que lorsqu'un point le concernant est inscrit à l'ordre du jour. Sur le plan du protocole, il est en bout de liste du gouvernement et sa rémunération est légèrement inférieure à celle des ministres. Dans le gouvernement de Édouard Philippe, en octobre 2019, il y a 16 sous-secrétaires d'État.

• **Le haut-commissaire :** il dispose, quand il existe (c'est Nicolas Sarkozy qui l'a positionné comme tel - il s'agissait de Martin Hirsch, en charge de mettre en place le revenu de solidarité active - RSA), des mêmes pouvoirs qu'un ministre. Sous le président Emmanuel Macron, entre septembre et décembre 2019, Jean-Paul Delevoye était en charge des retraites. Puis, dès septembre 2020, François Bayrou a été nommé haut-commissaire au Plan. Cette nouvelle fonction est cependant originale puisque ce nouveau haut-commissaire est rattaché directement au président de la République, et non pas, comme ce fut le cas pour les titulaires du même titre, au Premier ministre.

FICHE 43 : L'ORGANISATION MINISTÉRIELLE

S'il n'y a pas de règles claires et légales en matière d'organisation pour les ministères, une constante ressort : ils disposent tous d'un cabinet et de services qui sont appelés plus communément administration centrale :

- **le cabinet du ministre** joue un rôle central, à cheval sur la politique et les obligations légales à la charge du ministre, qui est chef de son département ;
- **l'administration centrale** est organisée sur un schéma classique, quasi « militaire », de directions générales, sous-directions, bureaux, etc. Ces derniers tiennent leur organisation d'un décret qui les a créés.

En général, ce système survit au changement de ministres, ce qui n'est pas le cas du cabinet qui est étroitement lié au mandat du ministre. Le même ministre dispose également de services déconcentrés, situés hors du ministère et sur le territoire (cf. fiche 46).

On relève dans certains ministères un secrétariat général qui a pour fonction de coordonner l'action des différentes directions et services. C'est par exemple le cas au sein du ministère des Affaires étrangères.

Certaines directions sont pérennes et traversent les mandats et courants politiques. Au sein du ministère de la Justice, par exemple, l'organisation est relativement figée, permettant d'assurer la continuité et la sécurité juridique des décisions prises. C'est ainsi un décret de 2008 qui précise la liste et les missions de ces différentes directions (Secrétariat général, qui coordonne la direction des services judiciaires, la direction des affaires civiles et du Sceau, la direction des affaires criminelles et des grâces, la direction de l'administration pénitentiaire et la direction de la protection judiciaire de la jeunesse).

Il peut arriver qu'à cette organisation verticale s'ajoute une organisation horizontale : il s'agira de directions qui œuvrent pour plusieurs ministères, mais dont un seul assure l'autorité hiérarchique.

Le *spoils system*, système américain de changement de grands directeurs de l'administration centrale à chaque nouveau président de la République, n'existe pas en France. Il vise à assurer une loyauté des hauts fonctionnaires. Il pourrait être instauré en France et concernerait environ 150 agents publics (contre 4 100 aux États-Unis), selon les vœux du président Macron.

FICHE 44 : LES PRÉFECTURES

Dans le cadre de l'organisation de son administration, chaque ministre est assisté de ses services ainsi que de représentants sur tout le territoire de la République, qu'ils soient préfets, recteurs ou directeurs départementaux ou régionaux.

Pour le professeur de droit Rivero, « *dans la déconcentration, la décision est toujours prise au nom de l'État par un de ses agents ; il y a seulement substitution d'un agent local (par exemple le préfet) au chef de la hiérarchie (normalement le ministre)* ».

L'ensemble de ces agents représente le ministre et est directement placé sous ses ordres. Ils n'ont pas de marge de manœuvre juridique et peuvent être déplacés d'office contrairement aux autorités élues localement, qui elles sont « indépendantes » et relèvent de la décentralisation (cf. focus).

La révision générale des politiques publiques (RGPP) de 2007, dans l'optique de rationaliser et limiter la dépense publique, a imposé une réorganisation radicale de la déconcentration.

Le statut de préfet, à la tête des préfectures, a été créé par Napoléon. Le préfet est à présent nommé par décret en Conseil des ministres, et en sa qualité de haut fonctionnaire, représente les services déconcentrés des ministères sur le territoire départemental.

C'est l'article 72 de la Constitution qui précise à son sujet : « *Dans les collectivités territoriales de la République, le représentant de l'État, représentant de chacun des membres du gouvernement, à la charge des intérêts nationaux, du contrôle administratif et du respect des lois.* »

Depuis 2010, le préfet de région a ainsi autorité sur les préfets de département, et ces derniers sur les sous-préfets (sauf en matière de maintien de l'ordre public et de droit des étrangers).

On compte 12 préfets de région, 101 préfets de département (96 préfectures de département en métropole, et 5 outre-mer) et 334 sous-préfets (dont 327 sous-préfets d'arrondissements en métropole et 13 outre-mer).

Mais au total, le corps préfectoral compte près de 200 préfets, affectés pour moitié à des fonctions autres que celles liées à un département (délégués auprès d'autres préfets, délégués pour la défense et la sécurité, délégués pour l'égalité des chances...). Les préfets (de région ou de département) sont sous la seule autorité du ministre de l'Intérieur. C'est à ce titre qu'ils sont responsables des forces de police départementales. On relève également que certaines matières échappent aux préfets et sont confiées à un représentant spécial de leur ministre sur le territoire : il s'agit du préfet de zone de défense, qui agit sous l'autorité du ministre de la Défense. Il en existe 7, qui sont également préfets de région et du département chef-lieu de la zone de défense. Pour Paris, le préfet de la zone de défense est le préfet de police.

Chaque préfecture exerce les six missions suivantes :

1. La représentation de l'État et la communication des pouvoirs publics sur le département ;

2. La sécurité des personnes et des biens : le préfet assure la sécurité et le maintien de l'ordre public, au regard notamment des pouvoirs des maires des communes présentes sur son département. À cet égard il peut coordonner des interventions de secours ou assurer, au nom de l'État, des missions en lien avec les communes et l'État. Sur ce point, le ministre de l'Intérieur précise que « *le préfet de zone détient des pouvoirs exceptionnels en cas de crise grave, notamment de rupture des communications avec le gouvernement, qui lui permettent de prescrire les mesures nécessaires à l'exécution des plans de défense. Il préside le comité de défense de la zone, qui groupe tous les préfets de la zone et l'autorité militaire, et permet de coordonner les mesures de défense à l'échelon zonal. Il contrôle l'exercice du pouvoir des préfets de région et de département en matière de défense civile. En cas de crise grave, ce contrôle peut se transformer en autorité hiérarchique en toute matière sur toutes les administrations civiles de la zone.* » ;

3. Le service au public et la délivrance des titres d'identité et de séjour des étrangers. Ils veillent également, avec les maires, au bon déroulement des élections sur le département ;

4. Ils assurent le respect de la légalité et de l'État de droit en contrôlant la légalité des actes administratifs des collectivités territoriales de leur département (communes, établissements publics locaux, EPCI, département) ;

5. Ils assurent l'intégration sociale et la lutte contre les exclusions de tous ordres ;

6. Ils veillent à la présence de l'administration sur les territoires du département et au développement économique.

FICHE 45 : LES RECTORATS

Sur les territoires, le recteur est le représentant du ministre de l'Éducation nationale et de l'Enseignement supérieur (quand il y a un seul ministre ; sous Emmanuel Macron, ce sont deux ministres qui assurent ces fonctions, ce qui induit que le recteur dépend de ces deux ministres).

Nommé en Conseil des ministres, il a pour vocation de diriger la politique éducative de son académie. Créé, comme le préfet, par Napoléon, il doit être titulaire de la plus haute distinction universitaire (le doctorat pendant longtemps, à présent il s'agit de l'habilitation à diriger des recherches). 80 % d'entre eux sont professeurs d'université. À ce titre, le recteur a autorité sur les trois degrés d'enseignement : primaire, secondaire et supérieur. Il dispose lui-même des services déconcentrés dans le département, que sont les directeurs académiques des services de l'Éducation nationale (DASEN, anciennement inspecteurs d'académie).

Sur ce point, le ministère de l'Éducation nationale précise : « *L'administration de l'Éducation nationale est présente dans chaque région et dans chaque département : ce sont les services déconcentrés du ministère de l'Éducation nationale. Son organisation s'articule autour de 17 régions académiques, 30 académies et 97 directions des services départementaux de l'Éducation nationale.* »

C'est au niveau académique que les politiques éducatives régionales sont mises en œuvre. Elles concernent, toujours selon le ministère, les points suivants :

- formation professionnelle, apprentissage et orientation tout au long de la vie professionnelle ;
- définition du schéma prévisionnel des formations des établissements publics d'enseignement du second degré ;
- enseignement supérieur et recherche ;
- lutte contre le décrochage scolaire ;
- service public numérique éducatif ;
- utilisation des fonds européens ;
- contribution aux contrats de plan État-Région.

Pour exercer ses missions, le recteur est assisté d'adjoints, d'un cabinet, des services du rectorat et de conseillers techniques. Parmi ses adjoints, figurent les inspecteurs d'académie - directeurs académiques des services de l'Éducation nationale, désignés sous l'acronyme DASEN. Ils sont les chefs des services départementaux et nommés par décret du président de la République, sur proposition du ministre chargé de l'Éducation nationale. Assisté **d'inspecteurs de l'Éducation nationale du premier degré** chargés de circonscriptions, le DASEN a principalement quatre missions :

- *diriger les services départementaux de l'Éducation nationale du département dans lequel il est nommé et représenter le recteur dans ce département ;*
- *participer à la définition d'ensemble de la stratégie académique qui met en œuvre la politique éducative et pédagogique relative aux enseignements primaires et secondaires arrêtée par le ministre chargé de l'éducation ;*
- *mettre en œuvre, sous l'autorité du recteur d'académie, la stratégie académique organisant l'action éducatrice dans les écoles, les collèges, les lycées et les établissements d'éducation spéciale de son département ;*
- *se voir confier, également, la responsabilité de services interdépartementaux ou en charge de la mutualisation.*

FICHE 46 : LES DIRECTIONS DÉPARTEMENTALES ET RÉGIONALES

Les directions départementales et régionales, appareil déconcentré de l'État sur le territoire, sont réparties comme suit :

• **Les directions départementales** : un décret de 2009 a créé trois directions départementales interministérielles :

- **la direction départementale de la protection des populations** : elle met en œuvre dans le département « *les politiques relatives à la protection et à la sécurité des consommateurs* ». Elle contrôle « *les ventes soumises à autorisation et les pratiques commerciales réglementées, au besoin en réprimant les pratiques illicites ; l'exercice de la médecine vétérinaire, la délivrance et l'utilisation des médicaments vétérinaires ainsi que la production et la distribution des aliments médicamenteux* » ;
- **la direction départementale de la cohésion sociale** : elle est compétente en matière de politiques de cohésion sociale et de politiques relatives à la jeunesse, aux sports, à la vie associative et à l'éducation populaire. Elle peut être chargée de « *l'intégration des populations immigrées et de l'organisation de l'accueil et de l'hébergement des demandeurs d'asile. Le directeur de la direction départementale de la cohésion sociale peut délivrer des diplômes pour lesquels il a reçu à cet effet délégation des ministres chargés de la jeunesse et des sports* » ;
- **la direction départementale des territoires** : elle organise dans le département des politiques relatives à la promotion du développement durable, au développement et à l'équilibre des territoires tant urbains que ruraux, à la prévention des risques naturels, au logement, à l'habitat et à la construction, à l'aménagement et à l'urbanisme, aux déplacements et aux transports. Par ailleurs, elle peut être chargée du contrôle de légalité des actes des collectivités territoriales en matière d'urbanisme, lorsque cette mission n'est pas exercée par la préfecture.

• **Les directions régionales** : ce sont des décrets de 2009 et 2010 qui créent et organisent huit directions régionales :

- **la direction régionale des entreprises, de la concurrence, de la consommation, du travail et de l'emploi (Direccte)** : elle est divisée en pôles, chacun d'eux ayant pour compétence « *l'animation des politiques publiques dans son domaine (le niveau départemental étant chargé de la mise en œuvre)* ». Il s'agit du pôle T (travail), qui « *anime l'activité de l'inspection du travail* », du pôle 3E (Entreprises, Emploi, Économie) à qui il « *incombe la charge d'impulser la politique de l'emploi et du développement économique* » et du pôle C (Consommation), qui « *pilote les questions de concurrence et l'animation dans les directions départementales concernées des sujets liés à la consommation (protection des populations)* » ;

- **la direction régionale de l'environnement, de l'aménagement et du logement (Dreal)** : elle relève du ministre chargé de l'écologie, de l'énergie, du développement durable et de l'aménagement du territoire et est « *chargée d'élaborer et de mettre en œuvre les politiques de l'État liées à son ministère, notamment dans les domaines de la prévention et de l'adaptation aux changements climatiques, de la préservation et de la gestion des ressources, du patrimoine naturel, des sites et des paysages, de la biodiversité, de la construction, de l'urbanisme, de l'aménagement durable des territoires, des déplacements, des infrastructures et des services de transport, du contrôle des transports terrestres, de la circulation et de la sécurité routière...* » ;
- **la direction régionale de la jeunesse, des sports et de la cohésion sociale (DRJSCS)** : elle est un service déconcentré régional relevant des ministres chargés des affaires sociales, du sport, de la jeunesse, de la vie associative et de l'éducation populaire. Elle a pour fonction d'assurer « *le pilotage et la coordination des politiques* » liés à son ministère, notamment en matière de politique sociale. Elle prévient et « *lutte contre les exclusions, la protection des personnes vulnérables, l'accès à l'hébergement de ces dernières, l'intégration sociale des personnes handicapées, les actions sociales de la politique de la ville, la prévention et la lutte contre les discriminations, la promotion de l'égalité des chances, la formation et la certification dans le domaine des professions sociales, et la certification dans le domaine des professions de santé non médicales* » ;
- **la direction régionale de l'alimentation, de l'agriculture et de la forêt (Draaf)** : elle contribue « *à la définition, à la mise en œuvre et au suivi, au niveau régional, des politiques nationales et communautaires de développement rural et de l'aménagement et du développement durable du territoire. Elle assiste le préfet de région dans l'élaboration, la mise en œuvre, le suivi et l'évaluation des documents contractuels relatifs à ces politiques* » ;
- **la direction régionale des affaires culturelles (Drac)** : elle « *est chargée de conduire la politique culturelle de l'État dans la région et les départements qui la composent, notamment dans les domaines de la connaissance, de la protection, de la conservation et de la valorisation du patrimoine, de la promotion de l'architecture, du soutien à la création et à la diffusion artistiques dans toutes leurs composantes, du développement du livre et de la lecture, de l'éducation artistique et culturelle...* ».

FICHE 47 : LES DIFFÉRENTS ÉTABLISSEMENTS PUBLICS ADMINISTRATIFS (EPA)

L'État (les ministères et leur organisation déconcentrée - cf. fiche 41) peut être amené à gérer ses missions de service public par l'intermédiaire de certains établissements publics, les établissements publics administratifs (EPA), qu'on oppose aux établissements publics industriels et commerciaux (EPIC - cf. fiche 35).

Ces derniers disposent alors de la personnalité morale, leur permettant à la fois de contracter, mais aussi de disposer d'un budget et d'être responsables. Non soumis à une hiérarchie directe, ces EPA voient leurs actes administratifs soumis à l'examen d'une autorité de contrôle (on parle alors de contrôle de légalité), qui peut être exercée par le préfet, le recteur ou l'ARS (agence régionale de santé - cf. fiches 45 et 58).

Parmi ces EPA, on relève des musées, les caisses nationales de la Sécurité sociale, Pôle emploi, des universités et grandes écoles, les agences régionales de santé (ARS), etc.

Ces EPA, qui disposent de règles juridiques proches de celles des collectivités territoriales (ces dernières sont créées par le constituant et le pouvoir législatif), sont institués par des textes spécifiques. Leurs règles générales, cependant, sont toutes identiques et posées par le juge administratif.

Par ailleurs, les juristes admettent qu'à défaut de précision, un établissement public est présumé administratif (donc EPA), sauf si son objet est lié à une activité commerciale, si ses ressources proviennent directement des usagers et que son organisation interne est proche de celle d'une entreprise. Dans ce cas-là, il s'agira d'un EPIC (établissement public industriel et commercial).

Sur le plan organisationnel, les EPA sont constitués selon les éléments suivants :
- **un organe délibérant** : bien souvent c'est un conseil d'administration, qui a un domaine de compétence générale et adopte le budget de l'établissement ;
- **un organe exécutif** : un président, ou directeur, élu parmi ses membres ou désigné par l'administration centrale. Il dispose de pouvoirs propres (gestion du personnel en priorité) et de pouvoirs délégués par l'organe délibérant ;
- **des services administratifs** en charge d'exécuter les décisions de l'établissement (sous la direction d'un directeur général ou secrétaire général) ;
- **du personnel**, toujours de droit public (depuis une décision du tribunal des conflits de 1996), placé sous la hiérarchie de l'organe exécutif ;
- **des biens immobiliers et mobiliers**, soumis aux règles du code général de la propriété des personnes publiques (CGPPP).

CHAPITRE 6 : LA FONCTION PUBLIQUE TERRITORIALE : LA DÉCENTRALISATION TERRITORIALE

L'article 1er de la Constitution dispose que « *la France est une République indivisible, laïque, démocratique et sociale [...] son organisation est décentralisée* ».

Le principe de la **décentralisation**, inscrit dans le texte suprême par la révision constitutionnelle de 2003, est au cœur du dispositif institutionnel et administratif français. Les différentes étapes, ou actes, qui la constituent en sont la preuve (cf. fiche 48). Elle concerne quatre types d'organes : les **communes** (cf. fiche 49), les **départements** (cf. fiche 50) et les **régions** (cf. fiche 51), auxquels s'ajoutent les **départements d'outre-mer** et ceux qui sont hors de la métropole (cf. fiches 52 et 53) ou encore la Corse (cf. fiche 54). Tout ceci a permis l'émergence d'un acteur territorial à présent incontournable : **l'établissement public de coopération intercommunale** (cf. fiche 55), qui prend la forme d'**agglomérations**, **métropoles** et autres **syndicats de communes** et **communautés diverses**.

À côté de cet édifice très dense, on relève la création de très nombreux **établissements publics locaux** (cf. fiche 56), qui doivent permettre la mise en œuvre des compétences locales.

FICHE 48 : LES DIFFÉRENTS ACTES DE LA DÉCENTRALISATION TERRITORIALE

L'histoire de la décentralisation est considérée comme un déroulé découpé en phases, qu'on a coutume de qualifier d'actes, à la manière d'une pièce de théâtre. Chaque acte est le ressort d'une histoire ou d'un rebondissement loin d'être uniforme. En l'espèce, trois actes caractérisent la décentralisation territoriale.

Très curieusement, on fait remonter l'acte I au premier mandat de Mitterrand, en 1981. Or, la décentralisation a toujours existé.

Si dès 1789, l'unité du royaume est posée, il n'en demeure pas moins que les territoires locaux existent et disposent de certaines prérogatives. Progressivement, près de deux cents ans d'histoire ont fait émerger des réflexes très proches de la décentralisation contemporaine.

Aussi, les lois de décentralisation de 1982 ne seront que la continuité d'un mouvement ancien.

Acte I de la décentralisation : 1982 à 2003

Il comprend plusieurs textes essentiels qui ont rénové ou continué à installer la décentralisation en France.

- **La loi du 2 mars 1982, dite loi relative aux droits et libertés des communes, des départements et des régions.** Elle crée la région, supprime la tutelle ***a priori*** et la remplace par un pouvoir de contrôle renforcé ***a posteriori***, pour lequel seul le juge administratif a compétence pour annuler les actes administratifs. On parle alors d'un contrôle exercé en légalité, et non en opportunité. Par ailleurs sont prévus d'autres textes qui fixeront les compétences des trois collectivités territoriales ainsi que divers points afin de leur permettre d'exercer convenablement leurs missions.

- **Les lois des 7 janvier et 22 juillet 1983** répondent par conséquent à cette annonce en procédant à la répartition des compétences. Aux régions sont transférés l'apprentissage, la formation professionnelle, la construction, l'aménagement et l'entretien des lycées. Aux départements sont confiés les archives, les bibliothèques départementales de prêts, les transports scolaires, la construction, l'aménagement et l'entretien des collèges. Aux communes reviennent la délivrance des permis de construire, la construction, l'aménagement et l'entretien des écoles primaires.

- **La loi du 26 janvier 1984** établit le statut de la fonction publique territoriale.

• **Enfin, une importante loi, en 1999**, intervient ans le cadre des EPCI (cf. fiche 43). Elle concerne tous les EPCI et fait disparaître les communautés de villes et les districts tout en créant les **communautés urbaines**, de communes et d'agglomération. Cette loi renforce également les EPCI à fiscalité propre (qui peuvent lever l'impôt directement auprès des habitants de leur ressort géographique).

Acte II de la décentralisation : 2003 à 2008

Il comprend lui aussi plusieurs textes, dont les deux lois suivantes.

• **L'importante loi constitutionnelle du 28 mars 2003**, qui inaugure ce nouvel acte de la décentralisation, a une valeur significative. Elle pose la règle de l'organisation décentralisée de la France au sein de la Constitution de 1958, ce qui n'est pas rien après deux siècles de jacobinisme. On y relève des mentions et expressions importantes : « *Les collectivités territoriales ont vocation à prendre les décisions pour l'ensemble des compétences qui peuvent le mieux être mises en œuvre à leur échelon.* » Ce qui induit le pouvoir réglementaire dont disposent à présent les collectivités territoriales : « *Aucune collectivité territoriale ne peut exercer de tutelle sur une autre.* » Cette loi a impacté très fortement les articles 72 et suivants de la Constitution.

• **La loi du 13 août 2004 relative aux libertés et responsabilités locales** quant à elle détaille les compétences transférées par l'État aux collectivités territoriales. Elle s'intéresse également aux EPCI en redéfinissant le partage de compétence entre les communes et ces derniers.

Acte III de la décentralisation : 2008 à 2019

Il comprend lui aussi plusieurs textes, initiés à la suite des préconisations du « comité pour la réforme des collectivités locales » présidé par Édouard Balladur, ancien Premier ministre, désigné au sein de cette commission par le président Nicolas Sarkozy.

• **La loi du 16 décembre 2010 de réforme des collectivités territoriales** : cette loi clarifie les élections et les compétences des collectivités territoriales et crée le « conseiller territorial ». Elle vise à simplifier la carte intercommunale, à réduire le nombre de communes et à créer les métropoles et le pôle métropolitain. Ce texte sera cependant abrogé sous le mandat du président Hollande. C'est ce que fera notamment **la loi organique du 17 mai 2013 relative à l'élection des conseillers départementaux, des conseillers municipaux, des conseillers communautaires**. Elle modifie sensiblement le cadre électoral des départements et régions et instaure à cet effet le binôme départemental (deux candidats par canton, un homme et une femme). Par ailleurs, les scrutins municipaux et intercommunaux sont soumis au scrutin de liste dans les communes de plus de 1 000 habitants au lieu de 3 500 habitants. De même, dans les communes, les conseillers communautaires seront élus en même temps que les conseillers municipaux, les deux listes étant sur le même bulletin de vote. Nul ne peut être conseiller communautaire s'il n'est pas conseiller municipal. Enfin, au regard de cette importante réforme, le mandat des conseillers départementaux et régionaux est repoussé d'une année.

• **La loi Matpam (Modernisation de l'action publique territoriale et d'affirmation des métropoles) du 27 janvier 2014** : Elle réintroduit la clause de compétence générale des départements et des régions et redéfinit aussi le cœur des missions des collectivités territoriales en polarisant la région autour de l'emploi et du transport et le département comme acteur principal de l'accompagnement social. Enfin, le statut de la métropole est revisité et étendu, créant les prémisses de la métropole du Grand Paris sous la forme d'un EPCI à fiscalité propre à statut particulier, dans le même texte. La communauté urbaine de Lyon est transformée en collectivité territoriale à statut particulier dénommée « la Métropole de Lyon ». Enfin est créée la métropole d'Aix-Marseille-Provence, 3e EPCI à fiscalité propre et à statut particulier.

• **La loi du 16 janvier 2015** revoit de fond en comble les régions en les réduisant à 13 (contre 22 auparavant) et redéfinit leur organisation, tout en repoussant les élections les concernant de quelques mois.

• **La loi du 16 mars 2015** modifie et fluidifie la notion de commune nouvelle qui avait été créée en 2010 pour la rendre plus attractive et réduire l'émiettement communal.

• **La loi Notre (pour Nouvelle organisation territoriale de la République) du 8 août 2015** : elle vise à clarifier les compétences des différents échelons territoriaux (régions, départements, intercommunalités, communes). Pour ce faire, elle supprime la clause de compétence générale au profit des départements et régions, renforce l'échelon communal en confiant aux seules communes la clause de compétence générale et en accélérant le processus de suppression des communes, tout en leur permettant de créer des communes nouvelles plus facilement, incitation financière à la clé, et enfin accélère et modifie la création et les compétences des EPCI.

Acte IV : Vers une nouvelle étape en 2020-2021

Courant 2019, le gouvernement français avait annoncé vouloir mettre en œuvre une réforme significative de la décentralisation, par le biais de plusieurs actions. Il s'agissait de renforcer le statut des maires en les confortant dans leurs prérogatives via une délégation de certains pouvoirs du préfet aux maires. Il était également question de revoir le régime de responsabilité des maires. Toutes ces propositions ont été décalées à 2021 en raison, d'une part, de l'absence de majorité du gouvernement au sein du Parlement, mais aussi de l'épidémie de la Covid.

FICHE 49 : LA COMMUNE

La France compte plus de communes que l'ensemble de tous les pays européens réunis. Près de 35 000 communes, toutes dotées d'un conseil municipal et d'un maire, sont présentes sur tout le territoire français. On compte à présent près de 30 000 communes de moins de 2 000 habitants et seulement onze dont la population est supérieure à 200 000 habitants. Cette collectivité de « base » ou de proximité est la plus ancienne (plus de deux mille ans) de toutes les collectivités territoriales. Deux grands textes historiques les organisent :

- **la loi du 14 décembre 1789** a érigé en communes, « toutes les communautés d'habitants » existant au moment de la Révolution française (paroisses, villages, bourgs, villes) ;
- **la loi municipale de 1884** organise le conseil municipal et les pouvoirs du maire. Le premier est élu au suffrage universel direct, le second est élu par et parmi les membres du conseil municipal (donc au suffrage universel indirect). Organe exécutif de la **commune-collectivité décentralisée**, le maire est par ailleurs le représentant de l'État dans la **commune-circonscription déconcentrée**.

La commune, qui dispose de la clause de compétence générale, peut agir dans tous les domaines, à l'exception des matières réservées exclusivement à l'État (sécurité nationale intérieure, diplomatie ou défense nationale) ou par des accords internationaux à d'autres entités (la monnaie européenne, par exemple).

Le conseil municipal, qu'il s'agisse d'une commune de quelques habitants ou de plusieurs centaines de milliers, a toujours les mêmes pouvoirs. Il délibère sur tous les points de la commune (budget, liste des emplois municipaux, services communaux) et est l'organe de discussion de cette collectivité territoriale.

Le maire a pour principale mission d'exécuter les délibérations du conseil municipal. Par ailleurs, il dispose de compétences propres et de compétences qu'il tire du conseil municipal :

- **compétences propres** : sous forme d'arrêtés, il intervient pour délivrer les permis de construire, gérer le personnel communal et assurer la police municipale ;
- **compétences partagées** : le conseil municipal lui attribue un certain nombre de matières listées par le code général des collectivités territoriales, pour fluidifier l'activité de la commune. On parle alors de décisions du maire. Il s'agit d'une délégation de pouvoir, qui concerne les marchés publics, la défense de la commune devant les tribunaux, les dons et legs...

Le maire est également agent de l'État, et à ce titre, lui seul dispose de pouvoirs exorbitants. Il est :

- officier de l'état-civil (il procède aux mariages) ;
- officier de police judiciaire (il gère les contraventions et les plaintes) ;

• organisateur des élections politiques locales, nationales et européennes, comme des référendums nationaux, sur son territoire.

Élus pour six années et rééligibles sans limites, les membres du conseil municipal doivent être domiciliés, lors de leur élection, sur la commune (ils doivent en être électeurs pour être plus précis). Leur nombre est fonction du nombre d'habitants. Les conseils municipaux comprennent de 7 à 69 conseillers municipaux.

Toutes les communes sont organisées selon le même système, exception faite pour trois villes qui disposent d'un mode d'organisation particulier :
• Paris, qui comprend 20 arrondissements et 163 conseillers municipaux ;
• Lyon, qui comprend 9 arrondissements et 73 conseillers municipaux ;
• Marseille, qui comprend 16 arrondissements et 101 conseillers municipaux.

La proximité des habitants de la commune avec ces organes que sont le conseil municipal et la municipalité (le maire et ses adjoints et délégués) en fait une collectivité unique et centrale de la vie politique.

S'agissant de la ville de Paris, un développement supplémentaire s'impose. La ville de Paris bénéficie d'un statut particulier depuis la Révolution, du fait de la présence, sur son territoire, des institutions politiques du pays, mais aussi de son passé « révolutionnaire ». À cet effet, le maire n'existait pas, jusqu'en 1975 (avec une première élection en 1977 : Jacques Chirac fut le premier maire), et ses pouvoirs, une fois celui-ci créé, étaient limités et assurés par le préfet du département de Paris, qualifié de **préfet de police**.

Paris est à la fois un département et une commune, et ses membres élus se confondent dans ces deux collectivités territoriales. L'organisation de la ville en arrondissements est ancienne et a été réorganisée par la loi du 31 décembre 1982. Celle-ci instaure **un maire par arrondissement**, et un maire de Paris. Les premiers (les vingt maires d'arrondissement) sont élus au suffrage indirect par leur conseil municipal, le second est élu par et parmi **l'assemblée municipale du Conseil de Paris**.

Les maires d'arrondissement disposent d'un pouvoir très limité (avis sur les subventions et l'urbanisme, décisions sur les équipements de proximité que sont l'éducation, le sport, le social et la culture).

LA FORME DE L'ADMINISTRATION FRANÇAISE

Depuis une loi de 2017, la ville de Paris est modifiée comme suit :

• les quatre premiers arrondissements sont regroupés au sein d'un seul conseil municipal ;

• le maire de Paris a retrouvé en 2019, une grande partie des prérogatives (qu'il a pu transmettre pour partie aux maires d'arrondissement), comme « *la circulation, le stationnement, la police des baignades, la réglementation des manifestations de voie publique à caractère festif, sportif ou culturel, la police des édifices menaçant ruine, la salubrité, la délivrance de divers documents d'identité...* ».

FICHE 50 : LE DÉPARTEMENT

Le département a été créé par la Révolution française pour rapprocher les administrés de l'administration. Le découpage départemental a été fait de telle sorte qu'il soit possible de se rendre au chef-lieu en une journée de cheval (le but était de diffuser le journal officiel à tous les habitants du Royaume, dans la journée).

Il existe à présent 101 départements (Mayotte étant le dernier créé) : 95 en France métropolitaine et 6 en outre-mer. Régulièrement critiqué, le département dispose d'une place significative dans l'environnement territorial.

Depuis 1871, le département est géré par un conseil départemental élu au suffrage universel direct. De cette date jusqu'à la loi du 2 mars 1982, la présidence du département était assurée par le préfet. Depuis, la fonction d'exécutif départemental revient à un président élu en son sein et par ce dernier.

Le président du conseil départemental a pour mission d'exécuter les décisions du conseil. Il peut bénéficier d'une délégation de pouvoir du **conseil départemental** et déléguer sa signature à ses vice-présidents.

Une commission permanente, émanation proportionnelle du **conseil départemental**, exerce les attributions du conseil, à l'exception du budget et de l'arrêté des comptes.

On relève également un bureau du conseil départemental, composé du président et des membres de la commission permanente habilités.

La loi du 17 mai 2013 a, elle, modifié l'intitulé du conseil général et des conseillers généraux. Depuis cette date, il s'agit du **conseil départemental** et des **conseillers départementaux**.

Le département est divisé en cantons qui servent chacun à l'élection de deux conseillers départementaux, de sexe différent, de façon à assurer la représentation de la diversité des territoires du département, comme la parité homme et femme.

Ceci résulte d'une modification du code électoral qui prévoit à présent : « *Art. L. 191. – Les électeurs de chaque canton du département élisent au conseil départemental deux membres de sexe différent, qui se présentent en binôme de candidats dont les noms sont ordonnés dans l'ordre alphabétique sur tout bulletin de vote imprimé à l'occasion de l'élection.* »

Les départements ont, depuis plusieurs décennies, des compétences en matière :

- **d'action sociale**, vocation prioritaire du département (revenu de solidarité active, RSA ; allocation personnalisée d'autonomie, APA ; gestion des services de protection maternelle et infantile, PMI ; aide aux personnes handicapées, ASE, etc.) ;
- **de grands équipements et de voirie** (gestion des routes départementales, ports, aérodromes) ;
- **d'enseignement** (gestion des collèges) ;
- **d'aménagement rural** (remembrement).

Concernant Paris, à la fois commune et département, il n'y a pas d'élections départementales, le Conseil de Paris, élu selon le scrutin municipal, assure la gestion du département du 75.

Les mandats des conseillers départementaux de Guyane et de Martinique avaient été prolongés jusqu'à la création de la collectivité territoriale unique intervenue le 1er janvier 2016. Ces départements ont une assemblée unique ayant à la fois les compétences d'un département et d'une région. Les scrutins relatifs aux futures collectivités uniques de Guyane et de Martinique se sont déroulés en décembre 2015.

Enfin, seul le département du Rhône n'était pas concerné par les élections départementales de mars 2015 puisque les conseillers de la métropole de Lyon ont conservé les compétences départementales.

FICHE 51 : LA RÉGION

La région est à la fois la plus grande collectivité territoriale de droit commun et la plus récente. Celle-ci est créée en 1955, et l'État développa l'implantation d'administrations déconcentrées dans les années 1960, avec la création des préfets de région par le décret du 14 mars 1964. Mais il faudra attendre la loi du 2 mars 1982 pour que la région devienne, dans son principe, une collectivité territoriale, sur le modèle des communes et des départements.

Administrée par un conseil régional depuis 1982, elle est présidée par un président élu pour six ans renouvelables. Par ailleurs, la région dispose d'un organe consultatif, le conseil économique, social et environnemental régional (Ceser).

À l'origine, les compétences de la région étaient surtout centrées sur le développement et l'aménagement du territoire. Depuis la loi Notre de 2015, ses compétences sont les suivantes :

- l'aménagement et le développement du territoire ;
- la gestion des lycées ;
- le climat, la qualité de l'air et l'énergie ;
- les modes de transports ;
- le soutien à l'enseignement supérieur et la recherche.

Depuis le 1er janvier 2016, le nombre de régions, initialement fixé à 21, a été réduit à 12. Celles-ci comprennent de 77 à 209 membres élus, selon leur population.

De la même manière que pour le conseil municipal, le partage de compétences entre le « législatif » et « l'exécutif » a lieu sur délégation de pouvoir déterminé par la loi.

Une commission permanente, sur le même mode de fonctionnement que pour le département, exerce certaines compétences déléguées par le conseil régional.

On relève également un bureau du conseil régional, composé du président et des membres de la commission permanente habilités.

FICHE 52 : LES COLLECTIVITÉS D'OUTRE-MER

La France possède le deuxième plus grand domaine maritime au monde. Ceci est dû à la présence de nombreux territoires partout dans le monde. On en relève treize, au sein desquels se trouvent d'autres territoires (des îles).

Le ministère des Outre-mer nous renseigne à ce propos en indiquant qu'ils comptent près de 2,6 millions d'habitants.

L'article 72.3, alinéa 1er de la Constitution précise que « *la République reconnaît, au sein du peuple français, les populations d'outre-mer, dans un idéal commun de liberté, d'égalité et de fraternité* ».

Plusieurs régimes coexistent, définis aux articles 72 et suivants de la Constitution :

- **La Corse** (cf. fiche 54)
- **Les collectivités d'outre-mer** :

- **Saint-Pierre-et-Miquelon** (situé à 20 kilomètres des côtes canadiennes, elle compte près de 6 000 habitants, représentés par un député et un sénateur ainsi que trois députés européens) ;
- **les îles Wallis-et-Futuna** (comptant un peu plus de 12 000 habitants et situées à plus de 16 000 km de la métropole, elles comprennent trois îles, Wallis, Futuna et Alofi, pour une superficie de 124 km^2. Elles ont intégré la République française par référendum en 1959. Disposant d'un cadre juridique très original, selon le ministère des Outre-mer, « *seuls les lois et règlements qui contiennent une mention expresse en ce sens, sont applicables sur le Territoire. Ne requièrent pas de mention spécifique les lois dites de " souveraineté " (lois constitutionnelles, lois organiques, textes relatifs à la nationalité, statuts des fonctionnaires etc.).* » ;
- **la Polynésie française** (comprenant 268 000 habitants, la Polynésie française est répartie en 118 îles réparties au sein des Îles du Vent, Îles sous le Vent, Tuamotu/Gambier, Marquises et Australes) ;
- **Saint-Barthélemy** (comptant près de 10 000 habitants, elle a une superficie d'environ 21 km^2) ;
- **Saint-Martin** (comprenant plus de 36 000 habitants, l'île est située à 250 km de la Guadeloupe, elle comprend un conseil territorial de 23 membres, un conseil exécutif de 7 membres et un conseil économique, social et culturel de 23 membres.

- **Les départements et régions d'outre-mer** :

- **la Guadeloupe** (située à 6 700 km de la métropole, son chef-lieu est Basse-Terre. Elle élit quatre députés et trois sénateurs au Parlement et deux représentants au Conseil économique, social et environnemental. Trois eurodéputés représentent les Français ultramarins au Parlement européen.

Selon le ministère des Outre-mer, la Guadeloupe « *compte 399 000 Guadeloupéennes et Guadeloupéens habitant 32 communes. La principale aire urbaine est celle de Pointe-à-Pitre avec 315 000 habitants* ») ;
- **la Réunion** (comprenant 24 communes et près de 850 000 habitants) ;
- **Mayotte** (c'est le département le plus jeune de France : la moitié de la population a moins de 17 ans et demi (contre 23 ans en Guyane et 39 ans en France métropolitaine). Six Mahorais sur dix ont moins de 25 ans ; trois sur dix ont moins de 10 ans. Elle comprend près de 212 000 habitants. Sa capitale est Mamoudzou).

Ces départements et régions d'outre-mer, qui ont un statut dérogatoire, peuvent évoluer en collectivité unique.

En l'état, ils peuvent adapter les lois et les règlements, voire y déroger, afin de « *tenir compte de leurs caractéristiques et contraintes particulières* », selon l'article 73 de la Constitution.

• Sont également présentes, deux collectivités uniques :
- **la Guyane** (ayant pour chef-lieu Cayenne, c'est le seul territoire français implanté en Amérique. Il est représenté par deux députés, deux sénateurs et trois députés européens.) ;
- **la Martinique** (elle se situe à 6 858 km de la métropole et a pour chef-lieu la ville de Fort-de-France (95 000 habitants) où se trouvent la préfecture et le siège de la collectivité territoriale de Martinique. Elle compte 400 404 habitants répartis sur 34 communes. Ses habitants sont représentés au Parlement par quatre députés et deux sénateurs. Ils ont un représentant au Conseil économique, social et environnemental (CESE) et trois députés européens représentent l'ensemble des outre-mer français au Parlement à Strasbourg).

FICHE 53 : LES TERRITOIRES NON MÉTROPOLITAINS

Il s'agit, d'une part, des **Terres australes et antarctiques françaises** (TAAF), qui comprennent l'archipel de Crozet, celui des Kerguelen, les îles Saint-Paul et Amsterdam, la terre Adélie et les îles Éparses (Bassas da india, Europa, Glorieuses et Juan de Nova et Tromelin).

Elles ont été créées sous ce statut en 1955 et sont placées sous l'autorité d'un préfet, administrateur supérieur, qui a deux fonctions : représentant de l'État et responsable de la collectivité. Dans chaque district, on relève un chef de district.

Selon le ministère des Outre-mer, « *Les TAAF n'ont pas d'"habitants" permanents donc ni électeurs, ni élus, ni assemblée territoriale. En revanche, le préfet, administrateur supérieur des TAAF, rend compte devant un conseil consultatif composé de parlementaires, de hauts fonctionnaires et de personnalités qualifiées dont l'avis est obligatoirement requis en matière fiscale, budgétaire et environnementale.* »

Et d'autre part, de la **Nouvelle-Calédonie**.

D'une superficie de 18 575 km², et d'une population de 269 000 habitants, elle comprend, selon le ministère des Outre-mer, « *la Grande Terre, deux fois grande comme la Corse (400 km de long sur 50 km de large), les quatre îles Loyauté (Ouvéa, Lifou, Tiga et Maré), l'archipel des îles Belep, l'île des Pins et quelques îlots lointains. La zone économique exclusive couvre 1,4 million de km² (soit la moitié de la superficie de la mer Méditerranée).* »

Collectivité d'outre-mer à statut particulier (décidé après les accords de Nouméa du 5 mai 1998), c'est la loi organique n° 99-209 du 19 mars 1999 qui fixe son évolution institutionnelle. C'est ainsi que l'État est compétent dans une série de matières listées (comme l'immigration, la monnaie, la défense nationale...).

Le haut-commissaire de la République est le dépositaire de la République et le représentant du gouvernement dans l'île. On relève également le Congrès de la Nouvelle-Calédonie, qui comprend 54 membres.

Le gouvernement de la Nouvelle-Calédonie est quant à lui élu par le Congrès pour un mandat de cinq années.

On relève également le Sénat coutumier, les conseils coutumiers et le conseil économique, social et environnemental. Par ailleurs, à côté des collectivités territoriales de l'île, soumise au régime commun français, il existe trois provinces, Sud, Nord et Îles Loyauté, constituées en assemblées, élues au suffrage universel pour une durée de cinq années.

Un référendum a été organisé fin 2018 pour déboucher sur l'indépendance ou le statu quo, comme le prévoyaient les accords de Matignon en 1988. Le non l'a emporté (avec 56,4 %), aussi, deux nouvelles consultations sont prévues d'ici 2022. Une première s'est déroulée le 4 octobre 2020, où le non l'a emporté (à 53,26 %). Un troisième et dernier référendum doit être organisé d'ici 2022.

FICHE 54 : LA CORSE

Depuis janvier 2018, la Corse est la « *collectivité territoriale de Corse* ».

À ce titre, elle bénéficie d'un statut tout à fait original, qui remplace les deux départements (Corse-du-Sud et Haute-Corse) et l'ancienne collectivité. Elle s'administre librement (dans les conditions fixées par la loi) et devrait à terme bénéficier d'un alinéa particulier au sein de l'article 72 de la Constitution qui spécifiera le « *statut particulier* » de la Corse.

Tout ceci est prévu par l'article L. 4421-1 du code général des collectivités territoriales qui prévoit que « *La collectivité de Corse constitue, à compter du 1er janvier 2018, une collectivité à statut particulier au sens de l'article 72 de la Constitution, en lieu et place de la collectivité territoriale de Corse et des départements de Corse-du-Sud et de Haute-Corse. Elle s'administre librement, dans les conditions fixées au présent titre et par l'ensemble des autres dispositions législatives relatives aux départements et aux régions non contraires au présent titre.*

Pour l'application à la collectivité de Corse du premier alinéa du présent article :

1° Les références au département et à la région sont remplacées par la référence à la collectivité de Corse ;
2° Les références au conseil départemental et au conseil régional sont remplacées par la référence à l'Assemblée de Corse ;
3° Les références aux présidents du conseil départemental et du conseil régional sont remplacées par la référence au président du conseil exécutif de Corse ;
4° Les références à la collectivité territoriale de Corse sont remplacées par la référence à la collectivité de Corse. »

L'article L. 4421-3 précise qu'une chambre des territoires est créée en Corse, à Bastia, et qu'elle est composée « *des membres du conseil exécutif de Corse, du président de l'Assemblée de Corse et de huit membres de l'assemblée élus en son sein, des présidents des communautés d'agglomération, des maires des communes de 10 000 habitants ou plus, d'un représentant des collectivités territoriales et groupements de collectivités des territoires de montagne, au sens de la loi n° 85-30 du 9 janvier 1985 relative au développement et à la protection de la montagne, de huit représentants élus des présidents des communautés de communes et de huit représentants élus des maires des communes de moins de 10 000 habitants.* » Elle se réunit « *pour échanger des informations, débattre de questions d'intérêt commun, coordonner l'exercice des compétences des collectivités territoriales, notamment en matière d'investissement, et promouvoir la prise en compte de la diversité des territoires dans la définition et la mise en œuvre des politiques publiques.* »

Les organes de la collectivité territoriale de Corse comprennent l'Assemblée de Corse et son président, le conseil exécutif de Corse et son président assistés du conseil économique, social, environnemental et culturel de Corse.

L'Assemblée de Corse est composée de soixante-trois membres élus pour la même durée que les conseillers régionaux. Ses réunions sont organisées sous forme de deux sessions ordinaires d'une durée maximale de trois mois. « *La première s'ouvre le 1er février. La seconde s'ouvre le 1er septembre. Si ces dates correspondent à un jour férié, l'ouverture de la session a lieu le premier jour ouvrable qui suit. Les sessions sont ouvertes et closes par le président de l'Assemblée. Des sessions extraordinaires sont organisées à l'initiative du président du conseil exécutif ou à la demande du tiers des conseillers à l'Assemblée* » lors de séances publiques.

Elle règle « *par ses délibérations les affaires de la Corse. Elle contrôle le conseil exécutif. L'Assemblée vote le budget, arrête le compte administratif, adopte le plan d'aménagement et de développement durable de la Corse.* »

S'agissant de son président, le même code précise que « *l'Assemblée de Corse procède parmi ses membres à l'élection du conseil exécutif de Corse et de son président* ».

Pour bien saisir cette spécificité, l'article L. 4422-19 précise que « *Le conseil exécutif est composé d'un président assisté de dix conseillers exécutifs. Pour l'application de l'ensemble des dispositions instituant les incompatibilités entre certains mandats électoraux ou fonctions électives, les fonctions de président du conseil exécutif de Corse sont assimilées à celles de président d'un conseil régional.* »

FICHE 55 : LES ÉTABLISSEMENTS PUBLICS DE COOPÉRATION INTERCOMMUNALE

L'expression intercommunalité désigne les différentes formes de coopération existant entre les communes. Elles sont très récentes dans l'histoire des collectivités territoriales puisque c'est une loi du 22 mars 1890 qui a commencé par créer le premier modèle : le syndicat intercommunal à vocation unique (Sivu).

Par la suite, le Sivom (syndicat à vocation multiple) a été créé, permettant aux communes de disposer d'un socle commun de matières partagées à plusieurs communes (eau, assainissement...). Ce sont des EPCI à fiscalité indirecte (cf. focus).

Ce modèle a perduré et produit des effets positifs sur les communes essentiellement rurales.

Un siècle plus tard, dès le milieu des années 1960, ont été créées les communautés urbaines, puis ce sont les lois du 6 février 1992 et du 12 juillet 1999 qui ont renforcé puis simplifié l'intercommunalité. Certaines dispositions de la loi du 13 août 2004 ont par ailleurs amélioré leur fonctionnement.

Enfin, la réforme territoriale du 16 décembre 2010 a permis de simplifier et d'achever la carte de l'intercommunalité, afin de lutter contre « l'émiettement communal » et la taille souvent modeste des communes françaises. (cf. statistiques en début d'ouvrage pour connaître le nombre d'EPCI en France.)

Le regroupement de communes au sein d'établissements publics de coopération intercommunale peut répondre à deux objectifs très différents :
- **la gestion commune de certains services publics locaux ou la réalisation d'équipements locaux**, de manière à mieux répartir les coûts et à profiter d'économies d'échelle. Dans ce cas, les communes recherchent une forme de coopération intercommunale relativement souple ou « associative » ;
- **la conduite collective de projets de développement local**. En faisant ce choix, les communes optent pour une forme de coopération plus intégrée ou « fédérative ».

La première forme de coopération correspond à une intercommunalité de gestion, tandis que la seconde, sensiblement développée en 1966 et dans les années 1990, est une intercommunalité de projet.

L'intercommunalité répond à plusieurs objectifs :
- organiser de manière rationnelle les territoires communaux ;
- lutter contre l'émiettement communal ;
- favoriser le développement économique local et la politique d'aménagement du territoire.

La coopération intercommunale « *se fonde sur la libre volonté des communes d'élaborer des projets communs de développement au sein de périmètres de solidarité* » (art. L. 5211-1 du code général des collectivités territoriales). C'est ainsi que les EPCI résultent tous d'une décision de l'État :
- **soit d'une loi** : par exemple, celle du 31 décembre 1966 créant quatre communautés urbaines ;
- **soit d'un arrêté préfectoral fixant le périmètre de l'EPCI** (cohérent, d'un seul tenant et sans enclave pour l'EPCI à fiscalité propre) et ses statuts (nom et siège, communes membres, représentation de celles-ci au sein de l'organe délibérant, compétences transférées, etc.). Dans les trois mois qui suivent l'arrêté préfectoral, l'accord des communes s'obtient à la majorité des deux tiers des conseils municipaux, représentant plus de la moitié de la population, ou de la moitié des conseils municipaux, représentant les deux tiers de la population, auquel s'ajoute l'accord obligatoire des communes comptant plus du quart de la population totale, pour les syndicats et les communautés de communes, ou de la commune la plus importante, dans le cas d'une communauté d'agglomération ou d'une communauté urbaine.

Les syndicats intercommunaux peuvent également être créés plus simplement si les conseils municipaux le votent conjointement : leur création peut immédiatement être autorisée par arrêté du préfet, sans arrêté de périmètre.

Pour rationaliser l'intercommunalité, la loi de 2010 prévoit l'établissement dans chaque département d'un schéma départemental de coopération intercommunale (SDCI), au sein duquel on trouve, selon les dispositions prévues par l'article L. 5210-1-1 du code général des collectivités territoriales :
- **les syndicats de communes** (créés par la loi du 22 mars 1890) : Sivom/Sivu ;
- **les communautés de communes** (créées par la loi du 6 février 1992) : 15 000 habitants minimum, d'un seul tenant, autour d'un espace de solidarité, avec cinq compétences obligatoires (aménagement, développement économique, milieux aquatiques, aires d'accueil des gens du voyage et traitement des déchets) et trois parmi neuf compétences ;
- **les communautés urbaines** (créées par la loi du 31 décembre 1966) : 250 000 habitants, d'un seul tenant (elles précèdent les métropoles). Elles ont des compétences obligatoires (aménagement, habitat, politique de la ville, environnement, cadre de vie et services d'intérêt collectif) ;

• **les communautés d'agglomération** (créées par la loi du 12 juillet 1999) : 50 000 habitants autour d'une ou plusieurs communes de 15 000 habitants. Elles ont des compétences obligatoires (aménagement, développement économique, habitat, politique de la ville) et trois optionnelles (parmi voirie, assainissement, eau, cadre de vie, culture et sports, action sociale). D'autres compétences peuvent être transférées ;
• **les syndicats d'agglomération nouvelle** (créés par la loi du 13 juillet 1983) ;
• **les métropoles** (créées par la loi du 16 décembre 2010 et modifiées par la loi du 27 janvier 2014).

Les métropoles nécessitent un développement plus important : dernières nées des EPCI, elles interrogent nombre d'acteurs, et en premier lieu leurs usagers/contribuables. Leur échelle, tout d'abord, est significative : elles regroupent des ensembles urbains de très grande taille. Celle de Paris, qui se veut une concurrente des grandes métropoles mondiales, est hors proportion.

Ces établissements publics de coopération intercommunale à fiscalité propre regroupent « *plusieurs communes d'un seul tenant et sans enclave et qui s'associent au sein d'un espace de solidarité pour élaborer et conduire ensemble un projet d'aménagement et de développement économique, écologique, éducatif, culturel et social de leur territoire afin d'en améliorer la compétitivité et la cohésion* » (art. L. 5217-1 du code général des collectivités territoriales).

La métropole exerce de plein droit, dans le périmètre métropolitain, un certain nombre de compétences, en lieu et place :
• **des communes** : politique locale de l'habitat ; gestion des services d'intérêt collectif, comme l'eau et l'assainissement, les cimetières, les abattoirs, etc. ;
• **du département** : transports scolaires, voirie, etc. ;
• **de la région**.

Par ailleurs, par convention avec le département ou la région, la métropole peut recevoir des compétences en matière d'aide sociale, de gestion des collèges et de lycées ou de développement économique.

L'État peut aussi lui attribuer la propriété et la gestion des grands équipements et infrastructures.

Sur le plan financier, les métropoles reposent sur le principe de l'unification de l'impôt foncier bâti et une dotation globale de fonctionnement qui sera globalisée, sous réserve que toutes les communes membres soient d'accord.

La première métropole créée en application de la loi du 16 décembre 2010 est la métropole Nice-Côte d'Azur (décret du 17 octobre 2011). Elle a tenu sa séance inaugurale en janvier 2012. Elle réunit la communauté urbaine Nice-Côte d'Azur et les trois communautés de communes de Vésubie, de la Tinée et du Mercantour.

Le mécanisme de fonctionnement des EPCI est très proche de ceux des collectivités territoriales :

- **un organe délibérant** : le comité syndical ou conseil communautaire fonctionne pour l'essentiel comme le conseil municipal (art. L. 5211-1 du code général des collectivités territoriales - CGCT) : il règle, par ses délibérations, les affaires qui sont de la compétence de l'EPCI en application du principe de spécialité. Il vote le budget ou les délégations de gestion d'un service public. Il se réunit au moins une fois par trimestre, sur convocation du président. Ses délibérations sont publiques, sauf demande de huis clos. Il est composé de délégués élus par les électeurs des communes membres ;
- **un organe exécutif** : le président prépare et exécute les délibérations de l'organe délibérant, il est l'ordonnateur des dépenses. Il est le chef des services de l'EPCI et le représente en justice. Il est assisté de vice-présidents dont le nombre, compris entre 4 et 15, ne peut excéder 20 % de l'effectif communautaire, et auxquels il peut donner délégation pour l'exercice d'une partie de ses fonctions. Il est élu, à la suite du renouvellement général des conseils municipaux, par l'organe délibérant et selon les règles applicables à l'élection du maire, au scrutin secret majoritaire à trois tours (art. L. 5211-2 et L. 2122-7 CGCT).

FOCUS : EPCI AVEC OU SANS FISCALITÉ PROPRE

La différence est opérée par les impôts : un EPCI sans fiscalité propre (Sivom/Sivu/Pôle métropolitain) obtient ses recettes de la contribution des communes membres. Un EPCI à fiscalité propre (CC/CA/CU/métropole) voit ses recettes provenir des impôts directs (taxe d'habitation, foncière, contribution économique européenne).

FICHE 56 : LES AUTRES ÉTABLISSEMENTS PUBLICS LOCAUX

Les collectivités territoriales peuvent créer des établissements publics locaux (des EPA) afin de gérer certaines missions de service public, en leur lieu et place. Ces établissements, placés sous la tutelle administrative des collectivités, sont créés par un acte réglementaire (décret ou délibération le plus souvent) qui définit leurs missions, leurs organes et leur mode de gestion. Ils sont gérés par un conseil d'administration et une équipe de direction (où l'on retrouve des élus municipaux et une partie du personnel communal en détachement ou mis à disposition). On peut relever :

- **les centres communaux d'action sociale (CCAS)**, estimés à près de 30 000, dont les missions sont relatives à l'aide sociale, des actions d'animation socio-éducatives, des actions de prévention à la délinquance, etc. ;
- **les caisses des écoles** (près de 3 500) ont pour missions diverses actions de réussite éducative et d'accueil des élèves, dont la restauration scolaire ;
- **les régies personnalisées** (près de 300), qui peuvent être en charge des ordures ménagères, de l'assainissement, de l'énergie, etc. ;
- **les services départementaux d'incendie et de secours (SDIS)** ;
- **les centres de gestion de la fonction publique territoriale** (**CDG** - près d'une centaine) ;
- **les établissements publics locaux d'enseignement (EPLE)**, cogérés avec l'État (les rectorats), concernant l'enseignement secondaire (collèges et lycées) ;
- **les offices publics de l'habitat (OPH)**, en vue de la construction et la gestion de logements sociaux ;
- certains établissements publics de santé (CMS - centres municipaux de santé -, maisons de retraite, soins aux personnes, etc.).

Parfois, certains de ces EPL forment une catégorie à part comme des associations syndicales de propriétaires (près de 15 000), dont l'objet est d'associer collectivités territoriales et propriétaires privés.

CHAPITRE 7 : LA FONCTION PUBLIQUE HOSPITALIÈRE

À côté de la fonction publique étatique et territoriale, coexiste une fonction publique plus discrète, mais tout aussi importante pour l'usager du service public : la fonction publique hospitalière.

Réorganisés depuis 2009 par le législateur, l'ensemble des **acteurs nationaux de la santé** (cf. fiche 57) cohabitent avec les **agences régionales de santé et les acteurs locaux** (cf. fiche 58) afin de mieux prévenir, mais aussi de mieux gérer les problèmes de santé publique. Une fiche sera dédiée aux établissements hospitaliers (cf. fiche 59).

FICHE 57 : LES ACTEURS NATIONAUX DE LA SANTÉ

C'est principalement le ministère de la Santé qui a en charge la santé publique nationale. Aidé par différentes structures, le ministère est divisé en plusieurs directions qui œuvrent à encadrer la santé publique sur tout le territoire français, dont les principales sont les suivantes.

DGCS (Direction générale de la cohésion sociale) : La DGCS a pour mission de « *concevoir, piloter et évaluer les politiques publiques de solidarité, de développement social et de promotion de l'égalité, afin de favoriser la cohésion sociale et le soutien à l'autonomie des personnes* ». Elle est composée de 260 agents et « *coordonne et met en cohérence, dans une approche préventive et intégrée* », 7 politiques publiques thématiques :

- prévention et lutte contre les exclusions et la pauvreté, développement de l'inclusion sociale et de l'insertion des personnes en situation de précarité ;
- hébergement et accès au logement des personnes sans abri ou mal logées ;
- autonomie des personnes handicapées ;
- autonomie des personnes âgées ;
- politique familiale et protection de l'enfance et des personnes vulnérables ;
- droit des femmes et égalité réelle entre les femmes et les hommes ;
- promotion de l'innovation et de l'expérimentation sociale, notamment au sein de l'économie sociale et solidaire.

Elle pilote deux politiques publiques transversales :

- financement des établissements et services sociaux et médico-sociaux ;
- définition du cadre d'intervention des professionnels du travail social et de l'intervention sociale.

DGOS (Direction générale de l'offre de soins) : la direction générale de l'offre de soins (DGOS) « *élabore et s'assure de la mise en œuvre des politiques publiques à même de répondre aux défis auxquels fera face le système de santé dans les prochaines années : concrètement, satisfaire aux besoins de soins grandissants de la population tout en assurant la pérennité d'un financement solidaire. Mais aussi, mettre en œuvre les grandes orientations de la stratégie nationale de santé et de la future loi de modernisation de notre système de santé portées par le gouvernement. Pour cela, la direction générale de l'offre de soins (DGOS) se place en situation de pilotage stratégique et agit de manière innovante en démarche projet, en animation et en appui de réseaux d'acteurs, ainsi qu'en évaluation de ses politiques* ». Elle mène des plans d'action opérationnels autour de quatre axes :

• promouvoir une approche globale, décloisonnée, équilibrée de l'offre des soins délivrés aussi bien à l'hôpital qu'en clinique, en maison ou en centre de santé, en cabinet libéral... ;
• définir la réponse sanitaire la plus adaptée aux besoins de prise en charge, notamment en identifiant les complémentarités et en encourageant la coordination des acteurs pour améliorer les parcours de santé des patients ;
• renforcer encore et toujours la performance, la qualité et la sécurité de l'offre de soins, dont l'organisation et le financement s'inscrivent dans le respect de l'objectif national des dépenses d'assurance maladie (Ondam) ;
• développer l'information sur les droits en matière de santé et mieux prendre en compte la place des usagers au sein de l'offre de soins.

DGS (Direction générale de la santé) : composée de 308 agents, la DGS propose les « *objectifs et les priorités de la politique de santé publique, fixe le cadre législatif et réglementaire, élabore les plans de santé publique ainsi que les programmes nationaux de santé et en assure la mise en œuvre. Son champ de compétences est particulièrement vaste : orientation de la recherche en santé, prévention des risques infectieux et des maladies chroniques, risques sanitaires. Elle conduit également la politique nutritionnelle et la lutte contre les pratiques addictives* ».

DIES (la Délégation à l'innovation en santé) : la délégation à l'innovation en santé (DIES) « *élabore la politique de l'innovation en santé afin d'anticiper et d'accompagner le développement et la mise sur le marché de tous types d'innovations : médicaments, vaccins, biothérapies, diagnostics, dispositifs médicaux, e-santé, solutions polymorphes, innovations organisationnelles, prévention, approches médico-sociales* ».

Par ailleurs, des structures nationales conseillent, évaluent, font de la recherche ou de la formation (respectivement, le Haut Conseil pour a santé publique, la Conférence nationale de santé, l'Institut national de la santé et de la recherche médicale - Inserm -, École des hautes études en santé publique - EHESP).

Il existe également un très grand nombre d'institutions nationales, parfois très spécialisées, qui permettent à la fois de répondre aux exigences de la santé publique (prévention et soins), mais aussi d'être en lien avec les acteurs internationaux comme l'Organisation mondiale de la santé et les instances européennes.

Certaines répondent exclusivement aux exigences posées par la loi de 1998 concernant la sécurité sanitaire, qui tente de prévenir les nombreux risques épidémiologiques ou de santé publique.

FICHE 58 : L'AGENCE RÉGIONALE DE LA SANTÉ ET LES ACTEURS LOCAUX : DÉCONCENTRATION ET DÉCENTRALISATION

La gestion de la santé, sur le plan local, est entre les mains de deux catégories d'acteurs. Les uns issus de l'appareil déconcentré (les ARS) et sous la tutelle du ministère de la Santé, les autres issus de l'appareil décentralisé que sont les collectivités territoriales.

Le niveau régional : **les agences régionales de la santé (ARS)**, établissements publics administratifs déconcentrés du ministère, assurent l'organisation et la santé au nom de l'État sur le territoire régional. C'est la loi du 21 juillet 2009 qui les crée et les oblige à regrouper sept directions autrefois éparses sur le territoire. Sécurité, prévention et organisation sont les maîtres mots des ARS. Placées sous l'autorité du ministre de la Santé, elles sont assistées par différentes institutions et ont des délégations départementales afin d'œuvrer sur tous les territoires. Elles sont dirigées par un directeur général, en qualité d'exécutif, et d'un conseil de surveillance, en qualité de « législatif ». Le premier est ordonnateur et représente l'établissement, le second, qui comprend 24 membres, approuve le budget et « *émet un avis sur le plan stratégique régional et sur le contrat pluriannuel d'objectifs et de moyens* » de l'établissement.

Leurs moyens financiers proviennent, d'une part, de subventions d'État, d'autre part, des contributions de l'assurance maladie, et enfin, de ressources provenant des collectivités territoriales et des établissements publics avec lesquelles elles conventionnent.

Les ARS mettent en œuvre la politique de santé publique sur le territoire à travers plusieurs actions :
- contrôle des règles d'hygiène ;
- inspections sanitaires ;
- formation des professionnels de santé ;
- contrôle des actes médicaux ;
- autorisation de création d'établissements de santé ;
- vérification de la qualité des eaux, des habitats (notamment indignes), de l'air et des nuisances diverses.

Très critiquées dès leur création, du fait de leur périmètre d'action et de leur structure bureaucratique, après près de dix années de mise en pratique, les 17 ARS présentes sur le territoire métropolitain et d'outre-mer prouvent au quotidien leur efficacité.

Le niveau local : ce sont les communes et l'intercommunalité qui jouent ce rôle, *via* le service communal d'hygiène et de santé (en charge de la vaccination, de la désinfection et de la surveillance sanitaire des territoires), le centre communal d'action sociale (CCAS) et les centres et dispensaires de santé.

Le mouvement général qui tend à s'accroître est celui d'un transfert des compétences de l'État vers les collectivités territoriales, *via* des contrats et des financements dédiés pour mettre en œuvre des actions de santé publique, préventives et ciblées au plus près des populations.

FICHE 59 : LES ÉTABLISSEMENTS HOSPITALIERS

Le système de santé français, extrêmement développé, envié à l'étranger et tout à la fois critiqué en France, comprend 3 111 établissements de santé pour 411 000 lits d'hospitalisation à temps complet et 73 000 places d'hospitalisation partielle.

Ce grand nombre cache une variété d'établissements.

C'est ainsi que selon la loi HPST (hôpital, patients, santé, territoires) du 21 juillet 2009, on relève :

- les établissements privés à but lucratif gérés le plus souvent par de grands groupes ;
- les établissements privés à but non lucratif que sont par exemple les centres régionaux de lutte contre le cancer ou encore les établissements gérés par des mutuelles, des organismes de sécurité sociale ou des fondations ;
- les établissements publics de santé.

Parmi ces derniers, un certain nombre de précisions s'imposent : il s'agit de personnes morales de droit public qui assument des missions de service public et qui sont soumis au contrôle de l'État. Il s'agit des quatre types d'établissements suivants :

- les centres hospitaliers universitaires (CHU) : il s'agit d'établissements de grande taille principalement présents dans les métropoles régionales et adossés aux universités ;
- les centres hospitaliers (CH), qui ont pour mission d'intervenir sur des soins en urgence ou non ;
- les centres hospitaliers spécialisés en psychiatrie ;
- les hôpitaux d'instruction des armées (HIA), placés sous l'autorité du chef d'état-major des armées, et considérés comme des CHU par le ministère de la Santé.

Selon les dispositions prévues à l'article L. 6141-1 du code de la santé publique, « *Les établissements publics de santé sont dotés d'un conseil de surveillance et dirigés par un directeur assisté d'un directoire* ».

Le conseil de surveillance est composé de trois collèges où siègent :

- Au plus 5 représentants des collectivités territoriales, parmi lesquels figurent le maire de la commune siège de l'établissement principal et le président du conseil départemental ;
- Au plus 5 représentants des personnels médicaux et non médicaux de l'établissement ;
- Au plus 5 personnalités qualifiées, dont des représentants d'usagers.

Son président quant à lui est élu parmi les représentants des collectivités territoriales et les personnalités qualifiées.

Le directoire est élu pour quatre années et comprend :

- le directeur (président) ;
- le président de la CME (vice-président) ;
- le doyen de la faculté de médecine (vice-président, CHU) ;
- un médecin-chercheur (vice-président, CHU) ;
- le président de la CSIMRT (commission des soins infirmiers et rééducation et médicotechnique) ;
- 7 à 9 membres de CH et CHU, dont 4 sont nommés par le président du directoire. 3 membres de CH et 2 membres de CHU sont représentants des professions médicales.

Le directoire a pour mission d'appuyer et de conseiller le directeur mais aussi « *d'approuver le projet médical, de préparer le projet d'établissement et de conseiller le directeur* »

Le directeur, quant à lui, est nommé par le directeur général de l'ARS afin qu'il exerce les compétences suivantes :

- il conduit la politique générale de l'établissement, en cohérence avec la politique de santé sur le territoire, permettant une prise en charge optimale des populations ;
- il est le garant du bon fonctionnement et de la performance globale de l'hôpital (gestion des risques, qualité environnementale, sociale et économique...) ;
- il est le responsable légal de l'établissement ;
- il est l'ordonnateur de l'état de prévision des recettes et des dépenses ;
- il nomme les personnels non médicaux ;
- il définit l'organisation de l'établissement en pôles d'activité en se conformant au projet médical d'établissement ;
- il nomme les chefs de pôle (pour les chefs de pôle médecins, il nomme sur une liste élaborée par le président de la commission médicale d'établissement) ;
- il nomme les directeurs adjoints.

Les hôpitaux sont également composés d'autres instances, comme la commission médicale d'établissement, le comité technique d'établissement, la commission de soins infirmiers, de rééducation et médicotechniques, le comité d'hygiène et de sécurité des conditions de travail, les commissions administratives paritaires...

Les autres acteurs, qu'ils soient privés ou publics, sont également soumis aux dispositions du code de la santé et placés sous le contrôle des agences régionales de santé.

LES MOYENS D'ACTION DE L'ADMINISTRATION

PARTIE III

L'administration ne serait rien sans moyens d'action. Elle dispose, pour cela, « d'outils » juridiques tout à fait originaux. En premier lieu, seule l'administration a le privilège d'établir des actes très contraignants qui s'imposent de droit à tous les acteurs, sans leur consentement : il s'agit des actes administratifs unilatéraux, plus communément appelés **actes administratifs** (cf. fiches 60 à 62).

En deuxième lieu, l'administration dispose du pouvoir de **police administrative**, afin d'assurer l'ordre public (cf. fiches 63 à 66). Cette notion « préventive » ne peut se faire qu'à l'aide des actes administratifs.

En troisième lieu, lorsque l'administration recueille l'accord des autres acteurs de la vie publique (entreprises, associations, autres administrations, particuliers, usagers ou ses propres agents), elle conclura des contrats. Cependant, à la différence des contrats classiques, ceux passés par l'administration, **les contrats administratifs**, dans de très nombreux cas, permettent à l'administration de disposer de prérogatives supplémentaires, parfois inégalitaires (cf. fiches 67 à 69).

Lorsqu'il s'agit d'acheter un bien ou un service, ou de faire construire, ces contrats sont alors soumis à une réglementation obligatoire, propre à l'administration, on parle alors de **marchés publics** (cf. fiches 70 à 74).

Cette réglementation supplémentaire, qui s'impose exclusivement à l'administration, est due au fait que celle-ci manie des « deniers publics », c'est-à-dire de l'argent public issu principalement de l'impôt. À ce titre, **les finances de l'administration** sont soumises à des règles particulières en matière de **comptabilité publique** (cf. fiches 75 à 78).

De cet aperçu général des moyens de l'administration, il convient d'aborder un tournant significatif pris ces dernières années, qui concerne l'ensemble des acteurs : **la dématérialisation**. L'administration tend à innover dans la numérisation, tant dans ses rapports avec différents acteurs (usagers, cocontractants), que dans ses modes d'organisation, de fonctionnement et de sécurité juridique (cf. fiches 79 et 80).

CHAPITRE 1 : L'ACTE ADMINISTRATIF

Moyens de l'administration pour mettre en œuvre ses prérogatives, « *les actes juridiques sont les manifestations de volonté d'individus - gouvernants, agents publics, simples particuliers - en exercice d'un pouvoir légal et en vue de produire un effet de droit* ».

Cette définition, donnée au début du XXe siècle par le professeur Gaston Jeze, illustre les **actes administratifs**. Leurs différentes catégories (cf. fiche 60) ne masquent pas la forme relativement univoque qui les caractérise (cf. fiche 61), ni même la façon dont ils apparaissent et disparaissent de l'**ordre juridique** (cf. fiche 62).

FICHE 60 : LES DIFFÉRENTES CATÉGORIES D'ACTES ADMINISTRATIFS

L'acte administratif est l'instrument par excellence de l'action administrative. On dit d'ailleurs qu'il bénéficie du « privilège du préalable », ce qui signifie qu'il s'impose aux administrés et que ces derniers doivent s'y conformer, même s'ils l'estiment contestable et n'ont jamais donné leur accord. La saisine du juge peut intervenir, mais elle n'induira pas la suspension de l'application de l'acte administratif sauf si le juge de l'urgence, le juge des référés saisi à cet effet, prononce sa suspension : le recours contentieux ne suspend jamais l'application de l'acte administratif.

Suite à une importante décision du Conseil d'État de 1913, l'administration n'a pas besoin de l'accord du juge pour faire appliquer un acte administratif. Celui-ci, aussitôt établi et affiché ou notifié, produit ses effets.

Cinq approches différentes peuvent être adoptées pour bien cerner l'acte administratif unilatéral.

Une première approche où l'on peut relever trois catégories d'actes administratifs :
- les décrets ;
- les arrêtés ;
- les autres actes (délibérations, décisions, directives, etc.).

Cette approche est liée au caractère réglementaire des actes administratifs, tels qu'ils découlent de l'article 37 de la Constitution. Il s'agit d'un catalogue d'actes inscrits dans la hiérarchie des normes (cf. fiche 1).

Une deuxième approche où l'on procède à une distinction entre acte réglementaire et acte individuel :
- **l'acte réglementaire** a une portée générale et impersonnelle. Il ne vise pas une personne en particulier, mais une catégorie de personnes (physique ou morale) ;
- **l'acte individuel** n'a au contraire comme destinataires que des personnes nommément désignées (personne morale ou physique). Il peut y avoir plusieurs personnes nommément désignées. L'exemple type est un arrêté relatif à la vie professionnelle d'un agent public ou un décret nommant un préfet.

Une troisième approche concerne les effets que produit l'acte :
- **décisoire** : l'acte administratif produit des effets juridiques sur le ou les destinataires et s'insère dans la hiérarchie des normes. Cela peut être une obligation de faire ou de ne pas faire, un accord ou un refus, un droit à obtenir une prestation... Le juge administratif peut annuler cette catégorie d'actes ;

• **informatif ou non décisoire** : il ne produit aucun effet juridique et a seulement pour fonction de renseigner ou traduire, sans poser de règles. Ce sont, normalement, les circulaires. Elles ne peuvent produire des effets, sans quoi elles sont irrégulières. C'est-à-dire que si une autorité administrative se fonde sur ses dispositions pour refuser un droit, elle commet une erreur de droit puisque sa base juridique est illégale. On les appelle aussi des mesures d'ordre intérieur (MOI). Elles tendent à être largement revues par le juge administratif depuis le milieu des années 1990. Le juge administratif ne peut les annuler puisqu'ils ne produisent pas d'effets juridiques.

Une quatrième approche liée aux aspects organiques et fonctionnels :

• **organique** : on considère que l'acte administratif unilatéral provient d'une autorité administrative et qu'à ce titre, sur le plan « organique », cette autorité administrative a la capacité juridique pour produire ce type d'acte. Par voie de conséquence, on en déduit qu'il ne peut s'agir du Parlement ou du pouvoir judiciaire, ni même d'un organe privé. Cependant, cette classification n'est pas aussi claire. Une personne privée peut être investie de missions de service public et produire des actes administratifs. En sens inverse, une administration peut agir en qualité de propriétaire privé et émettre des actes de droit privé ;

• **fonctionnel (ou matériel)** : il peut arriver que des organes non administratifs soient amenés à établir, dans le cadre des missions qui leur sont confiées par l'administration, des décisions qui ont le caractère d'acte administratif unilatéral. Le juge l'admet quand les trois conditions suivantes sont réunies : lorsque l'organisme privé gère un service public, si ce service est un service public administratif et enfin si l'organisme privé a reçu des prérogatives de puissance publique, comme une fédération sportive.

Une cinquième approche concerne la distinction entre décisions implicites et décisions explicites :

• **les décisions explicites** sont les actes les plus courants. Ils sont formalisés et peuvent être produits en justice. Si l'administration refuse de les produire, la Cada (Commission d'accès aux documents administratifs) peut être saisie (par le requérant) et rendre un avis à l'administration réticente, l'informant que l'acte est transmissible (mais la Cada ne peut obliger l'administration à le produire, seul le juge administratif dispose de ce pouvoir). Pendant ce temps, les délais contentieux sont suspendus. Ils reprennent une fois l'acte administratif obtenu ou à la notification du refus définitif de transmission par l'administration ;

• **les décisions implicites** sont une réalité qui tend à disparaître. Selon une règle ancienne, le silence de l'administration pendant deux mois vaut décision implicite de rejet. Mais certaines décisions implicites peuvent aussi avoir un effet positif, c'est-à-dire accepter une demande. C'est le cas en matière de permis de construire, et depuis la loi sur le silence vaut acceptation (SVA), pour un grand nombre d'actes (loi du 12 novembre 2013, insérée dans le code des relations entre le public et l'administration, du 25 octobre 2015). Ces décisions implicites produisent du droit dont le contenu est ignoré du requérant, mais que le juge peut confirmer s'il est saisi.

FICHE 61 : LA FORME DE L'ACTE ADMINISTRATIF

Tous les actes administratifs unilatéraux (AAU) comportent trois parties.

La base légale : les visas

Les visas sont les textes en vertu desquels l'acte est établi. Ils assurent la base juridique de l'acte. L'apposition des visas est une chose importante, car elle est à la fois un moyen pour l'administration de contrôler la régularité de ses actes, et un moyen pour l'administré de vérifier la régularité de ceux-ci.

En soi, ils n'ont pas de grande portée juridique, aussi, leur oubli ou une erreur les concernant est sans influence sur la légalité de l'acte. Cependant, parce qu'ils sont adressés à un usager, ils doivent être clairs. C'est pourquoi ils ne peuvent être modifiés *a posteriori*, notamment pour y trouver un texte postérieur à l'acte administratif initial.

Le rédacteur de l'acte doit donc viser les textes à partir desquels l'acte est pris, mais aussi ceux auxquels ils dérogent et ceux qu'il modifie. Le visa en question peut être global, sans préciser spécialement l'article visé, cependant il convient de toujours penser à l'usager, c'est-à-dire celui à qui l'acte est destiné (« *Vu le décret n° ... du... relatif à...* »).

S'agissant d'un acte qui modifie un précédent acte, il n'est pas nécessaire de viser tous les visas du texte modifié.

Sur la forme du visa, il convient d'être précis en indiquant le numéro du texte (Décret n° ..., avec son intitulé ; si ce dernier a été modifié, il conviendra de rajouter à sa suite « *modifié* »). Pour les codes, le seul titre suffit (par exemple, code de l'éducation, code de commerce...).

Quand l'acte administratif ressort spécifiquement de l'article d'un texte, le visa doit être plus précis : par exemple : « *Vu la loi n° ... du..., notamment son article x* ».

Les avis doivent être également explicitement visés, avec leur date (« *vu l'avis rendu par la commission XX du XX* »).

Enfin, il convient de viser les textes selon la hiérarchie des normes (cf. fiche 1), et dans chaque catégorie, par ordre chronologique. Les codes étant placés en premier, dans l'ordre alphabétique :
- la Constitution (bien que ce ne soit pas nécessaire, en règle générale, de l'indiquer) ;
- les conventions internationales ;

- les règlements et directives de l'Union européenne ;
- les lois ou ordonnances organiques ;
- les codes (y compris les codes purement réglementaires) ;
- les lois et les ordonnances ayant de plein droit valeur législative (ordonnances du gouvernement provisoire et ordonnances de l'article 92 de la Constitution) ;
- les ordonnances de l'article 38 (à cette place même si elles ont été ratifiées) ;
- les décrets (à classer par ordre d'importance : conseil des ministres, Conseil d'État, simple. Dans chaque catégorie, par ordre chronologique) ;
- les arrêtés, les délibérations ;
- les consultations des commissions ;
- les actes administratifs modifiés.

La motivation : les considérants

Les raisons pour lesquelles l'administration adopte une décision ont été pendant longtemps des chasses gardées. Aucune disposition n'imposait à l'administration de faire connaître les motifs de ses choix. Depuis la loi du 11 juillet 1979 sur la motivation des actes administratifs, l'administration a pour obligation de motiver toutes les décisions individuelles défavorables et, depuis la loi du 17 janvier 1986, tous les refus d'autorisation.

Le code des relations entre le public et l'administration de 2015 est venu codifier cette notion. Cependant, il a prévu, comme auparavant, trois exceptions à cette règle : lorsque la loi prévoit le secret, quand l'acte est pris en urgence et enfin s'il s'agit de décisions implicites.

L'article L. 211-5 du même code mérite d'être cité : « *La motivation exigée par le présent chapitre doit être écrite et comporter l'énoncé des considérations de droit et de fait qui constituent le fondement de la décision.* »

Par ailleurs, on trouve un peu plus loin l'article L. 212-1 qui indique que « *toute décision prise par une administration comporte la signature de son auteur ainsi que la mention, en caractères lisibles, du prénom, du nom et de la qualité de celui-ci* ».

Dans une circulaire du 28 septembre 1987 relative à la motivation des actes administratifs, le gouvernement avait jugé utile de rappeler les quatre règles essentielles suivantes :
- la motivation doit être écrite, claire et précise ;
- la motivation par référence est exclue ;
- la motivation doit être précise et concise ;
- la motivation doit être adaptée aux circonstances de l'affaire (pas de documents répétitifs et trop généraux).

Il existe cependant quelques dérogations à cette motivation, notamment quand il y a urgence (ce qui n'empêche pas l'administration de fournir les motifs sur demande dans le mois qui suit celle-ci).

Le dispositif : les articles

L'unité de base d'un texte normatif étant l'article, il convient de n'énoncer qu'une règle par article. Les articles doivent être numérotés et dans l'ordre.

Un dernier point concernant l'acte administratif : il doit être rédigé en langue française, qui est la langue de l'administration. Dans le cas où le texte est rédigé dans une autre langue, le juge considérera l'acte comme ne répondant pas à la loi et l'annulera.

S'agissant des avis qui sont rendus à l'administration par différentes commissions, et précisés dans les visas, il en existe trois types :
- **l'avis consultatif**, qui est sollicité par l'administration de manière très libre, mais qui ne la lie pas (ne l'oblige pas à suivre cet avis) ;
- **l'avis obligatoire**, où l'administration est obligée de solliciter l'avis, mais n'est pas obligée de le suivre ;
- **l'avis conforme**, où l'administration est tenue de se conformer à l'avis rendu.

Il convient de préciser que les commissions rendant ces trois types d'avis doivent être « *régulièrement composées* », c'est-à-dire composées des bonnes personnes (telles que définies par les textes les instituant), convoquées dans les délais, sans que des personnes extérieures (en règle générale) n'assistent à leur réunion. Sans quoi, leurs avis sont « *viciés* », c'est-à-dire que ces derniers peuvent être déclarés illégaux par le juge administratif.

Les règles de rédaction des actes administratifs sont très largement exposées et développées dans le guide de légistique publié par la Documentation française, sur le site Légifrance.

FICHE 62 : CRÉATION ET DISPARITION D'UN ACTE ADMINISTRATIF

Pour qu'un acte administratif soit créé et qu'il existe sur le plan juridique, un certain nombre de règles s'imposent, dont la première est liée à sa publicité.

En effet, bien que la signature de l'auteur, son titre et sa fonction soient un préalable à l'existence de l'acte administratif, ce dernier ne sera opposable aux administrés qu'à compter du moment où ceux-ci peuvent en avoir connaissance. L'entrée en vigueur des actes est donc conditionnée par leur publicité. Celle-ci est assurée de manière variable selon les types d'acte :

- **les actes réglementaires** doivent être publiés soit au *Journal officiel* (*JO*) pour les décrets, soit dans les divers bulletins des ministères ou dans certains recueils des actes administratifs (RAA) des collectivités territoriales ou des établissements publics administratifs. Ils sont également affichés sur place ;
- **les actes individuels** doivent être notifiés à leurs destinataires (par la voie postale en LRAR ou sur place en échange d'une attestation) quand ils imposent des obligations, et versés dans un RAA. Dans le cas contraire, ils entrent en vigueur dès leur signature, mais la question de leur publicité se pose.

Selon l'article 1er du code civil, « *les actes administratifs entrent en vigueur à la date qu'ils fixent ou, à défaut, le lendemain de leur publication* ».

Le Conseil d'État, par une décision de 1948, a pu préciser que les dispositions prévues à l'article 2 du code civil s'imposent également aux actes administratifs : « *La loi ne dispose que pour l'avenir ; elle n'a point d'effet rétroactif.* » Dès lors, un acte administratif ne peut pas s'appliquer à des situations antérieures à son édiction.

La disparition des actes administratifs répond à des règles à la fois jurisprudentielles et légales. On évoque deux types de « disparition » : l'abrogation (avenir) et le retrait (depuis la naissance de l'acte et pour l'avenir).

- **L'abrogation** : l'acte administratif disparaît, mais seulement pour l'avenir. Ses effets passés subsistent. Cette abrogation est décidée par l'autorité administrative qui distingue selon qu'il s'agit d'actes réglementaires ou non.

- **Actes réglementaires** : quand ils ont perdu leur objet ou s'ils sont irréguliers (illégaux), non seulement ils peuvent, mais ils doivent être abrogés. S'ils sont réguliers, ils peuvent être abrogés par l'autorité qui a édicté l'acte en vertu du principe du parallélisme des formes, à tout moment.

- **Actes individuels** : si l'acte est créateur de droit, l'abrogation est possible si celui-ci est irrégulier, dans les quatre mois à la suite de sa notification. S'il est régulier, l'abrogation est impossible à moins que la loi ne le prévoie ou que les conditions ne sont plus remplies. Par contre, si l'acte n'est pas créateur de droit, l'abrogation est possible dans les quatre mois, à condition de respecter le principe du parallélisme des formes. Pour ce faire, la demande est adressée à l'administration dans ce sens par le destinataire : l'abrogation devient alors obligatoire.

• **Le retrait** : il consiste en l'annulation de l'acte administratif. Il a donc un effet rétroactif et n'a jamais existé (CE 3 novembre 1922 Dame Cachet). C'est ce que fait le juge administratif lorsqu'il annule un acte administratif : il le retire de « *l'ordonnancement juridique* ».

Cette règle a été versée dans le code des relations entre le public et l'administration de manière très claire, après une décision du Conseil d'État de 2001 : « *L'administration ne peut retirer un acte réglementaire ou un acte non réglementaire non créateur de droits que s'il est illégal et si le retrait intervient dans le délai de quatre mois suivant son édiction* » (article L. 243-3).

Par ailleurs, si l'acte est créateur de droit, le retrait est impossible. Mais, si la loi le prévoit ou si le bénéficiaire de l'acte en fait la demande, le retrait est possible. Si l'acte n'est pas créateur de droit, le retrait est possible à toute époque.

S'agissant des actes irréguliers, si l'acte est créateur de droit, le retrait de l'acte ne peut se faire que dans le délai du recours contentieux, au-delà le retrait est impossible, soit quatre mois maximum à partir de l'adoption de l'acte. Pour ce qui est des décisions implicites, on admet que leur retrait est impossible ; en revanche, si l'acte n'est pas créateur de droit, le retrait est possible à tout moment.

En la matière, une exception subsiste : le juge puis le législateur ont prévu le cas des **sanctions administratives**, qui sont des actes administratifs, en précisant que par dérogation « [...] *une mesure à caractère de sanction infligée par l'administration peut toujours être retirée* » (article L. 243-4 du code des relations entre le public et l'administration).

CHAPITRE 2 : LA POLICE ADMINISTRATIVE

L'administration a en charge l'ordre public. C'est-à-dire le bon ordre de l'espace public. Pour ce faire, elle dispose de ce que l'on appelle de manière générale, « la police administrative ».

Cette notion ne va pas de soi et nécessite d'être définie et circonscrite (cf. fiche 63). Partant de cette présentation, il convient d'étudier les acteurs de la police administrative (cf. fiche 64), puis de distinguer la police administrative générale (cf. fiche 65) de la police administrative spéciale (cf. fiche 66).

FICHE 63 : DÉFINITIONS ET CARACTÉRISTIQUES DE LA POLICE ADMINISTRATIVE

Seule l'administration dispose de la police administrative. Aussi, pour comprendre cette notion, il convient tout d'abord de l'opposer à la police judiciaire.

La police judiciaire a une mission claire, que définit l'article 14 du code de procédure pénale : « *[la police judiciaire] est chargée [...] de constater les infractions à la loi pénale, d'en rassembler les preuves et d'en rechercher les auteurs tant qu'une information n'est pas ouverte. Lorsqu'une information est ouverte, elle exécute les délégations des juridictions d'instruction et défère à leurs réquisitions* ».

Il est commun de dire que la police judiciaire intervient après les faits, alors que la police administrative a pour fonction d'être préventive et donc d'intervenir avant les faits.

La police administrative, qui ne bénéficie pas d'une assise posée par le droit positif, trouve son origine dans l'article 12 de la Déclaration des droits de l'homme et du citoyen de 1789 :

« *La garantie des droits de l'homme et du citoyen nécessite une force publique : cette force est donc instituée pour l'avantage de tous, et non pour l'utilité particulière de ceux auxquels elle est confiée.* »

C'est à travers cette notion de force publique que l'administration dispose de la police administrative. Pour le professeur Rivero, il s'agit de « *l'ensemble des interventions de l'administration qui tendent à imposer à la libre action des particuliers la discipline exigée par la vie en société, dans le cadre tracé par le législateur* ».

Les principales caractéristiques de la police administrative sont les suivantes :

- c'est une série d'actions administratives qui peuvent prendre la forme de contrôles, d'autorisations ou d'interdiction de faire ;
- elle est préventive et non répressive : elle intervient avant qu'une infraction n'ait lieu. Elle vise donc à « *prévenir* », c'est-à-dire à « *venir avant* » qu'un « *trouble* » n'ait lieu : une manifestation dans la rue, un spectacle *a priori* dangereux ou qui sèmerait un trouble dans la population... ;
- elle est soumise à l'appréciation du juge administratif qui est seul compétent pour apprécier les actes de l'administration et éventuellement la condamner à réparer le préjudice subi. Il s'agit d'une notion jurisprudentielle inventée par le juge, ou plutôt dégagée par ce dernier. Le recours pour

excès de pouvoir (contre un acte administratif, comme une interdiction préfectorale ou municipale) et le recours de plein contentieux (et plus précisément le recours en responsabilité visant à réparer un préjudice subi) sont les deux instruments contentieux dont disposent les requérants.

Par ailleurs, les actes adoptés dans le cadre de la police administrative doivent être motivés s'ils sont individuels ou « *restreignent l'exercice des libertés publiques ou, de manière générale, constituent une mesure de police* », et ne peuvent mettre en place des mesures d'interdiction générales et absolues, « *dans l'espace et dans le temps* », comme l'indique le juge administratif.

FICHE 64 : LES ACTEURS EN CHARGE DE LA POLICE ADMINISTRATIVE

Plusieurs autorités administratives sont titulaires de la police administrative. Chacune de ces autorités intervient dans son propre domaine d'attribution, à partir d'une « base légale » explicite, c'est-à-dire autorisée par un texte réglementaire ou législatif. Cela concerne tant **la police générale** que **la police spéciale**.

Le maire : l'article L. 2212-1 du code général des collectivités territoriales définit ce champ d'action de la manière suivante : « *Le maire est chargé, sous le contrôle administratif du représentant de l'État dans le département, de la police municipale, de la police rurale et de l'exécution des actes de l'État qui y sont relatifs.* »

Ceci lui permet à la fois de prendre des mesures réglementaires et individuelles, que ce soit dans le cadre de la police générale (police administrative générale ou spéciale, rurale ou pour la mise en œuvre des directives préfectorales lorsqu'il est placé en situation d'agent de l'État), ou de la police spéciale (police de la circulation et du stationnement, police des immeubles menaçant ruine...).

À cet égard, le maire peut intervenir sur tout le territoire de sa commune (domaine privé, public, cours d'eau et rivages maritimes). En revanche, il n'a pas de pouvoir de police administrative en ce qui concerne l'air, les aéroports et les aérodromes, qui relèvent du pouvoir de police spéciale réservé au préfet.

Au sein des communes, le maire est seul titulaire du pouvoir de police administrative (qu'elle soit spéciale ou générale). Ce qui signifie que son conseil municipal ne peut intervenir en la matière pour l'autoriser, l'interdire ou lui demander de faire ou ne pas faire. En revanche, le maire peut déléguer ce pouvoir à des élus de son conseil municipal, selon des règles strictes (dans l'ordre : adjoints puis conseillers municipaux délégués et enfin conseillers municipaux). Il ne peut cependant le déléguer à d'autres autorités ou à des structures privées pour que ces dernières l'exercent en son nom (sociétés ou associations).

Il convient de préciser que trois catégories de communes voient leur maire amputé pour partie de ce pouvoir de police :

- **la ville de Paris** : c'est le préfet de police qui dispose de la majorité des pouvoirs de police classiquement dévolus aux maires (d'où son qualificatif « de police »). Il ne « reste » au maire de Paris, que les pouvoirs en matière de police administrative générale sur les points liés à la salubrité, aux bruits de voisinage et au bon ordre dans les foires et marchés, circulation et domaine public (cf. fiche 39) ;

- **les communes de la petite couronne de l'Île-de-France** (des départements 92, 93 et 94) : le préfet dispose des pouvoirs de police de la voie publique sur les « routes à grande circulation » comme en matière de de secours et de défense contre les incendies. Pour le reste, les maires des communes de ces départements ont les mêmes pouvoirs que tous les maires français ;
- **les communes du Bas-Rhin, du Haut-Rhin et de la Moselle** : le préfet peut davantage se substituer aux maires, que dans les autres communes françaises en cas de « défaillances » du maire (en cas de trouble à l'ordre public ou d'épidémies par exemple). Par ailleurs, les communes de ces départements ont des pouvoirs de police voisins de ceux des maires des communes des autres départements moyennant quelques différences inhérentes en lien avec le droit local (différences liées à l'histoire de ces territoires et à la survivance de certains textes antérieurs à 1918, à l'époque où ces communes n'étaient pas françaises mais allemandes).

Le préfet : il dispose des deux catégories de pouvoirs de police (générale et spéciale). À ce titre, et c'est là une de ses particularités, il peut se substituer au maire lorsque celui-ci est défaillant ou refuse de mettre en œuvre ses propres pouvoirs. Par ailleurs, selon les villes (cf. *supra*), il peut davantage intervenir dans l'une ou l'autre de ces polices.

Le président du conseil départemental : il dispose exclusivement d'un pouvoir de police spéciale liée aux compétences départementales. Il s'agit de la chasse, de la pêche et du domaine public départemental.

Les ministres : ils ne disposent pas du pouvoir de police générale, mais plutôt de certains pouvoirs de police spéciale, selon leur domaine d'attribution. C'est ainsi que le ministre de la Culture intervient sur les cinémas, le ministre de la Transition écologique sur les pollutions diverses...

Les autres autorités administratives : certaines autorités en charge d'établissements publics administratifs (musées, établissements divers, universités...) ou bien des autorités administratives indépendantes ou des autorités publiques indépendantes (AAI et API, cf. fiche 30), disposent de pouvoirs de police pour la sécurité et le maintien du bon ordre ou plus logiquement en lien avec leur domaine de spécialité (l'économie, les télécommunications...). Ces autorités peuvent également prendre des décisions en matière de bon ordre ou d'interdiction de pénétration sur leur domaine public, de sanction ou bien encore de réquisition des forces de l'ordre pour mettre en œuvre leur propre pouvoir.

FICHE 65 : LA POLICE ADMINISTRATIVE GÉNÉRALE

La police générale vise à maintenir l'ordre public. Il s'agit par exemple de mouvements de foule, de troubles matériels liés à un évènement comme un film qui paraîtrait immoral. Elle se décompose en trois éléments : la sécurité, la salubrité et la tranquillité.

- **La sécurité** peut être celle concernant la circulation routière ou de manière plus générale, la sécurité du groupe social, *via* un très grand nombre d'actions à mener pour prévenir toute infraction. Par exemple, il peut s'agir d'une autorisation de manifester sur la voie publique, mais à telle date, et sur tel parcours.
- **La salubrité** : elle concerne l'alimentation et la propreté des endroits publics et privés. On peut penser à l'hygiène alimentaire et aux denrées vendues et contrôlées sur les marchés par exemple, mais aussi au traitement des ordures ménagères.
- **La tranquillité** : il s'agit d'assurer la prévention des bruits et des attroupements en grand nombre. On peut également penser aux « disputes et rixes ».

Plusieurs acteurs « administratifs » disposent de cette prérogative :

- **Le maire** dispose de cette prérogative : ceci lui permet à la fois de prendre des mesures réglementaires et individuelles, que ce soit dans le cadre de la police générale (police administrative générale ou spéciale, rurale ou pour la mise en œuvre des directives préfectorales lorsqu'il est placé en situation d'agent de l'État). Il en est le seul titulaire ;
- **Le Premier ministre**, lorsqu'il intervient dans le cadre de la sécurité de l'État, dispose de ce pouvoir propre ;
- **Le préfet** peut être titulaire des pouvoirs du maire lorsque celui-ci est déficient ou encore quand plusieurs communes sont concernées par un trouble à l'ordre public.

FICHE 66 : LA POLICE ADMINISTRATIVE SPÉCIALE

La police spéciale déroge à la **police générale** et trouve son origine dans la loi.

Le législateur confie ainsi à différentes autorités nommément désignées des pouvoirs de police administrative liés à des points très précis (un maire, un préfet, un ministre par exemple). Il peut s'agir de la police des monuments historiques ou de la concurrence, ou bien encore celle concernant les lieux de transport comme les gares et les aéroports. Elle concerne également le droit des étrangers, les bâtiments menaçant ruine, les cimetières, les animaux dangereux et errants...

Les différents acteurs sont les suivants :

- **Le maire**, en matière de funérailles, d'édifices menaçant ruine, de cours d'eau ;
- **Le président de l'EPCI**, quand ces pouvoirs de police, entre les mains des maires, lui sont confiés ;
- **Le préfet**, en matière de circulation pour les routes à grande circulation.

Il peut arriver que police générale et police spéciale soient en concurrence. Il s'agit en l'espèce de décisions prises par le préfet et le maire. Ce dernier ne peut aller à l'encontre des décisions du préfet, mais il peut, depuis une jurisprudence de 1902, renforcer et durcir pour sa propre commune, pour des motifs locaux, la décision préfectorale. De même, si l'autorité de police spéciale est défaillante, l'autorité titulaire de la police générale comme le maire peut, au nom de ses pouvoirs, intervenir.

CHAPITRE 3 : LE CONTRAT ADMINISTRATIF

À la différence des **actes administratifs unilatéraux**, moyen d'action unilatéral, l'administration peut contracter et s'engager à des obligations réciproques : il s'agit du contrat ou de la convention.

Sous certaines conditions, ces contrats prennent la forme de **contrats administratifs** (cf. fiche 67) et présentent des formes variables (cf. fiche 68), que le **juge administratif** traite de manière tout à fait originale (cf. fiche 69).

FICHE 67 : LES CARACTÉRISTIQUES DU CONTRAT ADMINISTRATIF

À la question « qu'est-ce qu'un contrat ? », l'article 1101 du code civil nous renseigne très précisément : « *Le contrat est un accord de volontés entre deux ou plusieurs personnes destinées à créer, modifier, transmettre ou éteindre des obligations.* »

Le contrat administratif, qui tire ses caractéristiques du code civil, est le signe de la limite des actes administratifs unilatéraux et le moyen d'action de l'administration le plus proche de la sphère privée.

Veillant toutefois à conserver ses prérogatives « exorbitantes » au droit commun, c'est-à-dire au-delà des règles classiques du droit applicable aux usagers du droit, l'administration a la possibilité de contracter en étant la partie « forte », c'est-à-dire en disposant de plus de prérogatives que le cocontractant privé, et de ce fait, en déséquilibrant le contrat. Les caractéristiques de ce contrat ont été définies tant par le juge administratif que par le législateur :
- **la qualification par le législateur** porte sur l'occupation du domaine public et les travaux publics. Elle s'est étendue à tous les contrats que le législateur a définis comme tels (les marchés publics par exemple) ;
- **la qualification par le juge** est, elle, le fruit d'une longue évolution et de très nombreuses décisions. Celui-ci estime qu'il convient d'y trouver deux éléments : un aspect organique et un aspect matériel :

- **l'aspect organique** est lié au signataire du contrat. Il faut que l'une des parties soit l'administration (État, collectivités territoriales, établissement public, etc.). Cette règle est suivie d'une série d'exceptions, lorsque les cocontractants sont des personnes privées (elles doivent disposer d'un mandat donné par une administration),
- **l'aspect matériel** est relatif soit à un lien avec le service public (l'administration a confié l'exécution d'un service public à une personne privée, par exemple, pour supprimer des animaux nuisibles), soit aux clauses mêmes du contrat qui doivent comprendre une clause exorbitante du droit commun (licenciement, rupture ou pénalités. Ce type de clause ne peut légalement se trouver dans un contrat de droit privé).

L'administration détient donc des prérogatives et ne peut y renoncer :
- **le pouvoir de direction et de contrôle** : l'administration a le pouvoir de contrôler l'activité du cocontractant et de lui donner des ordres pour assurer la bonne exécution du contrat (cf. les ordres de service dans les marchés publics de travaux) ;

- **le pouvoir de modification unilatérale** : il intervient à condition que les nécessités du service public l'exigent, que les modifications n'excèdent pas certaines limites et que l'équilibre financier du contrat soit respecté ;
- **le pouvoir de sanction** : il est possible pour l'administration de sanctionner son cocontractant. Cela a lieu sous plusieurs conditions, la première étant de mettre en demeure, préalablement, le cocontractant. Il s'agira de sanctions pécuniaires (amendes, dommages-intérêts, pénalités) ou de sanctions coercitives suivant les types de contrat (mise sous séquestre pour la concession, mise en régie pour le marché de travaux publics) ou enfin de sanctions résolutoires comme la résiliation du contrat ;
- **le pouvoir de résiliation unilatérale**. Il intervient seulement dans l'intérêt général. Cependant le cocontractant a droit à une indemnisation. Il est à noter que le contrat ne peut exclure cette indemnisation.

En ce qui concerne le cocontractant à l'administration, il est soumis à des obligations, mais aussi à des droits :

- **ses obligations** sont, comme pour tous les contrats, d'exécuter le contrat. Il ne peut par ailleurs céder le contrat, sans l'accord écrit et explicite de l'administration ;
- **ses droits** sont ceux qui s'imposent à tous les cocontractants. Le droit à rémunération figure parmi ceux-ci, comme le doit à indemnité quand il y a rupture du contrat par l'administration pour un motif quelconque lié au service public.

FICHE 68 : LES DIFFÉRENTES CATÉGORIES DE CONTRAT ADMINISTRATIF

La quasi-majorité des contrats que passe l'administration sont des contrats administratifs. Ils concernent :

- **la fonction publique** : tous les agents contractuels signent un contrat avec l'administration et sont, depuis une décision de 1996, soumis au juge administratif. Les prérogatives dont dispose l'administration à leur égard sont exorbitantes des contrats de travail « privés » qui, eux, sont soumis au juge des prud'hommes et aux dispositions du code du travail ;
- **les concessions** : l'administration concède à un ou plusieurs acteurs « privés » des missions qui peuvent être de la gestion (une piscine municipale, un stade, un service informatique, etc.) (cf. fiche 37) ;
- **l'achat de fournitures, prestations ou travaux de construction et d'entretien** : on parlera de contrat administratif, soumis cependant à une réglementation particulière, qu'est le droit des marchés publics (cf. fiches 70 et suivantes) ;
- **les contrats de partenariat public privé** (cf. fiche 38) ;
- **les occupations du domaine public** lorsqu'il s'agit pour l'administration d'autoriser un cocontractant à occuper le domaine public. C'est le code général de la propriété des personnes publiques qui s'impose et oblige la contractualisation sous conditions.

Certains contrats de l'administration peuvent cependant être qualifiés de contrats de droit privé, comme en matière de gestion du domaine privé des collectivités territoriales, ou de droit de la propriété intellectuelle, quand ils ne contiennent aucune clause exorbitante de droit privé et alors même que l'administration est signataire.

FICHE 69 : LE TRAITEMENT DU CONTRAT ADMINISTRATIF PAR LE JUGE ADMINISTRATIF

Le contrat administratif prend fin, en règle générale, au terme prévu par celui-ci. Il peut être résilié par les parties, à la demande de l'une d'entre elles, selon les conditions fixées par le contrat lui-même ou par l'effet de la force majeure (cf. focus).

Le juge administratif peut également le résilier, ou sanctionner l'une des parties pour toute transgression aux règles posées par le contrat. Dans ce cas, se pose la question de la compétence du juge : c'est le juge du plein contentieux qui doit être saisi (cf. fiche 11). Cependant, le juge de l'urgence, juge des référés, peut à présent intervenir en amont ou à la signature du contrat.

- **Le référé précontractuel** : il concerne essentiellement les infractions liées aux règles en matière de marchés publics, quand l'autorité administrative ne respecte pas les mesures de publicité et de mise en concurrence. Pour cela, le requérant doit avoir un intérêt direct à demander l'annulation de la procédure avant la signature du contrat. Le juge n'a alors que vingt jours pour statuer.

- **Le référé contractuel** : il est ouvert aux « *personnes ayant eu un intérêt à conclure le contrat et qui ont été susceptibles d'être lésées par un manquement aux obligations de publicité et de mise en concurrence* ». Celles ayant saisi le juge des référés précontractuels en sont exclues. Le juge peut alors suspendre, annuler ou prononcer des sanctions financières à l'encontre des parties au contrat.

- **Le contentieux contractuel classique de pleine juridiction**. Jusqu'en 2007, seules les parties cocontractantes au contrat pouvaient saisir le juge. À présent, cette procédure est ouverte aux « candidats évincés » au contrat. Le juge a été également clément avec tous les tiers au contrat qui, depuis 2014, sont en droit de saisir le juge administratif.

- **Le recours pour excès de pouvoir**. Il convient également de préciser que le juge de l'annulation (juge de l'excès de pouvoir), qui n'est pas compétent à l'égard des contrats, peut être saisi des actes détachables du contrat (il s'agit de la décision de signature du contrat ou de tout acte administratif autorisant cette signature).

En matière de contrat de travail, le Conseil d'État, en 1998, a accepté le recours de tiers (syndicat notamment), sur le même fondement que celui du recours en matière d'agent titulaire.

FOCUS : LA FORCE MAJEURE

Selon l'article 1218 du code civil, « *il y a force majeure en matière contractuelle lorsqu'un événement échappant au contrôle du débiteur, qui ne pouvait être raisonnablement prévu lors de la conclusion du contrat et dont les effets ne peuvent être évités par des mesures appropriées, empêche l'exécution de son obligation par le débiteur* ».

On parle alors d'événement insurmontable (événement naturel : inondation, incendie ; événement humain : attentat, hausse massive du prix d'un produit, pénurie...).

CHAPITRE 4 : LES MARCHÉS PUBLICS

Lorsque l'administration est placée en position d'acheteur, que ce soit pour un bien, un service ou encore pour des travaux, tous les contrats sont soumis à une réglementation obligatoire, propre à l'administration. On parle alors de marchés publics (cf. fiche 70).

La **réglementation applicable** évolue sans cesse et est posée à présent par le code de la commande publique, applicable depuis le 1er avril 2019 (cf. fiche 71). Elle permet d'appréhender les différentes catégories de marchés publics (cf. fiche 72).

Ces dernières peuvent alors être mises en œuvre (cf. fiche 73), tout en optimisant les dépenses, c'est-à-dire en faisant émerger une nouvelle fonction : l'achat (cf. fiche 74).

FICHE 70 : DÉFINITION ET CADRE LÉGAL DES MARCHÉS PUBLICS

Toute dépense publique (cf. focus) liée à un achat est soumise à la réglementation des marchés publics. Cette simple précision entraîne l'obligation pour l'administration de se soumettre au droit des marchés publics.
La définition donnée à un marché public est à présent celle fournie par l'article L. 1111-1 du code de la commande publique, qui énonce : « *Un marché est un contrat conclu par un ou plusieurs acheteurs soumis au présent code avec un ou plusieurs opérateurs économiques, pour répondre à leurs besoins en matière de travaux, de fournitures ou de services, en contrepartie d'un prix ou de tout équivalent.* »

Il s'agit donc d'un contrat, et plus précisément d'un contrat administratif (cf. fiches suivantes). L'objet d'un tel contrat est onéreux. Il est par ailleurs conclu entre une personne publique et une personne physique ou morale, publique ou privée.

S'agissant des sources des marchés publics, elles reposent à présent sur le code de la commande publique, précité, du 26 novembre 2018, entré en vigueur le 1er avril 2019, et sur la jurisprudence française et européenne, significative. Le juge y joue un très grand rôle.

À ces textes parfois un peu rudes à la lecture, on peut adjoindre des **guides de la commande publique et des circulaires**, en grande partie établis par la Direction des affaires juridiques (DAJ) du ministère des Finances.

FOCUS : LA DÉPENSE PUBLIQUE

Il s'agit de l'ensemble des dépenses réalisées par les administrations publiques. Selon le ministère de l'Action et des Comptes publics, il s'agit de l'État et des organismes divers d'administration centrale (Odac), des administrations publiques locales (Apul) et des administrations de Sécurité sociale (Asso). Le ministère précise que « *les dépenses des administrations publiques (Apu) au sens de la comptabilité nationale représentent 1 294 milliards d'euros en 2017* », soit 56,7 % du PIB.

FICHE 71 : LES RÈGLES APPLICABLES AUX MARCHÉS PUBLICS

Les principes posés par le droit communautaire, qui s'imposent en matière de marchés publics, sont les suivants :

• **liberté d'accès à la commande publique** : l'information la plus ouverte *via* une publicité proportionnée doit être mise en œuvre, de façon à permettre à tous les éventuels opérateurs économiques d'intervenir et de soumissionner ;

• **égalité de traitement des candidats** : aucune discrimination ne doit être mise en œuvre par l'autorité administrative dans la rédaction du cahier des charges ou dans l'analyse des offres. De même, le cahier des charges ne doit pas être rédigé pour orienter vers un candidat ou à l'encontre d'une catégorie ou d'un seul candidat. Ce qui signifie que toutes les offres doivent être traitées de la même manière, et les candidats doivent tous pouvoir disposer des mêmes informations ;

• **transparence** : elle a pour fonction de permettre à tous les acteurs « *de s'assurer que l'acheteur public respecte les deux premiers principes* ». C'est ainsi que les critères de choix des candidats, qui permettent à l'autorité administrative de procéder au choix du cocontractant, sont connus avant la soumission des offres. Par la suite, les candidats évincés ont le droit d'être informés des motifs de rejet de leurs candidatures.

Les seuils de procédure (qui sont liés à une notion d'ensemble) sont aussi très importants puisqu'ils varient selon l'objet du marché (travaux, fournitures ou services) et en fonction de la valeur estimée du marché :

• si la valeur estimée du marché est inférieure aux seuils de procédure formalisée, l'administration peut recourir à une procédure adaptée dont elle détermine librement les modalités (il s'agit du marché à procédure adaptée Mapa). Dans ce cas, il est formellement interdit de découper artificiellement un marché pour le soumettre à des procédures plus souples. Sans quoi, il s'agit de « saucissonnage », interdit par la loi ;

• au-delà, l'administration doit respecter une procédure formalisée pour passer son marché.

En revanche, pour les marchés d'une valeur inférieure à 40 000 euros HT, l'acheteur public a pour seule obligation de choisir une offre pertinente, de faire une bonne utilisation des deniers publics et de ne pas contracter systématiquement avec un même fournisseur lorsqu'il y a plusieurs offres susceptibles de répondre à son besoin. Par ailleurs, le gouvernement, suite à l'épidémie de la Covid, avait prévu deux nouveaux seuils, à l'identique : jusqu'au 10 juillet 2021 inclus, les acheteurs publics pouvaient conclure un marché de travaux sans publicité ni mise en concurrence préalables pour répondre à un besoin dont la valeur estimée est inférieure à 70 000 euros HT. De même, pour les produits livrés avant le 10 décembre 2020, la conclusion de marchés publics pouvait être faite sans publicité ni mise en concurrence lorsque le marché répondait à un besoin inférieur à 100 000 euros HT et portait sur la fourniture de denrées alimentaires produites, transformées et stockées avant la date de cessation de l'état d'urgence sanitaire. On notera au passage la relative souplesse des règles en matière de marchés publics, illustrée par la crise sanitaire de 2020.

Seuils de publicité des marchés de l'État et de ses établissements (Autorités centrales) – Montants hors taxe

	Publicité non obligatoire	Publicité libre ou adaptée	Publicité au BOAMP ou dans un JAL	Publicité au BOAMP et au JOUE
Fournitures et services	en dessous de 40 000 €	de 40 000 € et jusqu'à 89 999,99 €	de 90 000 € à 138 999,99 €	à partir de 139 000 €
Travaux	en dessous de 40 000 €	de 40 000 € et jusqu'à 89 999,99 €	de 90 000 € à 5 349 999,99 €	à partir de 5 350 000 €
	Publicité non obligatoire	Publicité libre ou adaptée		Publicité au JOUE
Services sociaux et spécifiques	en dessous de 40 000 €	de 40 000 € à 749 999,99 €		à partir de 750 000 €

Seuils de publicité des marchés des collectivités territoriales, de leurs établissements et de leurs groupements ainsi que des autres acheteurs (sauf l'État) – Montants hors taxe

	Publicité non obligatoire	Publicité libre ou adaptée	Publicité au BOAMP ou dans un JAL	Publicité au BOAMP et au JOUE
Fournitures et services	en dessous de 40 000 €	de 40 000 € et jusqu'à 89 999,99 €	de 90 000 € à 213 999,99 €	à partir de 214 000 €
Travaux	en dessous de 40 000 €	de 40 000 € et jusqu'à 89 999,99 €	de 90 000 € à 5 349 999,99 €	à partir de 5 350 000 €
	Publicité non obligatoire	Publicité libre ou adaptée		Publicité au JOUE
Services sociaux et spécifiques	en dessous de 40 000 €	de 40 000 € à 749 999,99 €		à partir de 750 000 €

Le risque pénal est réel en matière de marchés publics. Bien que des condamnations aient lieu, tant à l'égard d'agents publics que d'élus, le nombre de condamnations est cependant très faible. Les infractions pénales sont de trois ordres :

- **le délit de la prise illégale d'intérêts** (article 432-12 du code pénal) : « *Le fait, par une personne dépositaire de l'autorité publique ou chargée d'une mission de service public ou par une personne investie d'un mandat électif public, de prendre, recevoir ou conserver, directement ou indirectement, un intérêt quelconque dans une entreprise ou dans une opération dont elle a, au moment de l'acte, en tout ou partie, la charge d'assurer la surveillance, l'administration, la liquidation ou le paiement est puni de cinq ans d'emprisonnement et d'une amende de 500 000 euros, dont le montant peut être porté au double du produit tiré de l'infraction* » ;
- **le délit de favoritisme** (article 432-14 du code pénal) : « *Est puni de deux ans d'emprisonnement et d'une amende de 200 000 euros, dont le montant peut être porté au double du produit tiré de l'infraction, le fait par une personne dépositaire de l'autorité publique ou chargée d'une mission de service public ou investie d'un mandat électif public ou exerçant les fonctions de représentant, administrateur ou agent de l'État, des collectivités territoriales, des établissements publics, des sociétés d'économie mixte d'intérêt national chargées d'une mission de service public et des sociétés d'économie mixte locales ou par toute personne agissant pour le compte de l'une de celles susmentionnées de procurer ou de tenter de procurer à autrui un avantage injustifié par un acte contraire aux dispositions législatives ou réglementaires ayant pour objet de garantir la liberté d'accès et l'égalité des candidats dans les marchés publics et les contrats de concession* » ;
- **le délit de corruption passive et trafic d'influence commis par des personnes exerçant une fonction publique** (article 432-11 du code pénal) : « *Est puni de dix ans d'emprisonnement et d'une amende de 1 000 000 euros, dont le montant peut être porté au double du produit tiré de l'infraction, le fait, par une personne dépositaire de l'autorité publique, chargée d'une mission de service public, ou investie d'un mandat électif public, de solliciter ou d'agréer, sans droit, à tout moment, directement ou indirectement, des offres, des promesses, des dons, des présents ou des avantages quelconques pour elle-même ou pour autrui : 1° Soit pour accomplir ou avoir accompli, pour s'abstenir ou s'être abstenue d'accomplir un acte de sa fonction, de sa mission ou de son mandat ou facilité par sa fonction, sa mission ou son mandat ; 2° Soit pour abuser ou avoir abusé de son influence réelle ou supposée en vue de faire obtenir d'une autorité ou d'une administration publique des distinctions, des emplois, des marchés ou toute autre décision favorable.* »

FICHE 72 : LES DIFFÉRENTES CATÉGORIES DE MARCHÉS PUBLICS

Les marchés publics sont organisés en fonction des trois besoins différents suivants :

- **les marchés de travaux** : ils ont pour objet, soit l'exécution, « *soit la conception et l'exécution de travaux dont la liste est publiée au* Journal officiel de la République française*, soit la réalisation, soit la conception et la réalisation, par quelque moyen que ce soit, d'un ouvrage répondant aux exigences fixées par l'acheteur qui exerce une influence déterminante sur sa nature ou sa conception* » ;
- **les marchés de fourniture** : ils ont pour objet l'achat, la prise en crédit-bail, la location ou la location-vente de produits. Un marché public de fournitures peut comprendre, à titre accessoire, des travaux de pose et d'installation ;
- **les marchés de service** : ils ont pour objet la réalisation de prestations de service (informatique, architecture d'un bâtiment, formation, etc.). Ce distinguo est important parce qu'il induit des règles différentes, notamment en termes de seuil de publicité (cf. tableau des seuils, fiche 71). Il arrive cependant qu'un marché public porte sur des travaux et sur des fournitures ou des services, c'est-à-dire sur deux catégories de marchés différents. Il s'agit alors d'un marché de travaux si son objet principal est de réaliser des travaux. Dans le cas où un marché public a pour objet des services et des fournitures, il est un marché de services si la valeur de ceux-ci dépasse celle des fournitures achetées, et inversement.

Les différentes procédures mises en œuvre dans le cadre des marchés publics sont au nombre de trois :

- **procédure négociée sans mise en concurrence** : elle intervient en cas d'urgence et dans des circonstances imprévisibles qui ne permettent pas de respecter les délais exigés par les procédures formalisées (dangers sanitaires, risque d'incendie, etc.), lorsqu'aucune candidature recevable n'a été proposée dans les délais ou encore lorsque les travaux, fournitures ou services ne peuvent être fournis que par une seule entreprise (acquisition d'une œuvre d'art, livraison complémentaire par le fournisseur initial, fournitures de livres non scolaires, etc.). Le contrôle du juge, concernant ce type de procédure, est particulièrement sévère ;
- **marché passé selon une procédure adaptée (Mapa)** : ce sont les plus courants. Ils interviennent lorsqu'un acheteur public souhaite réaliser un achat dont la valeur estimée est inférieure aux seuils de procédure formalisée (supérieur à 25 000 euros et inférieure à 5 548 000 euros pour les travaux et 144 000 euros pour les autres matières quand l'État et ses établissements achètent, ou 221 000 euros lorsqu'il s'agit d'une collectivité territoriale). Dans ce cas, l'acheteur peut déterminer librement les modalités de la procédure dans le respect des principes de la législation en matière de marchés publics (mise en concurrence, liberté d'accès, égalité de traitement des candidats et transparence des procédures). Si l'administration prévoit de négocier les offres,

elle doit le préciser dans les documents de la consultation. En dessous de 90 000 euros, la publicité est libre, au-dessus, un avis de marché doit être publié au Bulletin officiel des annonces des marchés publics (BOAMP). Certains marchés publics en sont cependant dispensés, comme ceux relatifs à l'éducation, la culture, le juridique... ;

• **procédure formalisée** : lorsque la valeur estimée du marché est égale ou supérieure aux seuils européens, précédemment cités, le marché est passé selon l'une des quatre procédures formalisées suivantes :

- **appel d'offres** : l'appel d'offres est une procédure formalisée par laquelle l'acheteur public choisit l'offre économiquement la plus avantageuse, sans négociation, sur la base de critères objectifs qu'il a portés à la connaissance des candidats dans son avis de marché. L'appel d'offres peut être ouvert ou restreint :

1) il est ouvert lorsque toute entreprise intéressée peut soumissionner : le délai minimal pour déposer une candidature est de 35 jours à compter de l'envoi de l'avis de marché par l'organisme public (délai ramené à 30 jours si les offres sont transmises par voie électronique),

2) il est restreint lorsque seuls les candidats présélectionnés par l'acheteur peuvent déposer une offre (la présélection est effectuée sur la base du chiffre d'affaires, des compétences professionnelles, des moyens humains et techniques). Si l'appel d'offres est restreint, le délai minimal pour déposer sa candidature est généralement de 30 jours à compter de l'envoi de l'avis de marché par l'organisme public et le délai pour déposer son offre est généralement aussi de 30 jours à compter de la date d'envoi de l'invitation à soumissionner (25 jours si les offres sont transmises par voie électronique) ;

- **procédure concurrentielle avec négociation** (articles 71 à 73 du décret n° 2016-360 du 25 mars 2016 relatif aux marchés publics). C'est l'une des procédures formalisées par laquelle un acheteur public négocie les conditions du marché public avec les entreprises. Elle se déroule en quatre phases :

1) remise des candidatures (les candidats disposent d'un délai minimal de 30 jours),

2) remise des offres initiales (délai minimal de 30 jours aussi en général),

3) négociation des offres initiales et des offres ultérieures,

4) l'organisme public informe les soumissionnaires des négociations en cours ;

- **procédure négociée avec mise en concurrence préalable** : (article 74 du décret n° 2016-360 du 25 mars 2016 relatif aux marchés publics). L'acheteur public négocie les conditions du marché public avec une ou plusieurs entreprises. Elle se déroule en deux phases seulement pour les candidats :

1) remise des candidatures (délai minimal de 15 jours à partir de l'envoi de l'avis de marché),

2) remise des offres (date limite fixée d'un commun accord avec les candidats sélectionnés ou 10 jours à compter de l'envoi de l'invitation à soumissionner par l'organisme public) ;

- **dialogue compétitif** (articles 75 et 76 du décret n° 2016-360 du 25 mars 2016 relatif aux marchés publics). Si l'acheteur public n'est pas en mesure d'établir seul les moyens techniques permettant de répondre à son besoin ou le montage juridique ou financier de son projet, il peut avoir recours à une procédure dite de dialogue compétitif. Dans ce cas, il définit son besoin dans l'avis de marché ou dans un projet partiel, pour lui permettre de sélectionner un certain nombre de candidats. L'acheteur public ouvre ensuite un dialogue avec les candidats pour développer une ou plusieurs solutions sur la base de laquelle ou desquelles les participants remettront une offre. L'administration peut prévoir des primes au profit des participants au dialogue, s'ils ne sont pas retenus.

FICHE 73 : LA MISE EN ŒUVRE D'UN MARCHÉ PUBLIC

Pour mettre en œuvre un marché public, l'administration doit respecter les étapes suivantes :

- **définir les besoins** : il est parfois nécessaire de mettre en place un audit ou de se faire accompagner par une entreprise qui aidera l'administration à déterminer ce dont elle a besoin, dans quels délais et éventuellement selon quelle procédure. Il s'agit d'un assistant au maître d'ouvrage (AMO). Son rôle peut être très étendu et il fait lui aussi l'objet d'un marché public puisqu'il s'agit d'une dépense publique. Il peut se faire rémunérer de manière fixe ou en pourcentage du montant total de la dépense à venir ;
- **adopter la bonne procédure**. Elle est déterminée en fonction de plusieurs critères liés tant à la matière (travaux, service ou fourniture) qu'au montant de la dépense envisagée. Il conviendra d'estimer s'il s'agit de lots, d'un groupement de commandes ou de tout autre mode, selon le marché ;
- **définir la commande** : il s'agit de la rédaction des pièces du marché. Il revient à l'administration (éventuellement assistée de l'AMO) de rédiger les documents liés au marché (cahier des charges, clauses administratives diverses, etc.) ainsi que d'établir les règles d'examen des offres (le barème de notation notamment) ;
- **mettre en place la publicité** : l'administration doit respecter les règles liées à la publicité de l'offre d'achat (insertion au BOAMP et/ou certaines revues) ;
- **analyser les offres** : recevoir et analyser les offres, les classer tout en informant les candidats évincés que le marché ne leur est pas attribué ;
- **signer le marché** : s'assurer que le signataire dans l'administration a la capacité pour engager celle-ci (éventuellement soumettre au conseil d'administration ou municipal - départemental ou régional - la délibération validant le marché et autoriser le président ou le maire à signer toutes les pièces liées au marché), éventuellement saisine de la commission d'appel d'offres (CAO) compétente ;
- **conclure le contrat** : notifier le marché au titulaire retenu et procéder à la publication de l'offre retenue.

À la suite de ces opérations, le marché public peut être mis en œuvre, c'est-à-dire que le cocontractant exécute les prestations (apporte des fournitures, construit, met en œuvre le service...). Il revient à l'administration de bien suivre ce déroulement. Un ou plusieurs agents sont alors chargés d'être les interlocuteurs du cocontractant et de le piloter sur place.

Tout incident doit être remonté à l'autorité administrative et politique, si besoin.

Il peut arriver que le contrat ne puisse pas être exécuté dans les délais, aussi, celui-ci peut être prolongé par voie d'avenant, sous certaines conditions (pendant l'exécution du contrat et non après celui-ci. Il doit s'agir d'une modification mineure qui ne doit pas affecter le contrat ni être un nouveau contrat, sans quoi une nouvelle procédure de passation de marché doit être organisée avec mise en concurrence).

À la fin du contrat, l'administration doit « *réceptionner* » les opérations du marché et vérifier si elles ont été convenablement réalisées. Là aussi, un délai supplémentaire, avec application d'éventuelles pénalités à l'encontre du cocontractant, peut être mis en place si un retard de livraison est constaté et dû à ce dernier.

Les parties, à la fin du contrat, peuvent ne pas s'entendre. L'administration peut alors refuser de régler la totalité du contrat. Elles peuvent solliciter une médiation (devant un comité de conciliation des marchés publics, composé d'un magistrat et de représentants des milieux des parties - collectivités territoriales et professionnelles du milieu économique, par exemple) ou saisir le juge administratif afin qu'il interprète et tranche le différend.

FICHE 74 : LA FONCTION ACHAT

À l'heure des économies à réaliser, l'ensemble des acteurs administratifs met en œuvre une nouvelle politique dite d'achats.

Cette politique consiste à véritablement penser les marchés publics comme une dépense qu'il convient d'optimiser. Pour ce faire, les procédures étant très contraignantes, il revient aux administrations de jouer sur l'achat qu'elles souhaitent réaliser à travers différentes actions :

- **définir exactement les besoins** : pour cela, cette fonction doit être transversale à l'établissement, et permettre aux acheteurs d'être proches des services. Les questions environnementales et sociétales doivent être bien comprises et mises en œuvre ;
- **connaître l'environnement commercial** : c'est-à-dire être à l'aise dans le secteur concurrentiel. Pour ce faire, l'acheteur est souvent issu d'une école de commerce, à la différence des agents publics. Il peut et doit recueillir le maximum d'information sur le milieu professionnel, être préfigurateur des tendances du marché, établir des fichiers de fournisseurs, les approcher, se rendre dans les salons et foires professionnels. On parle de *sourcing* ;
- **réduire le volume des dépenses** : à la fois centraliser la fonction achat, établir des tableaux de bord de suivi des achats et des stocks, comparer les prix et évaluer le marché concurrentiel, alerter les services et sa hiérarchie des dépassements en termes de dépenses.

Les différents ministères, sur les recommandations de la direction des affaires juridiques du ministère des Finances, ont centralisé et mis en place nombre d'outils pour répondre à cette **fonction Achat**. Une circulaire du 31 juillet 2013 a posé un certain nombre de règles et de méthodes, allant jusqu'à imposer des préconisations. Pour ce faire, un « service des achats de l'État » a été créé afin d'accélérer la mise en place de nouvelles règles, mais aussi de réaliser concrètement des réductions. Par exemple, ont été dégagés deux types d'achats :

- **les achats récurrents** : ils sont donc prévisibles et à ce titre peuvent être rationalisés ;
- **les achats non récurrents** : il s'agit de premiers achats ou d'achats très particuliers. La DAJ (Direction des affaires juridiques) du ministère des Finances préconise de se rapprocher d'acheteurs d'autres ministères ou établissements pour obtenir des informations déterminantes à ce sujet.

Le gouvernement incite par ailleurs les acheteurs à se regrouper ou à faire appel à des centrales d'achat comme l'Ugap (Union des groupements d'achats publics) ou à en créer.

CHAPITRE 5 : LES FINANCES DE L'ADMINISTRATION

L'administration n'est rien si elle ne dispose pas de moyens financiers. Le fait de manier des « **deniers publics** » oblige l'administration à rendre des comptes, tant sur ses **recettes** que sur ses **dépenses**.

Pour ce faire, l'administration répond, en premier lieu, à une série de principes de **droit budgétaire**, auxquels s'ajoute, en second lieu, une réglementation évolutive (cf. fiche 75).

L'impôt y joue un rôle considérable, et bien comprendre ses typologies et ses régimes (cf. fiche 76) permet d'appréhender les recettes fléchées dans les **documents budgétaires** des administrations (cf. fiche 77), avant d'aborder les différentes **opérations budgétaires** qui s'imposent aux administrations (cf. fiche 78).

FICHE 75 : PRINCIPES ET RÉGLEMENTATION BUDGÉTAIRES

Toute autorité publique est soumise à la comptabilité publique et au droit budgétaire. Les principes qui s'appliquent en matière budgétaire sont incontournables et s'imposent à toutes les autorités administratives qui ont la charge d'établir et d'adopter un budget. Ils sont au nombre de cinq :

- **le principe d'annualité** : le budget est voté pour une année civile. Soit du 1er janvier au 31 décembre. Étant antérieur au 1er janvier, on dit qu'il est fixé *a priori* et est une anticipation de la dépense et de la recette à venir. C'est donc un **budget primitif**. Seules les collectivités territoriales disposent de délais supplémentaires pour l'adopter (jusqu'en avril) ;
- **le principe d'unité** : un seul document comptable doit regrouper l'ensemble des mouvements budgétaires (les recettes et les dépenses). Il n'est donc pas possible de créer un deuxième budget concernant certaines matières ou établissements publics liés à l'administration ;
- **le principe d'universalité** : l'ensemble des recettes doit couvrir l'ensemble des dépenses. Il s'en déduit qu'il n'est pas possible d'affecter une recette à une dépense au regard de ce principe et de l'unité budgétaire. On parle alors de **règle de non-compensation ou de non-contraction**. Seuls les budgets annexes permettent cette dérogation ;
- **le principe de spécialité** : il impose de préciser le montant et la nature des opérations (en se référant à la nomenclature budgétaire). Ce principe de spécialité vise surtout à assurer une information suffisante pour permettre l'exercice d'un contrôle efficace ;
- **le principe de sincérité** : ce principe de sincérité budgétaire, inspiré du droit comptable privé, implique l'exhaustivité, la cohérence et l'exactitude des informations financières. La réglementation précise toutefois que la sincérité « [...] *s'apprécie compte tenu des informations disponibles et des prévisions qui peuvent raisonnablement en découler* ».

Les textes de droit positif qui s'appliquent en matière budgétaire sont les suivants :

- une première grande ordonnance de 1822 ;
- un décret de 1862, du Second Empire, qui porte règlement général sur la comptabilité publique ;
- une ordonnance du 2 janvier 1959 portant loi organique relative aux lois de finances ;
- le décret dit « du centenaire », du 29 décembre 1962, portant règlement général sur la comptabilité publique ;
- le décret « du cinquantenaire » du 7 novembre 2012, dit RGBCP (Relatif à la gestion budgétaire et comptable publique - GBCP), qui abroge et remplace le décret de 1962.

À côté de cette réglementation qui pose tous les principes budgétaires, de très nombreux textes épars s'appliquent aux budgets publics. Le plus important est la LOLF (Loi organique relative aux lois de finances). Il s'agit d'une loi organique qui s'impose aux textes législatifs et réglementaires (cf. fiche 1). Elle est assimilée à une « constitution financière », dans la mesure où elle refonde la matière, après le texte de 1959 qui précisait les règles applicables. Son objectif premier est de moderniser la gestion de l'État, *via* le passage d'une logique de moyens à une logique de résultats. Elle a été promulguée le 1er août 2001 et s'applique depuis 2006 à tous les budgets publics.

Elle a pour objet, d'une part, d'instaurer une **logique de performance de la gestion publique**, et d'autre part, de mettre en œuvre **une transparence de l'information budgétaire** propre à instituer un contrôle étroit par le Parlement et les autorités de contrôle (Cour des comptes et chambres régionales des comptes, mais aussi cour de discipline budgétaire). Cette loi confère aux différents acteurs, des fonctions plus précises :
- **le gestionnaire** est responsabilisé en tant qu'acteur central de la dépense et des recettes ;
- **l'ordonnateur** est recentré sur des fonctions de pilotage ;
- **le contrôleur financier** a pour mission l'amélioration de la sécurité et de la fiabilité de la chaîne de la dépense.

Toutes ces opérations sont exécutées par deux catégories d'acteurs, **l'ordonnateur** et le **comptable**. L'article 8 de la GBCP précise à ce sujet : « *Les fonctions d'ordonnateurs et celles de comptables publics sont incompatibles.* » Leurs missions sont les suivantes : l'ordonnateur prend la décision alors que le comptable paye.

On trouve trois catégories d'ordonnateurs :
- **les ordonnateurs principaux** : ce sont ceux auxquels les crédits budgétaires sont mis à disposition (ministres, élus à la tête de l'exécutif d'une collectivité territoriale ou d'un EPA, responsables de budgets, directeur d'EPLE ou d'établissements hospitaliers). Ils peuvent déléguer leur compétence, c'est-à-dire leur pouvoir, aux ordonnateurs secondaires si la loi le prévoit (les préfets le sont au nom des ministres, les ambassadeurs au nom du ministre des Affaires étrangères, par exemple) ;
- **les ordonnateurs secondaires** : comme précisé ci-dessus, ils bénéficient d'une délégation de pouvoir de l'ordonnateur principal, ou disposent de cette délégation en vertu de la loi ;
- **les ordonnateurs délégués** : ils bénéficient d'une délégation de signature de l'ordonnateur principal, pour permettre à l'établissement administratif ou au ministère de fonctionner de manière plus fluide.

S'agissant des comptables, ils sont en nombre plus réduit (estimés à moins de 10 000) et manient des fonds publics. À ce titre, ils ont une très grande responsabilité en la matière, qui va au-delà de l'aspect professionnel puisqu'elle déborde sur leur vie privée *via* leur propre patrimoine qui peut être impacté en cas de « mise en débat » (il s'agit d'une somme dont le comptable est débiteur auprès du Trésor public. En règle générale, les comptables publics disposent d'une assurance. Il arrive d'ailleurs que dans la majorité des cas, ce soit l'établissement auprès de qui ils sont affectés qui prenne en charge une partie de la dette). Le comptable public tient la comptabilité, paie les dépenses et encaisse les recettes. Ils relèvent directement de la tutelle du Trésor public.

FICHE 76 : L'IMPÔT

Créés seulement par le législateur (article 34 de la Constitution), les impôts sont des versements obligatoires qui n'entraînent pas de contrepartie au profit du contribuable, mais servent à financer la dépense publique. On peut les distinguer selon plusieurs modes :

- **impôt direct** (comme l'impôt sur le revenu, les taxes foncières et d'habitation) et **indirect** (la TVA) ;
- **impôts nationaux** (impôt sur le revenu) et **locaux** (taxe d'habitation) ;
- **impôts proportionnels** (même taux d'imposition pour tous les contribuables) et **progressifs** (le taux s'accroît avec le montant imposable) ;
- **diverses redevances**, qui sont en réalité des impôts (télévision notamment).

La perception de l'impôt est du ressort du gouvernement quand il s'agit des recettes nationales. Sur le plan local, et parce que l'article 72-2 de la Constitution le permet au regard de l'autonomie des collectivités territoriales, ces dernières ont une certaine marge de liberté pour fixer les taux des taxes qu'elles perçoivent.

L'impôt répond à quelques principes incontournables sur lesquels le juge administratif et le juge constitutionnel, selon leurs compétences, sont très attentifs :

- le **principe de légalité**, tel qu'il est précisé par l'article 34 de la Constitution : « *La loi fixe les règles concernant :* [...] *l'assiette, le taux et les modalités de recouvrement des impositions de toutes natures ; le régime d'émission de la monnaie* » ;
- le **principe de nécessité**, qui découle de l'article 14 de la déclaration des droits de l'homme et du citoyen de 1789 : « *Tous les Citoyens ont le droit de constater, par eux-mêmes ou par leurs représentants, la nécessité de la contribution publique, de la consentir librement, d'en suivre l'emploi, et d'en déterminer la quotité, l'assiette, le recouvrement et la durée* » ;
- le **principe d'égalité**, posé lui par l'article 13 de la déclaration des droits de l'homme et du citoyen de 1789 : « *Pour l'entretien de la force publique, et pour les dépenses d'administration, une contribution commune est indispensable : elle doit être également répartie entre tous les citoyens, en raison de leurs facultés.* »

Les chiffres en matière de recettes fiscales sont les suivants (pour l'année 2019 et indiqués par le gouvernement) : dans le projet de loi initial (PLF) pour 2019, les recettes fiscales nettes, c'est-à-dire après les dégrèvements et remboursements d'impôts, du budget général de l'État, s'élèvent à 273,5 milliards d'euros (Mds d'euros) (soit 90 % des recettes nettes de l'État). Les recettes fiscales nettes se répartissent comme suit :

• taxe sur la valeur ajoutée (TVA) : 129,2 Mds €, soit plus de la moitié des recettes fiscales nettes de l'État (47,23 %) ;
• impôt sur le revenu (IR) : 70,4 Mds € (25,74 %) ;
• impôt sur les sociétés (IS) : 31,5 Mds € (11,51 %) ;
• taxe intérieure de consommation sur les produits énergétiques (TICPE) : 13,1 Mds € (4,79 %) ;
• autres : 29,3 Mds € (10,71 %), cet ensemble comportant des impôts directs et indirects.

Il ressort que la TVA et l'Impôt sur le revenu occupent 73 % du volume total des recettes.

FICHE 77 : LES DOCUMENTS BUDGÉTAIRES

Au **budget primitif** (ou initial), adopté par l'organe délibérant (le conseil municipal, départemental ou régional ou le conseil d'administration) avant le 1er janvier de l'année (sauf pour les collectivités territoriales qui disposent d'un délai supplémentaire repoussé jusqu'en avril de l'année civile en cours), succède généralement, un ou plusieurs budgets qui vont rectifier le budget primitif. On parle alors de BR pour **budget rectificatif** ou BS pour **budget supplémentaire**, voire de **décision modificative**. À la suite de quoi le compte administratif, bilan de l'année écoulée, est adopté et son reliquat (positif ou négatif) est versé ou impacte le bilan de l'année n + 1 (d'où le BR ou BS).

Avant toutes ces opérations, cependant, un débat budgétaire s'impose, dans un délai réduit. De la même manière, tout ceci s'inscrit dans un cycle contraint qui est très anticipé par l'ensemble des services.

Le budget primitif : il indique les prévisions de dépenses et de recettes pour une année. Il est obligatoire. C'est un acte prévisionnel régi par un certain nombre de règles inspirées des finances publiques de l'État. À ce titre, il se décompose en deux sections :

- **le fonctionnement** qui correspond aux dépenses et recettes de fonctionnement de l'entité publique (**les dépenses** : les frais de personnel, achat de fourniture, travaux, dépenses courantes, entretien et subventions versées à divers organismes. **Les recettes** : les éventuels impôts ou droits perçus, la subvention pour charges de service public, les ressources propres, les redevances des usagers, etc.) ;
- **l'investissement** qui correspond à des dépenses en vue d'acquérir des biens durables définis par une circulaire (les **dépenses** correspondent aux financements des travaux, voirie, équipement en matériel et mobilier, remboursement de crédits, etc., tandis que **les recettes** proviennent de subventions, de recettes de taxes diverses, de ressources propres, de fléchages budgétaires).

Les décisions modificatives (ou budget rectificatif) : le budget primitif étant un document établi *a priori*, celui-ci peut être modifié en cours d'année notamment pour reprendre les résultats budgétaires de l'exercice précédent, mais aussi réajuster l'évolution de la dépense publique et des recettes escomptées. C'est l'objet des décisions modificatives. Leur nombre n'est pas limité et relève de la liberté de l'administration. Comme le budget primitif, et au regard du parallélisme des formes, l'organe délibérant est seul habilité à les prendre (bien qu'une délégation de pouvoir puisse être établie au profit de l'organe exécutif), puisqu'elles impactent le budget primitif.

Les budgets annexes : ils constituent des exceptions au principe de non-affectation des recettes aux dépenses, c'est-à-dire à l'interdiction d'affecter une recette à une dépense. Ils retracent ainsi certaines recettes et certaines dépenses du budget et sont rassemblés dans le budget de l'établissement. On en trouve tant au niveau du budget de l'État que dans les collectivités territoriales et les établissements publics. Le budget annexe dispose de sa propre comptabilité et donne lieu au calcul d'un résultat propre. Chaque budget annexe est assimilé à une mission définie et fait l'objet d'un vote (une fondation par exemple, ou bien un établissement ne disposant pas de la personnalité juridique, comme une régie intéressée).

Le compte administratif est établi **par l'ordonnateur** qui rend compte annuellement des opérations budgétaires qu'il a exécutées. À la clôture de l'exercice budgétaire, l'ordonnateur établit ce document qui a pour objet de rapprocher les prévisions ou autorisations inscrites au budget (au niveau du chapitre ou de l'article selon les dispositions arrêtées lors du vote du budget primitif) des réalisations effectives en dépenses (mandats) et en recettes (titres). Par là même, il expose les résultats comptables qu'il présente à l'assemblée délibérante, avant la date propre à l'établissement (c'est très souvent avant l'été), dans le cadre de l'année en cours.

Le compte de gestion est, lui, établi et présenté par **le comptable** avant la date propre à l'établissement (c'est très souvent avant l'été) de l'année qui suit la clôture de l'exercice. Ce document retrace les opérations budgétaires en dépenses et en recettes, selon une présentation analogue à celle du compte administratif. Ce document peut également être présenté à l'assemblée délibérante qui constate sa stricte concordance avec le compte administratif. C'est à partir de celui-ci que le juge des comptes, comme la cour de discipline budgétaire et financière, vérifie la bonne gestion opérée par le comptable public. Il peut alors engager sa responsabilité personnelle et pécuniaire si ce compte de gestion contient des erreurs.

FICHE 78 : LES OPÉRATIONS BUDGÉTAIRES

Les opérations budgétaires peuvent être entendues de deux façons différentes :

• **la première en qualité d'acte lui-même**. Sur ce point, le gouvernement nous renseigne en indiquant : « *Les opérations d'ordre budgétaires se caractérisent par le fait qu'elles concernent toujours à la fois une opération de dépense budgétaire et une opération de recette budgétaire. Elles peuvent être constatées soit à l'intérieur d'une même section du budget, soit entre les deux sections du budget. Afin de les distinguer des autres opérations, elles sont regroupées dans des chapitres budgétaires spécifiques.* » Une liste d'opérations, en recette et en dépenses, est jointe à cette communication ;

• **la seconde en qualité d'opérations d'exécution** elles-mêmes. Il s'agit de séquencer administrativement toutes les opérations d'exécution qui sont à la charge de l'ordonnateur et du comptable, tant en dépense qu'en recette.

S'agissant des dépenses, on distingue deux phases :

• **administrative** : trois opérations sont à mener, **l'engagement** de l'obligation de dépense, la **liquidation** de la dette en procédant à la vérification du service fait à l'appui de pièces justificatives et enfin **l'ordonnancement** qui correspond à l'ordre de payer la dette. Celle-ci est adressée au comptable ;

• **comptable** : il revient au comptable de procéder au paiement en ayant vérifié la régularité des opérations administratives précédentes.

Il peut arriver que l'urgence impose un règlement rapide. Dans ce cas, une régie d'avance est établie sans que l'ordonnancement n'ait lieu. En règle générale, cependant, la création d'une telle régie est motivée par la proximité ou la disponibilité.

S'agissant des recettes, le système est quasi identique :

• **une phase administrative**, qui comprend trois étapes successives que sont la constatation des droits, la liquidation et l'émission d'un ordre de recette ;

• **une phase comptable** où il revient au comptable de recouvrir la somme due.

Il peut arriver que des opérations de recouvrement de recettes soient différentes :

• **les créances irrécouvrables** : l'ordonnateur, à l'initiative du comptable, va établir une « admission en non-valeur », lui permettant d'inscrire dans sa comptabilité les sommes dues qu'il ne peut recouvrir, afin de disposer de données budgétaires actualisées. L'ordonnateur établit alors un mandat pour solder la créance ;

• **les transactions et les remises** : qui peuvent être entre les mains du comptable pour des sommes inférieures à un certain montant.

Enfin, les délais pour recouvrir une somme sont soumis à des délais de prescription qui varient de 30 ans (pour les créances publiques) à 4 ans (en matière fiscale).

FOCUS : LE VOCABULAIRE DES OPÉRATIONS BUDGÉTAIRES

Selon le ministère de l'Économie, « *les autorisations d'engagement (AE) constituent "la limite supérieure des dépenses pouvant être engagées". Elles sont entièrement consommées dès l'origine de la dépense, c'est-à-dire lors de la signature de l'acte juridique engageant la dépense de l'État. Les autorisations d'engagement sont le support de l'engagement de dépenses qui peuvent s'étaler sur plusieurs années, par exemple pour des investissements, dont la réalisation et le paiement peuvent être échelonnés sur plusieurs exercices.*
Les crédits de paiement (CP) représentent "la limite supérieure des dépenses pouvant être ordonnancées ou payées pendant l'année pour la couverture des engagements contractés dans le cadre des autorisations d'engagement". Ils sont le support de règlement de la dépense engagée au préalable. Dans le cas d'un engagement juridique s'exécutant sur plusieurs exercices, la consommation des CP est échelonnée sur plusieurs exercices budgétaires, jusqu'à atteindre le total des autorisations d'engagement initiales ».

CHAPITRE 6 : L'ADMINISTRATION NUMÉRIQUE

Le tournant numérique pris par la société civile impacte forcément les administrations. Celles-ci ont dû innover pour mettre en place des **outils de dématérialisation** et être accessibles à distance (cf. fiche 79).

À ceci, s'est ajouté, tardivement, un **cadre légal** permettant d'assurer à l'administration numérique, une **sécurité juridique** optimale (cf. fiche 80), tant pour les données gérées que pour la continuité des services publics.

FICHE 79 : LA DÉMATÉRIALISATION DES ACTES ET DES PROCÉDURES

Dans le décret pris en application de la loi du 7 août 2015 portant nouvelle organisation territoriale de la République pour fixer les conditions dans lesquelles les communes, les départements et les régions peuvent afficher ou publier leurs actes par voie électronique, il est indiqué les pistes de dématérialisation à venir. Ces informations sont très instructives puisqu'on y relève les propositions suivantes :

- publication électronique des comptes rendus des séances des conseils municipaux ;
- publication électronique des recueils d'actes administratifs des communes, des départements et des régions ;
- caractère facultatif de la certification exécutoire des actes ;
- caractère obligatoire (à l'horizon 2020) de la transmission dématérialisée des actes au contrôle de légalité des communes de plus de 50 000 habitants, des départements, des régions et des établissements publics de coopération intercommunale à fiscalité propre.

On peut constater que les voies proposées sont nombreuses et de bon sens.

Dans une société où le numérique est devenu incontournable, l'administration ne peut faire l'impasse sur des outils indispensables et modernes attendus par les usagers, mais davantage que cela, sur des processus fluides et faciles d'accès, évitant le papier et les formalités matérielles, obligeant l'usager à se déplacer dans les locaux de l'administration. Celle-ci doit prévoir un accueil physique et former des agents publics à cela.

Si de très nombreux textes ont posé la question de la dématérialisation, c'est véritablement la loi pour une République numérique, du 7 octobre 2016, qui représente la plus belle avancée en la matière. Elle aborde un grand nombre de thèmes : l'accessibilité aux services publics par la voie dématérielle, l'open data et la portabilité des données, le droit d'auteur, l'accès du numérique à tous, les questions liées à la Cnil et à la protection des données, etc.

D'un tour d'horizon des administrations, il ressort une très nette présence du numérique dans les relations avec les usagers. Les impôts, les prestations sociales de divers ordres, les documents d'identité.

En matière de marchés publics, la dématérialisation complète est presque achevée. Les documents sont d'ores et déjà signés en ligne. C'est ainsi qu'un certain nombre d'étapes ont été mises en œuvre, dès 2016, pour se terminer le 1er octobre 2018. Ces étapes concernent les marchés publics comme l'open data sur les données essentielles des contrats.

S'agissant des relations avec les tribunaux, les juridictions administratives ont également franchi un grand pas (cf. fiche 13) avec les sites d'information et de dématérialisation complète des écritures contentieuses.

En général, les inscriptions de divers ordres au sein de l'administration (pour les prestations, les rentrées scolaires et universitaires...) sont toutes dématérialisées.

Par ailleurs, il est prévu qu'à l'horizon 2022 les services publics soient entièrement dématérialisés ; or plus de 13 millions de Français n'ont pas ou presque pas d'accès aux outils numériques. Qualifié d'« illettrisme numérique », ce phénomène concerne près de 20 % de la population.

FICHE 80 : LA SÉCURITÉ JURIDIQUE

Dématérialiser sans s'assurer de la sécurité juridique fragilise tout processus. C'est pourquoi, dès la fin des années 1970, il est apparu, alors même que l'informatique était encore embryonnaire, qu'il fallait protéger les informations liées aux données personnelles.

C'est dans cette optique qu'a été créée la Cnil. Disposant de pouvoirs forts (cf. fiche 30), la Cnil a notamment en charge d'accompagner « [...] *les professionnels dans leur mise en conformité et aide les particuliers à maîtriser leurs données personnelles et exercer leurs droits. Elle analyse l'impact des innovations technologiques et des usages émergents sur la vie privée et les libertés. Enfin, elle travaille en étroite collaboration avec ses homologues européens et internationaux pour élaborer une régulation harmonisée* ».

Dernièrement est venu s'ajouter le règlement européen dit RGPD, pour **règlement général de la protection des données**. Adopté par le Parlement européen le 14 avril 2016, il est applicable aux États membres, dont la France, depuis le 25 mai 2018. Il a pour objectif d'accroître à la fois la protection des personnes concernées par un traitement de leurs données à caractère personnel et la responsabilisation des acteurs de ce traitement.

Quand il y a transgression aux règles élémentaires en matière d'informations et de libertés (comme la divulgation et/ou la collecte d'informations illégales : origine ethnique, adhésion à un syndicat, problèmes médicaux...), la Cnil, à l'appui du RGPD, dispose d'un pouvoir fort : celui de contrôler et de sanctionner. Les sanctions sont alors les suivantes :

- **un rappel à l'ordre** ;
- **une injonction** de mettre en conformité le traitement avec les obligations qui peut être assortie, sauf dans des cas où le traitement est mis en œuvre par l'État, d'une astreinte dont le montant ne peut excéder 100 000 € par jour de retard à compter de la date fixée par la formation restreinte ;
- **la limitation temporaire ou définitive du traitement**, son interdiction ou le retrait d'une autorisation accordée en application du même règlement ou de la présente loi ;
- **le retrait d'une certification ou l'injonction**, à l'organisme certificateur concerné, de refuser une certification ou de retirer la certification accordée ;
- **la suspension des flux de données** adressées à un destinataire situé dans un pays tiers ou à une organisation internationale ;
- **la suspension partielle ou totale** de la décision d'approbation des règles d'entreprise contraignantes.

Par ailleurs, une amende administrative peut être infligée, pouvant aller jusqu'à 10 millions d'euros ou, s'agissant d'une entreprise, 2 % du chiffre d'affaires annuel mondial total de l'exercice précédent, le montant le plus élevé étant retenu.

Ces sanctions administratives s'appliquent sans préjudice des sanctions prévues par le code pénal et prononcées par un tribunal correctionnel, éventuellement saisi par la Cnil. Le rôle que joue la Cnil est donc tout à fait significatif.

Un délégué à la protection des données (DPD) a alors en charge, au sein de l'administration concernée, d'assurer et de mettre en œuvre le RGPD selon les principes suivants :

- la collecte des données doit être légitime et honnête ;
- les données doivent être collectées à des fins spécifiques et conservées durant le temps de cet objectif ;
- les données doivent être réduites uniquement aux besoins initiaux de collecte ;
- les données doivent être actualisées et exactes ;
- les données doivent être stockées dans un espace-temps réduit à la nécessité utile ;
- les données doivent être « *traitées de façon à garantir une sécurité appropriée des données à caractère personnel, y compris la protection contre le traitement non autorisé ou illicite et contre la perte, la destruction ou les dégâts d'origine accidentelle, à l'aide de mesures techniques ou organisationnelles appropriées* ».

Là aussi, des contrôles de la Cnil vont progressivement être mis en place afin que ces règles soient respectées.

LES ACTEURS DE L'ADMINISTRATION

PARTIE IV

Les organes de l'administration ne sont rien sans leurs propres acteurs.

Face à l'administration, on trouve tout d'abord **l'usager du service public** (cf. fiches 81 et 82). De plus en plus présent et écouté, il est la raison d'être de l'administration. Ses interlocuteurs naturels sont alors les **agents publics**, qui prennent des formes différentes, selon leur relation à leur administration (cf. fiches 83 à 87). Un regard vers la fonction publique à l'étranger pourra renseigner de manière intelligente la notion d'agent public (cf. fiche 88).

Ces derniers ne sont quasiment pas soumis au droit du travail, régi par le code du travail, mais à un droit qui leur est propre, le **droit de la fonction publique** (cf. fiches 89 à 100), que seul le juge administratif interprète et applique aux contentieux.

CHAPITRE 1 : L'USAGER DU SERVICE PUBLIC

L'administration est étroitement liée aux **usagers**. Qu'ils soient dans une position passive ou bien qu'ils participent étroitement aux **missions du service public**, ils occupent une place de plus en plus prégnante depuis la fin des années 1970 dans le « *paysage administratif français* ».

Il convient cependant de les définir (cf. fiche 81) pour mieux comprendre quels sont leurs droits (cf. fiche 82).

FICHE 81 : LES DIFFÉRENTES CATÉGORIES D'USAGERS

De leur naissance (maternités et hôpitaux publics), leur vie durant (école publique, mariage, sécurité publique, santé publique, démarches quotidiennes, transports publics), à leur disparition (pompes funèbres, cimetière), les usagers sont accueillis et accompagnés par les services publics.

L'expression « usager du service public » est, de ce fait, au nombre des expressions couramment employées quand on évoque l'administration. Une expression dont la signification littérale ne suscite aucune difficulté de compréhension : « *un individu qui, dans une situation donnée, tire profit d'une prestation fournie dans le cadre d'une activité de service public* ».

L'usager du service public est en même temps, d'un point de vue académique, une qualification juridique qui permet de distinguer une catégorie d'individus parmi toutes celles qui entretiennent des rapports avec les administrations et les services publics, quotidiennement, comme un :

- **contribuable**, qui participe et contribue à la dépense publique ;
- **électeur**, qui par ses choix permet de mettre en œuvre la politique locale et nationale ;
- **citoyen**, qui participe à la vie de la cité, *via* notamment les élections politiques.

L'usager prend plusieurs formes. Il peut être usager du domaine public : il est alors soit un piéton, soit un cycliste ou encore un automobiliste.

Pour chaque service public, l'usager adopte une attitude et dispose de droits, mais aussi se voit soumis à des obligations : bibliothèque, piscine et activités sportives, accueil des enfants dans les crèches ou les centres de loisirs, etc., pour chacun de ces services publics, des règlements ou chartes de bonnes pratiques s'imposent à lui.

C'est ainsi que le code général des collectivités territoriales (article L.1413-1) précise très explicitement que « *les régions, la collectivité de Corse, les départements, les communes de plus de 10 000 habitants, les établissements publics de coopération intercommunale de plus de 50 000 habitants et les syndicats mixtes comprenant au moins une commune de plus de 10 000 habitants créent une commission consultative des services publics locaux pour l'ensemble des services publics qu'ils confient à un tiers par convention de délégation de service public ou qu'ils exploitent en régie dotée de l'autonomie financière* ». Ces commissions comprennent notamment des « *représentants d'associations locales, nommés par l'assemblée délibérante ou l'organe délibérant* », c'est-à-dire des usagers (d'ailleurs, cet article est inséré dans le chapitre III intitulé « Participation des habitants et des usagers à la vie des services publics »).

Disposant de droits, l'usager est placé de plus en plus au cœur du dispositif administratif par sa participation à l'administration, mais aussi par les interrogations qu'il suscite en étant sollicité à coups de sondages et de questionnaires divers.

D'après le sociologue Serge Vallon, il existerait quatre profils d'usagers différents :
- **l'usager récepteur**, c'est-à-dire l'usager consommateur de base du service public ;
- **l'usager demandeur** : c'est l'usager qui sollicite, sans forcément obtenir satisfaction ;
- **l'usager initié** : c'est l'usager fin connaisseur du service public, qui « *en a appris autant que les techniciens, dont il peut reprendre le discours et parfois surpasser l'expertise* » ;
- **l'usager citoyen** : c'est celui qui « *souhaite contribuer à l'orientation comme au fonctionnement des dispositifs. Il accepte de le faire à des places différenciées, mais complémentaires, car il ne s'identifie pas aux techniciens, par exemple, ni uniquement aux bénéficiaires* ».

Ces figures, notamment la dernière, vont de pair avec la réglementation qui s'est largement ouverte à la participation des usagers. C'est ainsi qu'on les retrouve parfois élus dans l'administration pour participer au service public (commission des impôts locaux, conseil d'administration hospitalier, conseils d'administration des établissements publics administratifs, etc.), et donc réellement impliqués aux missions de l'administration.

FICHE 82 : LES DROITS DES USAGERS

L'usager, quels que soient sa position ou son profil, dispose de droits. Ces derniers ne sont cependant pas identiques face aux différents services publics.

Sur le plan strictement juridique, une observation chronologique nous permet de découper deux grandes étapes concernant le droit des usagers : avant les années 1970, et après celles-ci.

Avant le tournant des années 1970, l'usager était placé dans une situation passive. Ni interrogé, ni titulaire de droits, il était simplement sujet de droit et ne participait pas à la bonne marche du service public.

Dès les années 1970, les choses changent. La création des autorités administratives indépendantes (cf. fiche 30) contribue abondamment à « autonomiser » certaines administrations afin qu'elles sortent de la dialectique du pouvoir qui restreint, pour être indépendantes.

Le droit d'accès aux documents administratifs (Cada), la protection des informations nominatives (Cnil) comme la discussion avec les administrations (création du **Médiateur de la République**, transformé en **Défenseur des droits**) participent à tout cela. Les actes administratifs doivent être motivés (1979), l'accès non restreint au juge européen des libertés (CEDH), comme la très grande ouverture et démocratisation du recours pour excès de pouvoir sont des avancées juridiques accordant aux usagers une place significative qu'ils peuvent revendiquer et obtenir par voie de justice.

La dernière grande avancée concerne la publication du **code des relations entre le public et l'administration (CRPA)**, de novembre 2015, qui a permis de rassembler en un document à la lecture plutôt aisée pour un code, nombre de règles applicables aux relations entre les usagers et l'administration. Ce code présente d'ailleurs quelques innovations tout à fait remarquables : il codifie (sous forme réglementaire ou législative) une abondante jurisprudence. Ensuite, sa forme est originale puisqu'il alterne lois et règlements pour améliorer la lecture et l'appréhension du code par le non-professionnel qu'est l'usager. Enfin, il est rédigé de manière fluide et facile d'accès et son plan est abordable.

C'est en matière de santé que les progrès réalisés à l'égard des usagers sont les plus significatifs. On trouve là la seule matière qui ait été significativement ouverte aux usagers.

La loi du 2 janvier 2002, rénovant l'action sociale et médico-sociale, a permis la participation des usagers au service public médical et donné à ces derniers une place de choix, en créant une série d'articles spécifiques à leur attention. Elle a permis, avec la loi de 2005 dite loi « Léonetti » (du nom du député en charge de cette proposition de loi), l'accès au dossier médical, la désignation d'une personne de confiance, les directives anticipées, l'accès à l'information, le consentement, l'accès aux dispositifs gratuits de santé...

Son article 10 (codifié à l'article L. 311-6 du code de l'action sociale et des familles) a posé ce jalon significatif : « *Afin d'associer les personnes bénéficiaires des prestations au fonctionnement de l'établissement ou du service, il est institué soit un conseil de la vie sociale, soit d'autres formes de participation.* »

L'article suivant précise d'ailleurs : « *Dans chaque établissement et service social ou médico-social, il est élaboré un règlement de fonctionnement qui définit les droits de la personne accueillie et les obligations et devoirs nécessaires au respect des règles de vie collective au sein de l'établissement ou du service. Le règlement de fonctionnement est établi après consultation du conseil de la vie sociale ou, le cas échéant, après mise en œuvre d'une autre forme de participation.* »

Le droit mou concernant les usagers a fait aussi son apparition, *via* nombre de chartes et de guides. On en relève dans de multiples administrations (bibliothèques, piscines, établissements de soin, etc.).

Ces documents ont la vertu de poser quelques règles de « *bonnes relations* », de cordialité et de respect. Ne disposant pas de la force juridique propre aux normes de droit positif, seuls le juge administratif et le juge pénal peuvent intervenir lorsqu'il y a conflit entre administration et usager.

Ces documents permettent également de mettre en exergue la place tout à fait singulière qu'occupe l'usager dans le service public.

CHAPITRE 2 : LES DIFFÉRENTES CATÉGORIES DE PERSONNELS PRÉSENTS DANS L'ADMINISTRATION

Si l'administration a besoin de moyens financiers pour exécuter ses missions, elle a également la nécessité d'être pourvue en personnels.

Ces personnels prennent des formes différentes, selon qu'ils sont **titulaires** ou **contractuels** (cf. fiches 83 et 84), **élus** (cf. fiche 85), **collaborateurs du service public** (cf. fiche 86) ou exerçant des fonctions sur un emploi fonctionnel (cf. fiche 87).

Un tour d'horizon de **la fonction publique à l'étranger** peut d'ailleurs s'avérer utile (cf. fiche 88), afin de mieux cerner les spécificités françaises.

FICHE 83 : LES AGENTS TITULAIRES

Sans remonter trop loin dans l'histoire de la fonction publique, on peut préciser que, depuis que l'État existe, ou tout au moins que des structures de service public sont présentes dans les sphères publiques, on relève la présence d'agents publics. C'est-à-dire d'employés entièrement dévoués à leurs fonctions pour le « souverain ».

Dès la fin du Moyen Âge, nombre d'emplois sont pourvus par des agents qui se sont approprié ces missions et en sont devenus propriétaires en achetant leur « charge », afin, selon les désirs de leurs « prince, monarque, etc. », de remplir les caisses royales. Ce bien rapidement devenu familial sera ainsi transmis dans le patrimoine au décès du titulaire ou vendu à prix d'or. La fonction publique est alors question de propriété personnelle et mettra longtemps à sortir de cette ornière. La Révolution française tranchera très significativement cette pratique, par le biais de l'article 17 de la **Déclaration des droits de l'homme et du citoyen**, qui posera les prémices d'un accès à la fonction publique fondé sur les seules vertus du candidat, « *sans distinction aucune* ».

Il faudra finalement attendre l'après-guerre, en 1946, pour que le statut de la fonction publique fasse ses débuts, imposé contre l'avis des syndicats, partisans d'une fonction publique « contractuelle », ou tout au moins sans contraintes aussi fortes que celles imposées par le **statut de la fonction publique.**

Ce statut de l'après-guerre sera de nouveau rénové en profondeur sous le premier mandat présidentiel de Mitterrand, *via* quatre textes législatifs essentiels, toujours applicables, bien que très souvent amendés. Le partage très clair opéré entre le domaine de la loi (article 34) et le domaine du règlement (article 37) au sein de la Constitution permit cette transformation. Il s'agit des textes législatifs suivants :

- **la loi du 13 juillet 1983, relative aux droits et obligations des fonctionnaires, qui s'applique à tous les fonctionnaires ;**
- **la loi du 11 janvier 1984, relative à la fonction publique d'État ;**
- **la loi du 26 janvier 1984, relative à la fonction publique territoriale ;**
- **la loi du 9 janvier 1986, relative à la fonction publique hospitalière.**

De nombreux textes législatifs et réglementaires viendront parfaire cet édifice toujours d'actualité, en le modifiant, l'ajustant ou le complétant. Mais jamais en le remplaçant.

Même s'il est question de disposer, d'ici 2022, d'un **code de la fonction publique** (les seuls codes baptisés ainsi, jusqu'à présent, sont des codes d'éditeurs, qui ne procèdent qu'à l'addition de nombreux textes), le droit de la fonction publique est constitué de documents épars (lois, décrets, arrêtés, jurisprudence européenne et française, réponses ministérielles...).

Ceci posé, on peut s'interroger sur la notion de fonctionnaire. De manière très synthétique, c'est un agent public, qui tire de sa situation professionnelle un lien très étroit, de dépendance et de droits et d'obligations diverses et réciproques. Protégé, il œuvre au service public et ce lien le transcende au point que, même lorsqu'il n'est pas sur son lieu de travail, il est lié à son poste et à sa fonction, comme le sont les agents contractuels.

Sur le plan strictement juridique, le fonctionnaire « *est une personne employée et nommée par une personne publique dans un emploi permanent et titularisée à son poste dans un grade de la hiérarchie administrative* ».

C'est ainsi que lorsque l'on parle de titularisation, cela fait suite, quasiment dans tous les cas, aux lauréats d'un concours. Pour ce faire, une période de stage d'une année s'impose à ces derniers. La nomination, elle, résulte d'un acte administratif (décret ou arrêté, selon le grade du fonctionnaire). Cette nomination a notamment pour conséquence d'obliger l'administration à fournir à l'agent titulaire, un grade et un emploi.

Autre caractéristique, l'agent titulaire est régi par la loi ou le règlement, à la différence des agents contractuels qui sont essentiellement régis par le contrat qui les unit à l'administration.

Enfin, 71 % des agents publics sont des agents titulaires (cf. éléments statistiques en début d'ouvrage). En quelques chiffres parlants, on peut indiquer que les agents publics occupent une place prépondérante dans l'emploi total en France :

- 5,526 millions de personnes travaillent dans les trois versants de la fonction publique, hors 138 800 bénéficiaires de contrats aidés, soit 19,8 % de l'emploi total (salarié et non salarié) en France (Métropole + DOM), au 31 décembre 2017 ;
- 2,450 millions d'agents travaillent dans la fonction publique de l'État (FPE), soit 44,3 % de l'emploi public : 80,1 % dans les ministères, et 19,9 % dans les EPA nationaux ;
- 1,902 million d'agents travaillent dans la fonction publique territoriale (FPT), soit 34,4 % de l'emploi public : 73 % dans les régions, départements et communes, et 27 % dans les EPA locaux ;
- 1,173 million d'agents travaillent dans la fonction publique hospitalière (FPH), soit 21,2 % de l'emploi public : 87,7 % dans les hôpitaux, 8,8 % dans les établissements d'hébergement pour personnes âgées et 3,5 % dans les autres établissements médico-sociaux.

Parmi les agents de la fonction publique, 35 % occupent un poste de catégorie A (dont 2 % de la catégorie A+), 20 % de B et 45 % de C.

La fonction publique compte 62,5 % de femmes (contre 46,3 % dans le secteur privé).
Selon le ministère de la Transformation et de la Fonction publiques qui publie, chaque année, les statistiques en matière d'emploi dans la fonction publique (avec un décalage de dix-huit mois), « *Dans l'ensemble de la fonction publique, tous statuts confondus (hors militaires, assistants maternels, internes et externes des hôpitaux et apprentis), le salaire net moyen en équivalent temps plein (EQTP) est de 2 300 euros en 2018. Il augmente de 0,9 % en euros courants entre 2017 et 2018 (après +1,9 % entre 2016 et 2017)* ».
Derrière ce chiffre se cachent des différences significatives, au sein de chaque fonction publique, et à l'intérieur de celles-ci, des disparités réelles entre les grades et les différences administrations.

Il en ressort le détail suivant :

	Rémunération brute	**Rémunération nette**
Fonction publique de l'État	3 190 euros	2 570 euros
Fonction publique territoriale	2 420 euros	1 960 euros
Fonction publique hospitalière	2 830 euros	2 310 euros
Rémunération moyenne pour les trois fonctions publiques	2 830 euros	2 300 euros

Pour information, dans le secteur privé, le salaire moyen est de 2 314 euros.
Dans le détail, selon le ministère précité, bien qu'on relève une augmentation de 2 % en 2018, « *Compte tenu d'un regain d'inflation (+1,9 % après +1,0 %), le salaire net moyen diminue en 2018 de 1,0 % en euros constants, après avoir augmenté de 0,9 % en 2017* ».
Toujours selon le ministère de la Transformation et de la Fonction publiques, « *Les écarts de niveaux salariaux entre les trois versants résultent principalement des différences de structure en termes de catégorie hiérarchique, de statut et de type d'emploi occupé. Ainsi, dans la FPE, six agents sur dix appartiennent à la catégorie A, contre trois sur dix dans la FPH et un sur dix dans la FPT. À l'inverse, les trois quarts des agents de la FPT et la moitié de ceux de la FPH sont de catégorie C, contre un agent sur cinq dans la FPE.* »

FICHE 84 : LES AGENTS CONTRACTUELS

L'emploi dans la fonction publique est finalement binaire puisqu'il se répartit entre les titulaires et ceux qui sont embauchés par contrat, c'est-à-dire soumis à un espace-temps (CDD ou CDI), sur un poste déterminé, pour assurer des missions précises, et à qui s'imposent des droits et des obligations quasiment identiques à ceux des agents titulaires.

Ce sont les agents contractuels. Ils représentent 17 % des effectifs de la fonction publique (au 31 décembre 2015). Ils ne peuvent être mis à disposition, mutés ou évolués, sans que le contrat ne le prévoie explicitement ou que ce même contrat ne soit modifié par voie d'avenant.

La question de l'emploi des agents contractuels interroge face aux agents titulaires. Cette question, centrale pour les trois fonctions publiques, donne régulièrement lieu à des débats de fond : faut-il interdire le recours aux agents contractuels ? Faut-il supprimer le statut de la fonction publique ? Faut-il les aménager de façon à ce qu'il y ait plus de convergence ?

Sous le mandat des présidents Nicolas Sarkozy et François Hollande, la « résorption de l'emploi précaire », *via* la titularisation à marche forcée d'un très grand nombre d'agents contractuels, a œuvré, avec plus ou moins de succès. À l'opposé, le président Emmanuel Macron a annoncé à la fois une réduction massive du volume d'emploi de la fonction publique et une ouverture significative aux emplois contractuels.

Ces deux mouvements contradictoires se trouvent discutés par le Conseil d'État qui a dû poser plus clairement, au regard de la réglementation, quelle priorité accorder et quelle règle mettre en œuvre quand l'emploi d'un agent contractuel est revendiqué par un agent titulaire. Pour ce faire, dans une importante affaire jugée en 2013, le Conseil d'État a indiqué :

« • *un agent contractuel ne peut tenir de son contrat le droit de conserver l'emploi pour lequel il a été recruté, lorsque l'autorité administrative entend affecter un fonctionnaire sur cet emploi. L'administration peut, pour ce motif, légalement écarter l'agent contractuel de cet emploi ;*

• *il convient de donner, dans un délai raisonnable, aux fonctionnaires en activité dont l'emploi est supprimé, une nouvelle affectation correspondant à leur grade ; qu'il incombe à l'administration, avant de pouvoir prononcer le licenciement d'un agent contractuel recruté en vertu d'un contrat à durée indéterminée, pour affecter un fonctionnaire sur l'emploi correspondant, de chercher à reclasser l'intéressé ;*

• *la mise en œuvre de ce principe général implique que l'administration, lorsqu'elle entend pourvoir par un fonctionnaire l'emploi occupé par un agent contractuel titulaire d'un contrat à durée indéterminée, propose à cet agent un emploi de niveau équivalent, ou, à défaut d'un tel emploi et si l'intéressé le demande, tout autre emploi. L'agent contractuel ne peut être licencié, sous réserve du respect des règles relatives au préavis et aux droits à indemnité, que si le reclassement s'avère impossible, faute d'emploi vacant, ou si l'intéressé refuse la proposition qui lui est faite.* »

Ces précisions jurisprudentielles ont été réaménagées par **la loi 2019-828 du 6 août 2019 de transformation de la fonction publique**. Celle-ci est venue changer le paysage de la fonction publique en matière de recrutement d'agents contractuels, puisque le recours à ces agents est élargi :

- le contrat « *s'ouvre aux emplois de direction* » dans les trois fonctions publiques ;
- le contrat de projet est créé (il s'inscrit autour « *d'un objet ou d'un besoin de l'administration déterminé, pour une durée minimale d'un an et maximale de six ans* »).

Depuis une importante décision rendue par le tribunal des conflits en 1996, « *les personnels non statutaires travaillant pour le compte d'un service public à caractère administratif sont des agents contractuels de droit public, quel que soit leur emploi* ». Ce qui signifie que tous les agents contractuels qui travaillent dans l'administration relèvent des juridictions administratives et de règles de droit public qui sont très proches de celles applicables aux agents titulaires.

Par ailleurs, selon un décret du 29 décembre 2015, la terminologie applicable n'est plus celle d'agent non titulaire, mais **d'agent contractuel**.

La législation en matière d'agents contractuels a fait l'objet de plusieurs textes, allant d'une loi de 1950 sur la résorption de l'auxiliariat, à la loi n° 83-481 du 11 juin 1983 ainsi qu'à plusieurs décrets qui posent chacun la réglementation concernant les trois fonctions publiques :

- décret n° 86-83 du 17 janvier 1986 relatif aux dispositions générales applicables aux agents contractuels de l'État ;
- décret n° 88-145 du 15 février 1988 relatif aux agents contractuels de la fonction publique territoriale ;
- décret n° 91-155 du 6 février 1991 relatif à la fonction publique hospitalière.

Par ailleurs, la loi relative à l'accès à l'emploi titulaire et à l'amélioration des conditions d'emploi des agents contractuels dans la fonction publique, à la lutte contre les discriminations et portant diverses dispositions relatives à la fonction publique, du 13 mars 2012, dite loi Sauvadet, est venue modifier pour partie la réglementation en la matière en permettant notamment la titularisation ou la transformation des contrats à durée déterminée en contrats à durée indéterminée. Reconduite sur plusieurs années, elle a permis de sécuriser nombre de contrats, mais n'a pas pour autant atteint tous ses objectifs.

À cette loi se sont ajoutées nombre de règles qui ont tendance à rapprocher les règles applicables aux agents contractuels de celles concernant les agents titulaires :

• un décret de 2014 précise les conditions de recrutement des agents contractuels de nationalité étrangère, notamment en précisant qu'ils ne peuvent être engagés s'ils ont subi, en France ou dans un État autre que la France, une condamnation incompatible avec l'exercice des fonctions qu'ils sont amenés à exercer (D. n° 86-83, art. 3) ;
• la réglementation (D. n° 86-83, art. 3, 6°) ajoute qu'ils doivent se trouver dans une position régulière au regard des règles relatives aux documents de séjour prévus par le code de l'entrée et du séjour des étrangers et du droit d'asile ;
• le décret n° 86-83, art. 3-1 prévoit qu'ils ne peuvent être recrutés pour pourvoir des emplois dont les attributions soit ne sont pas séparables de l'exercice de la souveraineté, soit comportent une participation directe ou indirecte à l'exercice de prérogatives de puissance publique ;
• le décret de 2014 complète les mentions obligatoires liées à la rédaction du contrat (motif précis du recrutement, catégorie hiérarchique dont relève l'emploi). Il impose que l'agent non titulaire soit recruté par contrat alors qu'auparavant il pouvait l'être « *par engagement écrit* », c'est-à-dire au moyen d'un arrêté le plus souvent ;
• le contrat doit dorénavant indiquer les motifs du recrutement en précisant la disposition législative sur le fondement de laquelle il est établi et lorsqu'il est conclu en application des articles 3 ou 4 de la loi du 11 janvier 1984 en spécifiant l'alinéa en vertu duquel il est établi. Il doit viser sa date d'effet, sa durée, le poste occupé ainsi que la catégorie hiérarchique dont l'emploi relève ;
• le contrat renseigne également sur les conditions de rémunération et les droits et obligations de l'agent lorsqu'ils ne relèvent pas d'un texte de portée générale. Le contrat conclu pour un motif de remplacement momentané d'agent absent, de vacance temporaire d'emploi ou d'accroissement temporaire ou saisonnier d'activités doit comporter une définition précise du motif de recrutement.

L'administration a l'obligation de délivrer un certificat administratif de travail attestant de la durée des services effectifs (D. n° 86-83, art. 44-1).

Le licenciement : le délai de prévenance est fonction de l'ancienneté acquise par l'agent contractuel disposant d'un CDI ou d'un CDD (D. n° 86-83, art. 46) :

• ce préavis est de huit jours pour l'agent qui justifie auprès de l'autorité qui le recrute d'une ancienneté de services inférieure à six mois de services ;
• d'un mois pour celui qui justifie auprès de l'autorité qui le recrute d'une ancienneté de services comprise entre six mois et deux ans ;
• de deux mois pour celui qui justifie auprès de l'autorité qui le recrute d'une ancienneté de services d'au moins deux ans.

Pour la détermination de la durée du préavis, l'ancienneté est décomptée jusqu'à la date d'envoi de la lettre de notification du licenciement. Elle est calculée compte tenu de l'ensemble des contrats conclus avec l'agent licencié, y compris ceux effectués avant une interruption de fonctions sous réserve que cette interruption n'excède pas quatre mois et qu'elle ne soit pas due à une démission de l'agent. Certains congés sont pris en compte pour la détermination de cette ancienneté.

S'agissant de la fonction publique territoriale, les conditions du recours à un agent contractuel sont les suivantes :

• remplacement temporaire de fonctionnaires ou d'agents contractuels (en raison d'un congé annuel, d'un congé de maladie, de grave ou de longue maladie, d'un congé de longue durée, d'un congé de maternité ou pour adoption, d'un congé parental ou d'un congé de présence parentale, d'un congé de solidarité familiale ou de l'accomplissement du service civil ou national, du rappel ou du maintien sous les drapeaux ou de leur participation à des activités dans le cadre des réserves opérationnelles, de sécurité civile ou sanitaire - article 3-1) ;
• vacance temporaire d'emploi (durée maximale d'un an à la vacance d'un emploi qui ne peut être immédiatement pourvu dans les conditions prévues par la loi - article 3-2) ;
• besoin lié à un accroissement temporaire ou saisonnier d'activité (pour une durée maximale de douze mois pendant une même période de dix-huit mois consécutifs) ou pour faire face à un besoin lié à un accroissement saisonnier d'activité (pour une durée maximale de six mois pendant une même période de douze mois consécutifs) - article 3-1° et 2° ;
• besoin spécifique/absence de cadre d'emplois : afin d'occuper des emplois permanents, lorsqu'il n'existe pas de cadre d'emplois de fonctionnaires susceptibles d'assurer les fonctions à remplir (article 3-3-1°) ;
• besoin spécifique catégorie A : il s'agit des emplois permanents de catégorie A, quand des besoins des services ou la nature des fonctions le justifient et sous réserve qu'aucun fonctionnaire n'ait pu être recruté statutairement (article 3-3-2°).

À ces cas, la loi du 6 août 2019, précitée, rajoute les deux possibilités suivantes :

• le recrutement sur des emplois permanents pour toute catégorie (A, B et C), « *lorsque la nature des fonctions ou les besoins des services le justifient, notamment lorsqu'il s'agit de fonctions nécessitant des compétences spécialisées techniques ou nouvelles ou lorsque l'autorité de recrutement n'est pas en mesure de pourvoir l'emploi par un fonctionnaire présentant l'expertise ou l'expérience professionnelle adaptée aux missions à accomplir* » ;
• le recrutement sur des emplois « *qui ne nécessitent pas une formation statutaire donnant lieu à titularisation dans un corps de fonctionnaire* ».

Le recours aux CDI est lui aussi élargi à davantage de situations par le même texte et lui est rajouté une caractéristique non négligeable : sa portabilité au sein des trois fonctions publiques.

Le même texte législatif institue, au regard de la précarité de certains emplois contractuels, une « indemnité de fin de contrat » lorsque le contrat est inférieur ou égal à une année et à une rémunération qui n'a pas encore été fixée (elle serait de 10 % de la rémunération brute globale).

En fonction de la taille des communes, des règles spécifiques s'imposent, qui concernent également les collaborateurs de cabinet ou de groupe d'élus, pour lesquels le recrutement est libre et la titularisation jamais de droit. Le licenciement, par ailleurs, est soumis à des règles moins contraignantes, liées essentiellement à la perte de confiance.

Tous les éléments concrets, liés à la mise en œuvre de cette loi, seront déclinés au sein d'une quarantaine de décrets d'application, en cours de rédaction mais pas encore publiés, à la date de rédaction du présent texte.

FICHE 85 : LES PERSONNELS ÉLUS

L'administration, depuis le début de la IIIe République, accueille de nouveaux acteurs, qui sont élus selon différentes modalités. Les rôles qu'ils y exercent sont alors variables, selon l'administration au sein de laquelle ils siègent. Il est possible de distinguer les représentants syndicaux des autres élus, mais également de faire un point sur leurs droits et leur responsabilité.

S'agissant des représentants syndicaux, ils disposent de droits significatifs en la matière et leur place est légitime quand elle est prévue (cf. fiche 97).

Ils bénéficient à ce titre d'une décharge de travail pour préparer et assister aux réunions des instances au sein desquelles ils sont élus (conseil municipal, départemental ou régional, conseil administration, CHSCT, CT, etc.) ou pour informer leurs collègues des conditions de travail, de leur évolution professionnelle, etc.

S'agissant des autres élus : les établissements publics administratifs, comme les collectivités territoriales, sont les principaux lieux au sein desquels on relève l'existence d'élus. Ils bénéficient alors d'une place tout à fait originale. De surcroît, quand ces mêmes élus sont des agents publics, ils bénéficient d'un statut, ou tout du moins de certaines opportunités qu'offre le statut de la fonction publique française.

Les établissements publics (établissements hospitaliers, établissements publics locaux d'enseignement, universités et grandes écoles - cf. fiche 47 -, etc.), dotés de la personnalité morale, sont gérés par des conseils où cohabitent des élus et des personnalités désignées, notamment pour leurs compétences ou à titre personnel.

L'élection qui précède leur présence assure leur légitimité. C'est à ce titre qu'ils y siègent. Ils disposent alors de droits qui leur sont propres :

- **s'ils sont agents de l'établissement public** (personnel médical ou administratif pour les établissements de santé ; enseignants-chercheurs, agents administratifs ou étudiants pour l'enseignement supérieur), ils peuvent percevoir une indemnité de présence ou disposer de certains avantages. Ils ont ainsi la possibilité de bénéficier de l'équivalent de décharge syndicale en préparant l'instance à laquelle ils participent. S'ils quittent l'établissement au sein duquel ils sont élus, ils perdent leur mandat et sont alors remplacés par le suivant de liste s'ils ont été élus sur une liste. Sans quoi, une nouvelle élection doit avoir lieu, à moins que la fin de leur mandat ne soit proche. Dans ce cas-là, l'instance au sein de laquelle ils siégeaient sera incomplète, jusqu'à son renouvellement complet ;

• **s'ils ont été élus** non pas parmi les agents de l'établissement, mais au regard de leur situation à l'extérieur de celui-ci, par exemple pour représenter une collectivité territoriale ou une entreprise, c'est cette dernière qui va les nommer et éventuellement les remplacer en cours de mandat.

Au sein de ces instances, ils disposent de la possibilité de se faire représenter, soit par leur suppléant quand il est prévu, soit par un membre de l'assemblée, selon les règles en vigueur dans l'instance. Il s'agit alors d'un pouvoir de représentation qui est attribué sous forme de mandat.

La question qui peut se poser est celle de leur responsabilité et de leurs droits dans le cadre de ce mandat électoral.

Les droits dont disposent ces élus sont de deux ordres :

• la participation effective à l'instance qui va avec le droit de vote. Ils ont alors connaissance des dossiers sur lesquels ils doivent se prononcer, suffisamment dans les temps pour rendre un avis éclairé. Sur ce point, le juge estime que le délai « raisonnable » qui est le leur doit leur permettre de s'enquérir de tout avis de leur base pour voter en toute connaissance ;

• ils ont la capacité, bien qu'extérieurs à l'établissement au sein duquel ils siègent du fait de leur positon d'élus, de contester les décisions qui sont prises par l'instance. Ils peuvent donc déposer un recours administratif ou contentieux à l'encontre des décisions votées par l'instance au sein de laquelle ils siègent, sans être pour autant concernés par les conséquences de l'acte administratif adopté.

La responsabilité qui s'impose à eux est de deux ordres :

• **responsabilité collégiale** : les décisions qu'ils prendront seront celles de l'instance. C'est-à-dire qu'il s'agira d'une décision collégiale rendue au nom du groupe. Il ne sera donc nullement question de responsabilité personnelle. Sur ce point, le juge administratif comme le juge pénal sont d'accord. Cependant, l'intérêt à voter peut interroger.

• **responsabilité individuelle** : l'article 1er de la loi n° 2013-907 du 11 octobre 2013 relative à la transparence de la vie publique précise : « *Les membres du gouvernement, les personnes titulaires d'un mandat électif local ainsi que celles chargées d'une mission de service public exercent leurs fonctions avec dignité, probité et intégrité et veillent à prévenir ou à faire cesser immédiatement tout conflit d'intérêts.* »

Dès lors, l'article 2 de la même loi a introduit des **obligations d'abstention** à la charge d'une personne qui se trouverait en situation de conflit d'intérêts : « *Au sens de la présente loi, constitue un conflit d'intérêts toute situation d'interférence entre un intérêt public et des intérêts publics ou privés qui est de nature à influencer ou à paraître influencer l'exercice indépendant, impartial et* *objectif d'une fonction. Lorsqu'ils estiment se trouver dans une telle situation : [...] 2° Sous réserve des exceptions prévues au deuxième alinéa de l'article 432-12 du code pénal, les personnes titulaires de fonctions exécutives locales sont suppléées par leur délégataire, auquel elles s'abstiennent d'adresser des instructions ; 3° Les personnes chargées d'une mission de service public qui ont reçu délégation de signature s'abstiennent d'en user ; 4° Les personnes chargées d'une mission de service public placées sous l'autorité d'un supérieur hiérarchique le saisissent ; ce dernier, à la suite de la saisine ou de sa propre initiative, confie, le cas échéant, la préparation ou l'élaboration de la décision à une autre personne placée sous son autorité hiérarchique. Un décret en Conseil d'État fixe les modalités d'application du présent article ainsi que les conditions dans lesquelles il s'applique aux membres du gouvernement.* »

S'agissant des collectivités territoriales, le gouvernement était venu préciser, en 2014 (décret 2014-90) : « *Sont illégales les délibérations auxquelles ont pris part un ou plusieurs membres du conseil intéressés à l'affaire qui en fait l'objet, soit en leur nom personnel, soit comme mandataires.* »

Dès lors, toute participation (qu'il s'agisse d'un vote ou d'une discussion) d'une personne intéressée est proscrite. Ils doivent donc se « déporter » et ne seront pas pris en compte pour le calcul du quorum. La question de l'intérêt est en réalité compliquée et sur ce point le juge opère une analyse très précise : « *l'intérêt personnel ne doit pas être particulier, c'est-à-dire qu'il ne doit pas poursuivre des "objectifs" différents de ceux de la généralité des habitants* ». Il peut s'agir d'un intérêt direct ou indirect, où les affaires évoquées concernent son activité, sa famille ses amis ou collègues de travail s'il a un lien très étroit avec ces derniers. Le juge va, lui, vérifier l'influence du vote.

Le Conseil d'État, en 1986, a également apprécié l'incidence effective de la participation de l'élu intéressé sur le résultat du vote. Autrement dit, il s'agit de l'influence effective de l'élu sur l'organe délibérant décisionnaire qui est prise en compte, et non sa seule présence au moment où la décision est définitivement adoptée. Pour le juge, « *une large majorité, voire l'unanimité, signifiera souvent que la participation de l'élu, même indiscutablement intéressé, n'a pas exercé une influence sur le scrutin, donc sur la légalité de la délibération* ». En revanche, si tel n'est pas le cas, le juge en tire les conséquences et peut procéder à l'annulation de l'acte attaqué, pour ensuite, éventuellement, condamner l'administration à réparer le préjudice causé.

Sur le plan pénal, depuis les années 1960, le juge est plus sévère et se contente d'indiquer que le délit de prise illégale d'intérêt « *se consomme par le seul abus de la fonction, indépendamment de la recherche d'un gain ou de tout autre avantage personnel* ».

D'autres délits pénaux peuvent concerner des élus dans le cadre de leurs activités, comme le favoritisme ou le trafic d'influence. L'un et l'autre concernent d'ailleurs autant les élus que les agents publics.

En ce qui concerne spécifiquement les élus des collectivités territoriales, de nombreux guides sont établis à cet effet, précisant le périmètre de travail et de responsabilité (l'AMF - Association des maires de France - avec le ministère de l'Intérieur sont très actifs sur ce point).

FICHE 86 : LES COLLABORATEURS OCCASIONNELS

La question de la participation au service public de toute personne n'étant ni agent public ni élu s'est très tôt posée.

Il a fallu des circonstances exceptionnelles pour pousser le service public à faire appel à des « collaborateurs occasionnels », sans pour autant savoir de quoi il en ressortait. C'est finalement le juge administratif qui s'est prononcé tardivement en précisant ce nouveau régime juridique. Les services de l'État, à la suite du juge administratif, ont pu définir le collaborateur occasionnel comme suit : « *Les collaborateurs occasionnels ou bénévoles du service public sont des personnes qui exercent des missions occasionnelles pour le compte de l'État, des collectivités territoriales ou des établissements publics administratifs en dépendant ou des organismes privés en charge d'un service public administratif. En sa qualité de particulier, le collaborateur occasionnel ou bénévole, apporte une contribution effective à un service public dans un but d'intérêt général, soit concurremment avec des agents publics, soit sous leur direction, soit spontanément* ».

Dans une décision de 1946, le Conseil d'État a défini la position de ce collaborateur au service public en sécurisant juridiquement, d'une part, **l'employeur**, qui se trouve dans une situation d'encadrant et de responsable, et d'autre part, **l'employé occasionnel**, dont la position ne relève pas du statut de la fonction publique ni du contrat de droit public, mais d'une protection particulière et très momentanée. Le premier doit protection au second. Le second ne peut tirer aucun droit supplémentaire de cette relation.

Ce bénévolat est une réalité peu courante, mais que l'on peut rencontrer. Elle exige de bien faire le distinguo entre les situations pérennes et la relation momentanée, occasionnelle et surtout bénévole qui unit un particulier au service public.

Par exemple, dans le monde universitaire, on rencontre des collaborateurs occasionnels qui sont d'anciens chercheurs ou professeurs, à présent retraités, qui souhaitent faire partager leur savoir et leur expérience en aidant ponctuellement un laboratoire de recherche. Pour ce faire, ils participent à la rédaction de documents ou apportent une expertise très pointue concernant l'utilisation de données ou de matériels spécifiques (qu'ils ont parfois inventés).

En 2000, le ministre de l'Éducation nationale a pu préciser : « *La qualité de collaborateur bénévole du service public est reconnue aux personnes dont la participation à la mission administrative a été, formellement ou tacitement, demandée ou acceptée par l'autorité compétente, en l'espèce le Président de l'Université. Le recours à des collaborateurs bénévoles, qui n'est pas prévu par les textes, doit donc être considéré comme une exception permettant, en cas de circonstances particulières - telle l'urgence -, d'assurer le bon fonctionnement et l'exercice continu du service public. Ainsi, les missions confiées à des collaborateurs bénévoles ne sauraient être permanentes ni être assimilables, par leur nature ou leur contenu, à un véritable emploi même à temps partiel. »*

La forme de la collaboration est variable. On distingue :

- **les requis** : l'administration exige la collaboration et requiert le bénévole ;
- **les personnes sollicitées** : l'administration demande à une personne d'apporter son concours au service public (ex. : une recherche ponctuelle dans la continuité d'une carrière dont la retraite a mis un terme, l'organisation d'un séminaire, la rédaction d'une bibliographie ou l'achèvement d'un article scientifique...) ;
- **les personnes dont la proposition d'aide à la collectivité est acceptée** : l'administration donne son accord tacite ou exprès à une proposition de collaboration d'un particulier ;
- **les personnes dont l'intervention est légitimée du fait de l'urgence** : la collaboration peut alors être spontanée sans accord préalable, du fait de l'urgence. C'est typiquement le cas dans les situations d'urgence caractérisée, comme un incendie, une inondation, un éboulement, etc.

Les collaborateurs occasionnels ou bénévoles agissent en principe de façon **temporaire et gratuite** pour le compte de l'administration avec laquelle ils n'ont pas de lien direct de subordination.

Une collaboration à titre onéreux est exceptionnellement envisageable. La personne réquisitionnée par l'administration bénéficiera alors d'une compensation financière si elle est prévue par un texte. C'est notamment le cas des médiateurs ou de certains jurés de concours.

Enfin, le collaborateur doit apporter sa contribution au service public en sa qualité de particulier et non parce qu'il est lié au service public à un autre titre (usager, agent public, cocontractant de la personne publique...).

Par voie de conséquence, il est un véritable intervenant extérieur au service public. Ce dispositif, cependant, porte en lui des risques inhérents, en termes de responsabilité.

FICHE 87 : LES EMPLOIS FONCTIONNELS

Les administrations (territoriales, hospitalières et étatiques) peuvent créer des postes d'encadrement supérieur (du type directeur général, par exemple) en lien avec leur propre pouvoir discrétionnaire.

Elles créent et mettent fin à ces postes, selon des règles définies par les textes et le juge administratif. L'une des grandes caractéristiques de ces postes est le lien de confiance qui unit l'autorité de nomination (le président, le ministre, le maire...) à l'agent nommé. Aussi, quand ce lien de confiance est rompu, l'autorité de nomination met fin à l'emploi (du jour au lendemain, par exemple). Pour protéger les agents positionnés sur ces postes, les textes ont prévu des mesures adaptées, comme le maintien de la rémunération pendant les six mois suivants.

La création de tels postes est d'abord budgétaire : l'autorité administrative doit l'avoir créé avant de le pourvoir.

À la suite de quoi, des candidats contractuels ou en détachement, selon les dispositions des textes, peuvent être recrutés (*via* un passage en commission administrative paritaire dans le cas de fonctionnaires détachés). C'est un arrêté individuel qui permettra ce recrutement pour une durée maximale de cinq années, renouvelable.

Le niveau de rémunération est lui aussi dérogatoire par le régime de primes adopté par l'organe délibérant.

On trouve un grand nombre d'emplois fonctionnels :

Dans la fonction publique territoriale, il peut s'agir du poste de directeur général des services, de directeur général adjoint des services, ou des services techniques, de directeur de cabinet ou encore de directeur d'établissement public.

Dans la fonction publique hospitalière, il peut s'agir du poste de directeur d'hôpital, de secrétaire général, de directeur général et de directeur général adjoint, de directeur de soins...

Dans la fonction publique d'État, la liste est très importante et concerne l'administration centrale, dans les ministères, comme le chef de service, le directeur adjoint et sous-directeur, le conseiller du ministre, l'expert, le directeur général et directeur d'administration centrale...

De manière générale, ce type de poste ne donne jamais lieu à une titularisation. En revanche, les agents détachés conservent leurs droits à l'avancement et à la retraite dans leur corps.

FICHE 88 : LA FONCTION PUBLIQUE À L'ÉTRANGER

La comparaison des fonctions publiques en Europe n'est pas aisée dans la mesure où les concepts juridiques, les champs couverts et l'organisation des États fédéraux ou unitaires ne sont pas les mêmes.

On appelle **secteur public** au sens restreint « *les activités, organisations et services au sein desquels l'État ou ses représentants exercent une fonction d'employeur et dont l'organisation et les objectifs sont définis par les pouvoirs publics et dont le fonctionnement repose sur des fonds publics* ».

Sont donc compris dans le champ les salariés des administrations de l'État aux différents niveaux existants, les enseignants de la fonction publique, les salariés de la santé publique, les forces de l'ordre, les salariés organismes distincts de l'administration, mais relevant du droit public.

Il existe en Europe deux types de gestion des fonctionnaires :
- **le système dit de « carrière »** qui exprime la volonté collective d'une nette séparation entre emplois publics et emplois privés. Dans ce système, ceux qui intègrent la fonction publique après leurs études vont y rester toute leur vie active. Leur statut relève du droit public et ils sont placés dans une situation unilatérale et réglementaire vis-à-vis de leur employeur. C'est le système français ;
- **le système dit de l'« emploi »** qui traduit la volonté de ne pas diviser les salariés, mais au contraire vise à rapprocher la fonction publique de la majorité des modes de gestion de la société civile et des entreprises. Dans ce système, les agents sont traités comme ceux du secteur privé. Ils sont classés selon l'emploi qui est le leur, et sont recrutés pour leurs aptitudes. Aucune carrière n'est organisée.

Les agents contractuels, dans de très nombreux pays, ont obtenu par la négociation, des conditions collectives d'emploi meilleures, définies dans des conventions collectives régulièrement revues. Par ailleurs, certaines des prérogatives particulières des fonctionnaires ont été modifiées : pratiques de recrutement plus flexibles, importance de l'ancienneté réduite, mobilité facilitée, forme de rémunérations liées à la performance, révision des particularités trop favorables en matière de retraite.

En France et en Italie, l'harmonisation a été recherchée par l'extension aux contractuels de la protection de l'emploi. Mais en Italie, la grande majorité des agents publics a été soumise à un processus de contractualisation.

En France, la titularisation des contractuels n'est obtenue que partiellement et on constate que leur nombre est toujours en augmentation. Ultime particularité, les contractuels français, à la différence des contractuels des autres pays européens, sont de droit public et dépendent donc de nombreuses décisions unilatérales. Dans les pays européens, ils bénéficient en revanche de conventions collectives.

On relève deux systèmes de gestion des agents publics :

- **un système où les accords collectifs ont force obligatoire** : c'est le cas du Danemark, de la Finlande et de l'Irlande, où ces accords s'appliquent directement aux fonctionnaires statutaires. En Italie, où la majorité des agents publics sont des agents contractuels : les accords sont de deux ans, renégociables et d'applications directes. Les Pays-Bas, l'Espagne et la Finlande sont dans les mêmes dispositions ;
- **un système où le politique joue un rôle plus important que les accords** : c'est le cas de l'Autriche et de la Belgique, comme de l'Allemagne. Un cas tout à fait original est celui de la Grande-Bretagne où « *les cadres supérieurs de la fonction publique ont leur situation gérée par des organismes indépendants qui émettent des avis et recommandations* ».

En termes de statistiques, avec le tableau suivant, on s'aperçoit que la France n'est pas le pays qui compte le plus de fonctionnaires (6e position), les pays scandinaves arrivant largement en tête :

PAYS COMPTANT LE PLUS DE FONCTIONNAIRES (source OCDE)		
Classement	**Pays**	**Nombre d'agents publics pour 1 000 habitants dans les pays de l'OCDE en 2015**
1	Norvège	159
2	Danemark	142
3	Suède	138
4	Finlande	114
5	Canada	100
6	France	89
7	Royaume-Uni	80
8	Autriche	78
9	Belgique	75
10	États-Unis	70

CHAPITRE 3 : LES CARACTÉRISTIQUES DU DROIT DE LA FONCTION PUBLIQUE

Le droit qui régit les agents publics n'est pas celui organisé par le code du travail, mais un droit spécifique, d'origine constitutionnelle, législative, réglementaire et jurisprudentielle.

Sous le contrôle du juge administratif, l'administration a en charge l'entrée et la sortie des **agents dans la fonction publique** (cf. fiche 89), organise les **droits et obligations** qui s'imposent à eux (cf. fiches 90 et 91) et éventuellement met en œuvre la **procédure disciplinaire entraînant éventuellement une sanction administrative et la responsabilité pénale des agents publics** (cf. fiches 92 et 93).

La même administration assure les règles concernant la **déontologie** (cf. fiche 94) et la **carrière** (cf. fiche 95) de ses agents.

On y relève également un **droit syndical, un droit de grève et des instances représentatives** (cf. fiches 96 à 98), où la notion de **discrimination** est très présente (cf. fiche 99).

Ces développements seront conclus par des pistes de réflexion liées au **devenir de la fonction publique** (cf. fiche 100).

FICHE 89 : L'ENTRÉE ET LA SORTIE DANS LA FONCTION PUBLIQUE

L'entrée et la sortie de la fonction publique sont très imprégnées des ramifications du principe d'égalité qui se décompose en deux branches :
- **égalité de traitement** des fonctionnaires du même corps ;
- **égalité d'accès** aux emplois publics.

Ce principe d'égalité d'accès trouve son origine dans l'article 6 de la **Déclaration des droits de l'homme et du citoyen** qui dispose que « *tous les citoyens sont également admissibles aux emplois publics sans autre distinction que celles de leur capacité et leurs talents* ».

Par la suite, c'est le préambule de la Constitution de 1946 qui a pu préciser que « *nul ne peut être lésé dans son travail ou son emploi en raison de ses origines, de ses opinions ou de ses croyances* » et que « *la loi garantit à la femme dans tous les domaines des droits égaux à ceux de l'homme* ».

Ces dispositions ont depuis été largement commentées et mises en œuvre par les juges judiciaires, administratifs et constitutionnels. Elles irriguent complètement le droit de la fonction publique et permettent d'appuyer toute décision administrative.

S'agissant de l'entrée dans la fonction publique

En vertu de l'article 5 du titre I du statut général (loi de 1983), le candidat à la fonction publique doit remplir certaines conditions :
- **la nationalité** : l'agent public doit être ressortissant français (pour tous les postes régaliens) ou européen (il peut avoir accès à la fonction publique à condition que les emplois soient séparables de l'exercice de la souveraineté ou ne comportent aucune participation à l'exercice des prérogatives de puissance publique de l'État ou des autres collectivités publiques). Il existe cependant certaines dérogations concernant les enseignants-chercheurs de l'enseignement supérieur, qui peuvent être de toute nationalité ;
- **la jouissance des droits civiques** : nul ne peut avoir la qualité de fonctionnaire s'il ne jouit pas de ses droits civiques (c'est-à-dire du droit de vote, d'être juré, du droit d'exercer des fonctions publiques et d'être témoin ou expert devant une juridiction). La perte des droits civiques entraîne la perte de la qualité de fonctionnaire (sans que la procédure disciplinaire ait à être suivie) sauf pour les mises sous tutelle. Quant aux ressortissants de l'Union européenne, ils doivent jouir de leurs droits civiques dans l'État dont ils sont ressortissants ;

• **le casier judiciaire** : les mentions portées au bulletin n° 2 du casier judiciaire ne doivent pas être incompatibles avec les fonctions auxquelles l'agent postule. Le casier ne doit pas forcément être vierge, mais les mentions ne doivent pas être « incompatibles » avec la fonction. Par exemple, le Conseil d'État a jugé en 1993 qu'un candidat au concours de lieutenant de police pouvait candidater malgré une condamnation pour excès de vitesse. De même, en 1998, le juge suprême a estimé qu'une condamnation à la suspension du permis de conduire est compatible avec la magistrature. Par contre, il en va autrement de la conduite sous état d'ivresse et la fonction de commissaire de police (Conseil d'État, 1987), qui sont incompatibles ;
• **la situation militaire** : les candidats doivent se trouver dans une position régulière au regard du service national (sont dans une situation régulière, les ajournées et les dispensés). Depuis la loi du 28 octobre 1997, il faut être en règle avec la Journée défense et citoyenneté (JDC) ;
• **l'aptitude physique** : les candidats doivent être aptes physiquement et remplir les conditions d'aptitude indiquées dans les statuts particuliers, lorsque ces derniers s'appliquent.

Par ailleurs, les statuts peuvent légalement comporter des limites d'âge et prévoir également les conditions de report de ces limites. Enfin, l'engagement de servir l'administration durant un certain nombre d'années est souvent imposé aux agents qui suivent une scolarité dans un centre de formation, sans quoi le remboursement des frais peut être demandé (écoles d'administration comme les IRA, l'ENA, l'INET ou l'ESP, l'ENS, etc.).

S'agissant des techniques d'admission dans la fonction publique, le principe est l'admission par concours. C'est la technique qui permet de garantir l'égalité aux emplois publics, car la plus apte à sélectionner les candidats les plus capables en fonction de leur seul mérite.

Il s'agit d'une garantie fondamentale pour les fonctionnaires, posée par les statuts des trois fonctions publiques qui disposent que les fonctionnaires sont recrutés par voie de concours. Seul le législateur peut y déroger en prévoyant d'autres techniques de recrutement comme le contrat ou le tour extérieur (intégration liée au profil du candidat).

Les règles liées aux concours sont très nombreuses. Elles visent à assurer l'application du principe d'égalité des candidats. C'est ainsi qu'une succession d'épreuves portant sur les aptitudes professionnelles des candidats est tout à fait légale. À la suite de quoi, un jury « souverain » établit une liste par ordre de mérite des candidats susceptibles d'accéder à la fonction.

En matière de contrat, bien que la liberté contractuelle soit de mise, certaines règles s'imposent, liées tout d'abord à la base légale sur laquelle s'appuie le recrutement (cf. fiche 69). Ensuite, il revient à l'employeur de traiter de manière égalitaire et sans discrimination les candidats (cf. fiche 99).

S'agissant de la sortie de la fonction publique

On relève plusieurs cas de « sortie » de la fonction publique :

- **la retraite** : elle est de droit et intervient au regard de la loi. L'âge de la retraite est calculé selon, notamment, le nombre de trimestres travaillés, mais également aussi en fonction de la situation familiale de l'agent. En règle générale, l'agent ne peut quitter la fonction publique avant ses 62 ans (dans certains cas, 60 ans) et travailler au-delà de ses 68 ans. Des dispositifs autorisent, dans certaines situations et sous certaines conditions, un départ en retraite anticipé lorsque l'agent se trouve en situation d'invalidité, ou bien encore suite à une carrière longue ou encore si un de ses enfants est atteint d'une invalidité de 80 % ou plus. S'agissant des agents contractuels, ce sont à peu près les mêmes dispositions qui s'appliquent ;
- **le décès** : la sortie par décès de la fonction publique entraîne *de facto* la perte de la qualité de fonctionnaire ;
- **l'abandon de poste** : le terme abandon de poste est surtout utilisé pour les fonctionnaires. Bien souvent pour les agents contractuels, l'abandon de poste est assimilé à une démission. L'administration doit mettre en demeure l'agent de réintégrer son poste de travail. L'agent est alors considéré comme ayant abandonné son poste après cette mise en demeure, s'il ne réintègre pas son poste (il convient de préciser que ces jours d'absence ne sont pas rémunérés, pour absence de service fait) ;
- **le licenciement** : il concerne les deux catégories d'agent public (titulaire et contractuel). Les procédures en la matière sont très encadrées (cf. fiche 89) ;
- **la démission** : elle ne prend effet que si elle est acceptée, sous peine de sanction grave pouvant aller jusqu'à la révocation sans pension parce que l'administration considérera qu'il s'agit d'un abandon de poste. L'agent ne peut bénéficier des dispositions prévues par le code du travail en matière de rupture conventionnelle puisque le même code ne s'applique qu'aux seuls salariés soumis à ses dispositions. Il n'existe pas de disposition équivalente pour les agents publics,

- **pour les agents titulaires**, la démission doit être volontaire, sans quoi, elle peut être annulée par le juge s'il ressort qu'il y a eu contrainte ou lorsque l'état de santé de l'agent l'empêche de prendre raisonnablement sa décision. Elle doit être écrite et donne lieu par l'administration à une réponse explicite, dans un certain délai (quatre mois dans la fonction publique d'État et un mois pour les deux autres fonctions publiques). En cas de refus de la demande de démission, le fonctionnaire peut saisir la commission administrative paritaire (CAP). En conséquence, dès lors qu'elle est acceptée par l'administration, la démission est irrévocable. Par ailleurs, la démission n'ouvre pas droit aux allocations chômage. Il convient de préciser que la démission qui donne lieu à une activité dans le secteur privé est soumise à certaines conditions (en raison d'incompatibilités concernant la déontologie, une commission spéciale peut être saisie – cf. fiche 89),

- **pour les agents contractuels** (en CDD ou en CDI), le droit de présenter sa démission est possible. Les conditions diffèrent un peu de celles applicables aux titulaires puisque l'administration ne peut refuser la résiliation du contrat. Des délais cependant s'imposent : le délai de préavis d'un agent non titulaire dépend de son ancienneté (moins de six mois de service, huit jours, entre six mois et deux ans, un mois et au-delà, deux mois). Par ailleurs, sauf démission légitime, celle-ci n'ouvre pas droit aux allocations chômage. Pour ces mêmes agents, le non-renouvellement du contrat met fin à la relation contractuelle entre l'agent et son administration. Sur ce point, le non-renouvellement ne peut s'envisager que pour un contrat à durée déterminée.

Selon l'article 45 du décret n° 86-83, lorsqu'un agent contractuel a été engagé pour une durée déterminée susceptible d'être reconduite, l'administration lui notifie son intention de renouveler ou non l'engagement au plus tard au début du mois précédant le terme de l'engagement pour l'agent recruté pour une durée égale ou supérieure à six mois et inférieure à deux ans.

Cette formulation signifie que l'intention de l'administration de renouveler ou non le contrat doit être notifiée à l'agent « *au moins un mois* » avant le terme. Lorsqu'il est proposé de renouveler le contrat, l'agent contractuel dispose d'un délai de huit jours pour faire connaître, le cas échéant, son accord. Sans réponse dans ce délai, l'intéressé est présumé renoncer à l'emploi. Dans le cas où le contrat est renouvelé à son expiration, une nouvelle période d'essai ne peut être stipulée pour les mêmes fonctions et par le même employeur ; celui-ci ayant déjà pu apprécier les capacités professionnelles de l'agent. Lorsqu'un contrat à durée déterminée vient à son terme, l'agent ne peut pas faire valoir un droit à renouvellement.

En principe, la liberté contractuelle de l'administration devrait impliquer que la décision de non-renouvellement d'un contrat à durée déterminée n'a pas à être fondée sur des motifs précis. Le juge a longtemps considéré que la décision qui indique que le contrat ne sera pas renouvelé « *n'avait pas à comporter de motifs* ». Il a par la suite ajouté que cette décision n'a pas à faire l'objet d'une motivation au sens de la loi du 11 juillet 1979 (à présent il s'agit des articles L. 211-1 et suivants du code des relations entre public et l'administration). Aujourd'hui, et probablement confronté au caractère souvent abusif des renouvellements nombreux d'un même contrat, si la décision n'a toujours pas à être motivée, elle doit cependant **comporter des motifs tirés de l'intérêt du service** qui seront contrôlés. Le juge pourra alors demander à l'administration de préciser ses motifs.

FICHE 90 : LES DROITS DES AGENTS PUBLICS

C'est la loi du 13 juillet 1983 relative aux droits et obligations des fonctionnaires qui régit cette question.

Dès 1983, sont établies deux listes : les droits, d'une part, les obligations, d'autre part. À ces principes de base, qui sont la synthèse claire et structurée de nombreux réflexes et pratiques, se sont ajoutés au fil des ans nombre de textes et quelques droits et obligations supplémentaires. On peut également relever des spécificités pour certains métiers.

L'ensemble de ces droits diffère parfois pour certaines professions (enseignants, assistantes sociales...). Ils ont été très utilement complétés par la loi Déontologie d'avril 2016, qui a apporté des précisions et développements sur plusieurs points, mais aussi fait une place significative au *lanceur d'alertes*, en essayant, de manière incomplète pour l'instant, de lui accorder une protection particulière. Les droits et obligations résultant de ce texte de 2016 sont identifiés ci-après.

Les droits qui s'appliquent à tous les agents publics sont les suivants :

- liberté d'opinion politique, syndicale, philosophique ou religieuse ;
- droit syndical : il est garanti aux fonctionnaires. Les intéressés peuvent librement créer des organisations syndicales, y adhérer et y exercer des mandats ;
- droit de grève : il est inscrit dans le préambule de la Constitution de 1946 et reconnu aux fonctionnaires qui l'exercent dans le cadre des lois qui le réglementent ;
- droit à la protection : les fonctionnaires ont droit à une protection et le cas échéant à une réparation lorsqu'ils ont fait l'objet, à l'occasion ou du fait de leurs fonctions, de menaces, d'outrages, de voies de fait, d'injures ou de diffamations ;
- droit à la formation continue ;
- droit de participer aux décisions les concernant : les personnels élisent leurs représentants à différentes commissions (CAP/CT/CHSCT) ;
- droit à la sécurité de l'emploi ;
- droit à l'hygiène et à la sécurité : ce droit, tiré du code du travail, instaure l'obligation pour l'employeur d'assurer à ses agents un cadre de travail sécurisé ;
- droit d'accès au dossier : tout fonctionnaire a accès à son dossier individuel dans les conditions définies par la loi ;
- droit d'accès à l'appréciation : les appréciations générales attribuées aux fonctionnaires exprimant leur valeur professionnelle leur sont communiquées ;

• droit à congés : congés de maladie, congés pour formation syndicale, congés pour accident de travail, congés facultatifs, mi-temps, congés pour formation ;
• droit à rémunération : les fonctionnaires ont droit, après service fait, à une rémunération ;
• cessation de fonction : admission à la retraite, démission, licenciement ou révocation ;
• droit au régime disciplinaire : toute faute commise par un fonctionnaire dans l'exercice de ses fonctions l'expose à une sanction disciplinaire. Les sanctions interviennent en cas de faute, qu'il s'agisse d'un manquement à ses obligations professionnelles, d'une infraction de droit commun, d'un délit ayant entraîné une condamnation avec inscription au casier judiciaire.

Rappelons enfin que tout agent public, lorsqu'il met en ligne des documents sur Internet, notamment dans des réseaux sociaux tels que Facebook ou Instagram, Twitter, LinkedIn... doit avoir conscience de s'exposer à un large public. Il doit mesurer les conséquences de ses agissements concernant le respect de ses obligations déontologiques.

Ainsi, la cour administrative d'appel de Nantes a considéré, dans un arrêt du 8 mars 2007, que l'avertissement prononcé à l'encontre d'un enseignant qui, par le biais de sa messagerie électronique, a porté à la connaissance d'autres professeurs, des éléments confidentiels concernant la notation des épreuves de mathématiques du baccalauréat est illégale. De même, le licenciement d'un policier municipal qui injurie sa hiérarchie *via* Facebook est légal.

FICHE 91 : LES OBLIGATIONS DES AGENTS PUBLICS

Les obligations qui s'appliquent à tous les agents publics sont les suivantes :

- obligation de neutralité : les fonctionnaires doivent s'interdire toute manifestation de leurs opinions dans le cadre de leurs fonctions (religieuses, politiques, philosophiques, commerciales...) ;
- obligation de réserve et de discrétion : les fonctionnaires doivent faire preuve de discrétion professionnelle pour tous les faits, informations ou documents dont ils ont connaissance dans l'exercice de leurs fonctions, qu'ils soient sur leur lieu de travail ou à l'extérieur de celui-ci ;
- obligation de secret professionnel : les fonctionnaires sont tenus au secret professionnel dans le cadre des règles instituées par le code pénal, en tant que dépositaires de renseignements concernant ou intéressant des particuliers à moins que les nécessités du service ou des obligations légales ne leur imposent la communication des informations dont ils ont eu connaissance dans l'exercice de leurs fonctions. Ce sont surtout les agents liés à un ordre professionnel qui sont concernés (médecins, huissiers, notaires...) ;
- obligation d'effectuer les tâches confiées et d'assurer son service : tout fonctionnaire est responsable de l'exécution des tâches qui lui sont données par son supérieur hiérarchique ;
- obligation d'obéissance hiérarchique : le fonctionnaire doit se conformer aux instructions de son supérieur hiérarchique, sauf dans le cas où l'ordre donné est manifestement illégal ou de nature à compromettre gravement un intérêt public ;
- obligation d'information au public : toute personne a le droit de connaître les informations contenues dans un document administratif dont les conclusions lui sont imposées. C'est là une obligation des agents publics ;
- obligation de signalement : tout fonctionnaire qui, dans l'exercice de ses fonctions, acquiert la connaissance d'un crime ou d'un délit doit en aviser sans délai son supérieur hiérarchique. C'est l'article 40 du code de procédure pénale qui l'impose. Cependant, à moins d'un danger immédiat, il n'y a pas de sanction pénale applicable à l'agent qui ne dénonce pas une infraction pénale dont il a connaissance, mais une sanction disciplinaire demeure possible (l'article 40 du code de procédure pénale énonce : « *Toute autorité constituée, tout officier public ou fonctionnaire qui, dans l'exercice de ses fonctions, acquière la connaissance d'un crime ou d'un délit est tenu d'en donner avis sans délai au procureur de la République et de transmettre à ce magistrat, tous les renseignements, procès-verbaux et actes qui y sont relatifs* »).

Obligations résultant de la loi sur la déontologie d'avril 2016 :

- la dignité : pour le gouvernement, dans le cadre du devoir de moralité, « *un fonctionnaire ne doit pas choquer par son attitude (alcoolisme, scandale public...), ni porter atteinte à la dignité de la fonction publique* ». Dès 1941 (premier statut de la fonction publique en France, sous Pétain), « *le fonctionnaire doit, dans le service comme dans sa vie privée, éviter tout ce qui serait de nature à compromettre la dignité de la fonction publique* » ;
- l'impartialité : cette notion, qui concerne en grande partie les concours administratifs, a été précisée lors des débats parlementaires relatifs à la loi d'avril 2016 comme suit : « *À l'instar des obligations de dignité et de probité, le respect de l'obligation d'impartialité participe directement au renom de l'administration dans la mesure où elle assoit l'exemplarité de la conduite de l'action publique par les agents. Cette obligation fondamentale, qui se rattache à d'autres principes tels que l'égalité, la neutralité ou l'indépendance, est inhérente aux missions d'intérêt général. Ainsi, un agent public ne peut avoir un préjugé sur une affaire en raison par exemple d'un intérêt personnel à l'affaire ou d'une prise de position publique affirmée* » ;
- l'intégrité : ce principe est proche de celui de probité, car il nécessite également que l'agent public exerce ses fonctions de manière désintéressée. Le législateur a pu préciser, devant le Sénat lors du vote de la loi que « *l'intégrité [...] des agents publics est une préoccupation constante du pouvoir et la condition même de son maintien et de sa légitimité* » ;
- la probité : il s'agit de la qualité de ce qui est probe, droit, honnête, incorruptible, intègre et exigeant envers soi-même.

Ces dernières obligations ont été versées au sein de l'article 25 de la loi de 1983, et déclinées en toute une série de dix sous-articles 25.

FICHE 92 : PROCÉDURE DISCIPLINAIRE ET SANCTION ADMINISTRATIVE

Le sort réservé aux agents publics, qu'ils soient titulaires ou contractuels, diffère dans le cadre de la procédure disciplinaire. Il est aussi le fruit de la distinction entre **faute personnelle** et **faute de service.**

En revanche, la responsabilité pénale est la même pour tous les agents publics, à l'exception des élus, qui se voient appliquer une réglementation particulière.

S'agissant des agents contractuels

Ces derniers sont soumis à une procédure administrative, sous le contrôle du juge administratif, mais dont l'issue, c'est-à-dire la sanction la plus élevée, est la rupture du contrat. On parle alors de licenciement.

Le décret n° 86-83 (pour les agents contractuels de l'État. Pour la fonction publique territoriale, c'est le décret 88-145 et pour la fonction publique hospitalière, c'est le décret 91-155) contient une série de règles concernant le licenciement des agents recrutés pour une durée indéterminée et le licenciement avant le terme pour les agents recrutés pour une durée déterminée.

Les motifs du licenciement sont nombreux : faute, intérêt du service, réorganisation du service, incompatibilité, insuffisance professionnelle. Quand il s'agit d'inaptitude physique, en revanche, avant le licenciement, l'employeur doit chercher à reclasser l'agent.

Après entretien préalable et saisine de la commission consultative paritaire concernée, l'administration « [...] *lui notifie sa décision par lettre recommandée avec demande d'avis de réception ou par lettre remise en main propre contre décharge* ». Cette lettre doit contenir le ou les motifs du licenciement et la date d'effet de celui-ci compte tenu des droits à congés annuels restant à courir et la durée du préavis. L'agent licencié doit également avoir accès à son dossier personnel. Enfin, un préavis doit précéder le licenciement.

Le juge administratif, lorsqu'il est saisi, va en premier lieu vérifier que la sanction doit être proportionnée à la faute, sans quoi il l'annule. Dès lors, la réintégration s'impose. Dans le cas contraire, si l'administration ne réintègre pas l'agent, elle sera condamnée à lui verser « *une somme calculée en tenant compte de l'ensemble des rémunérations dont il a été privé depuis la date de notification... en excluant les indemnités liées à l'exercice effectif du service* » (CE, 13 juin 2003).

Cependant, parce qu'il s'agit d'un contrat, la réintégration n'est pas de droit puisque l'administration dispose d'une liberté de contracter.

S'agissant des agents titulaires

Ce sont les lois 83-634 du 13 juillet 1983 et 84-16 du 11 janvier 1984 qui s'appliquent en matière de faute disciplinaire. C'est ainsi que toute faute d'un agent public entraîne sa responsabilité (qu'il commette cette faute dans le cadre de son activité professionnelle ou en dehors de celle-ci). Seule l'insuffisance professionnelle n'est pas considérée comme une faute professionnelle, dès lors, la procédure disciplinaire ne s'applique pas.

Une instruction peut également avoir lieu, et une enquête administrative être mise en place, avant la sanction et la saisine du conseil de discipline. Par ailleurs, « *aucune sanction disciplinaire autre que l'avertissement ou le blâme ne peut être prononcée sans consultation préalable d'un organisme siégeant en conseil de discipline dans lequel le personnel est représenté* » (il s'agit le plus souvent de la commission administrative paritaire (CAP) de l'agent en collectivité territoriale. Elle est alors présidée par un magistrat administratif).

Cette instance ne peut être saisie que par l'autorité hiérarchique de l'agent, sur un rapport complet, qui doit également être porté à la connaissance de l'agent, afin qu'il puisse se défendre (c'est le **principe du contradictoire**). Cette instance rend un avis qui n'oblige pas l'autorité hiérarchique.

Le conseil de discipline est composé de membres de la CAP représentant le grade du fonctionnaire poursuivi, et ceux du grade immédiatement supérieur, ainsi qu'un nombre égal de représentants de l'administration. Ne doivent toutefois pas y siéger les fonctionnaires d'un grade inférieur à celui du fonctionnaire poursuivi, ainsi que tout fonctionnaire « *ayant manifesté une animosité particulière envers le fonctionnaire poursuivi* ». Le quorum est alors fixé aux trois quarts de ses membres.

Les principes qui s'appliquent en matière de sanction sont les suivants :
- la sanction ne peut être rétroactive ;
- plusieurs sanctions ne peuvent être prononcées à raison des mêmes faits ;
- la sanction doit être motivée ;
- la sanction doit être proportionnée à la faute commise ;
- l'agent public peut exercer un recours administratif ou contentieux contre la sanction : ce recours ne suspend pas pour autant la sanction applicable.

Les sanctions sont classées en quatre groupes :

- **premier groupe** : avertissement et blâme (le blâme est inscrit au dossier du fonctionnaire et effacé automatiquement au bout de trois ans, si aucune sanction n'est intervenue pendant cette période) ;
- **deuxième groupe** : radiation du tableau d'avancement, abaissement d'échelon, exclusion temporaire de fonctions (durée maximale 15 jours), déplacement d'office ;
- **troisième groupe** : rétrogradation et exclusion temporaire (3 mois à 2 ans) ;
- **quatrième groupe** : mise à la retraite d'office et révocation.

S'agissant des différentes catégories de fautes : faute personnelle et faute de service

La responsabilité administrative est fondée sur la notion de faute, laquelle peut se définir comme le manquement à une obligation préexistante. Sur ce point, on distingue deux catégories de fautes :

- **la faute de service** : c'est la faute commise par l'administration, parfois en raison de son inertie. Elle est impersonnelle et résulte d'un défaut d'organisation de fonctionnement du service (défaut de surveillance et de contrôle, défaut d'entretien - contentieux des TP), maladresse, erreur, inertie, retard, abstention, renseignements inexacts ;
- **la faute personnelle** : elle est commise par l'agent public en raison de ses propres erreurs ou délibérément.

FICHE 93 : LA RESPONSABILITÉ PÉNALE DES AGENTS PUBLICS

Le droit disciplinaire est autonome par rapport au droit pénal, c'est ainsi que la répression disciplinaire et la répression pénale s'exercent distinctement et qu'un même fait peut justifier à l'encontre de la même personne une sanction pénale et une sanction disciplinaire, c'est-à-dire deux procès différents (si l'agent conteste la décision de sanction administrative devant le juge administratif).

La loi pénale est la même pour tous les citoyens : un délit commis par un agent public est poursuivi et réprimé dans les mêmes conditions que s'il avait été commis par une personne privée. Sur ce point, l'article 29 du statut général de la fonction publique précise que « *toute faute commise par un fonctionnaire dans l'exécution ou à l'occasion de ses fonctions l'expose à une sanction disciplinaire sans préjudice, le cas échéant, des peines prévues par la loi pénale* ».

En revanche, la qualité d'agent public entraîne, en cas de faute pénale, une qualification particulière dans certains cas, et une peine aggravée, dans les cas suivants :

- abus frauduleux de personne vulnérable (article 313-4 du code pénal) ;
- atteinte à la liberté individuelle (articles 432-4 à 432-6 du code pénal) ;
- discriminations (article 432-7 du code pénal) ;
- concussion (432-10 du code pénal).

Les élus (locaux ou nationaux), eux, sont responsables pénalement de leurs actes, soit pour des faits qu'ils ont commis de manière **intentionnelle** ou **non intentionnelle**. Il y a plusieurs qualifications possibles :

- mise en danger d'autrui (article 121-3 du code pénal) ;
- concussion (article 432-10 du code pénal) ;
- corruption et trafic d'influence (article 432-11 du code pénal) ;
- prise illégale d'intérêt (article 432-12 du code pénal) ;
- délit de favoritisme (article 432-14 du code pénal) ;
- faux (articles 441-2 et 441-4 du code pénal).

En matière non intentionnelle, les textes suivants s'appliquent :

- la loi du 13 mai 1996 relative à la responsabilité pénale pour faits d'imprudence et de négligence ;
- l'article 121-3 du code pénal concernant la « *faute caractérisée* » en cas de causalité indirecte entre la faute et le dommage.

En matière intentionnelle, on relève :
- les abus d'autorité dirigés contre l'administration, par l'édiction de mesures destinées à faire échec à l'exécution de la loi ;
- les abus d'autorité dirigés contre des particuliers tels que les atteintes à la liberté individuelle, les discriminations, les atteintes à l'inviolabilité du domicile ;
- les manquements au devoir de probité tels que la corruption, le trafic d'influence, la prise illégale d'intérêts, le délit de favoritisme.

FICHE 94 : LA DÉONTOLOGIE

Le terme déontologie, qui date du milieu du XIXe siècle, est issu, selon Jeremy Bentham, de « *deux mots grecs,* deontos *(ce qui est convenable) et* logos *(connaissance) ; c'est-à-dire, la connaissance de ce qui est juste ou convenable* ». Il précise d'ailleurs qu'« *une action est bonne ou mauvaise, digne ou indigne,* [...] *elle mérite l'approbation ou le blâme, en proportion de sa tendance à accroître ou à diminuer la somme du bonheur* ».

La déontologie est donc une « **science du devoir** » professionnel. À présent, ce terme est lié au domaine professionnel et désigne « l'ensemble des devoirs liés à l'exercice d'une profession », et diffère de la morale et de l'éthique (en rapport avec la société ou la sphère personnelle).

Les agents publics sont donc, dans le cadre de leur activité professionnelle, soumis à la déontologie. Sur ce point, les autorités administratives indépendantes (cf. fiche 30) sont directement concernées, comme le législateur ou le gouvernement, qui en ont régulièrement précisé les contours.

Plus récemment, la loi du 20 avril 2016 relative à la déontologie et aux droits et obligations des fonctionnaires est venue considérablement préciser cette notion. Elle concerne les matières suivantes :

- **le cumul d'activités** : ce texte renforce les règles de cumul d'activités et précise les dérogations possibles. De manière générale, les agents publics ont l'obligation de consacrer l'intégralité de leur activité professionnelle aux tâches qui leur sont confiées et interdiction d'exercer à titre professionnel une activité privée lucrative de quelque nature que ce soit. En la matière, il est interdit de créer ou de reprendre une entreprise, pour les agents à temps plein, sauf dispositions spécifiques. Par ailleurs, un agent nouvellement recruté peut continuer à exercer son activité privée pendant une durée d'un an renouvelable une fois. Sur ce point, il peut être utile de rappeler que « *tout agent qui exerce une activité lucrative (autorisation de sa hiérarchie) peut être amené à reverser les sommes perçues, par voie de retenue sur traitement au titre de l'activité non autorisée et faire l'objet de sanctions disciplinaires* ». Cependant, avec l'accord écrit de son administration, un agent public peut cumuler une autre activité professionnelle (cette dernière doit être ponctuelle et de faible ampleur) ;
- **l'élargissement des modalités de mise à disposition** : les GIP (cf. fiche 39) comme tous les organismes « *contribuant à la mise en œuvre d'une politique publique et également auprès d'une institution ou d'un organe de l'Union européenne peuvent voir des agents publics mis à leur disposition* » ;

- **le dispositif de titularisation mis en place par la loi Sauvadet** : il a été prolongé de deux années supplémentaires, soit jusqu'au 12 mars 2018 ;
- **la transparence pour éviter les conflits d'intérêts** : chaque agent public doit désormais remplir une déclaration exhaustive de ses intérêts avant d'être nommé à un poste à responsabilité (essentiellement pour les postes d'A+ - administrateur). Par ailleurs, chaque haut fonctionnaire a deux mois pour envoyer une déclaration de son patrimoine. Ces dispositions permettent de prévenir les soupçons d'impartialité ;
- **une protection pour les lanceurs d'alertes** : le lanceur d'alertes est l'agent qui veut mettre fin à une action illégale ou irrégulière en interpellant les pouvoirs en place ou en suscitant une prise de conscience. En contradiction avec le devoir de réserve et en interaction avec l'article 40 du code de procédure pénale (cf. fiche 91), le lanceur d'alerte bénéficie à présent d'une protection particulière. Elle s'étend d'ailleurs aussi aux militaires. C'est ainsi qu'aucune sanction ne peut être prise contre un agent public qui témoigne lorsqu'il s'agit « *de faits constitutifs d'un délit, d'un crime ou d'un possible conflit d'intérêts* » ;
- **le référent déontologue :** c'est le décret du 10 avril 2017 relatif au référent déontologue dans la fonction publique qui le crée, conformément à la loi susvisée (la loi qui précise que « *tout fonctionnaire a le droit de consulter un référent déontologue, chargé de lui apporter tout conseil utile au respect des obligations et des principes déontologiques* »). Ce référent est « *tenu au secret et à la discrétion professionnelle* », selon les dispositions posées par la loi. Ce texte précise d'ailleurs que « *lorsque des faits susceptibles d'être qualifiés de conflit d'intérêts lui ont été signalés [...], le référent déontologue apporte, le cas échéant, aux personnes intéressées tous conseils de nature à faire cesser ce conflit* » ;
- **la Haute Autorité pour la transparence de la vie publique (HATVP)** : il s'agit d'une autorité administrative indépendante (cf. fiche 30) créée par la loi relative à la transparence de la vie publique du 11 octobre 2013, en remplacement de la **Commission pour la transparence financière de la vie politique.** La Haute Autorité est « *chargée de recevoir, contrôler, avec l'administration fiscale, et publier les déclarations de situation patrimoniale et les déclarations d'intérêts de certains responsables publics : membres du gouvernement. Elle peut également être consultée par ces mêmes responsables publics sur des questions de déontologie et de conflit d'intérêts relatifs à l'exercice de leur fonction et émettre des recommandations à la demande du Premier ministre ou de sa propre initiative* ».

La récente loi 2019-828 du 6 août 2019 de transformation de la fonction publique s'intéresse, dans ses articles 34 à 36, à la déontologie et notamment aux règles, assouplies, en matière de déclaration d'intérêts. Elle fusionne également la HATPV avec la commission de déontologie de la fonction publique.

FICHE 95 : LA CARRIÈRE

Avant le statut général de 1946, chaque administration avait ses propres échelles de traitement et une multitude de régimes coexistaient. Par la suite, une vaste entreprise d'uniformisation a été entamée, débouchant sur des catégories et des indices de traitement, au sein de fourchettes, les catégories servant de cadre de référence pour l'application de certaines dispositions législatives.

Il existe à présent dans la fonction publique différentes catégories de corps. Elles traduisent l'existence au sein de la fonction publique d'une hiérarchie établie entre les fonctionnaires, hiérarchie basée sur les tâches et sur les responsabilités de ces fonctionnaires. Jusqu'en 1991, on trouvait quatre catégories désignées par les lettres A, B, C, D. La dernière catégorie a été supprimée à cette date :

- **la catégorie A** correspond à des fonctions de direction et de conception. Le recrutement des membres de celle-ci s'effectue par concours pour les candidats titulaires au minimum d'une licence. Cette catégorie est très diverse, voire hétéroclite. C'est pourquoi il est coutume de distinguer en son sein les corps A et les corps dits A+ en fonction notamment des fonctions occupées et du niveau de rémunération. La catégorie A rassemble les corps de « droit commun » comme les attachés d'administration centrale, enseignants du secondaire, inspecteurs des impôts, des douanes, etc. Tandis que la catégorie A+ regroupe ce qu'il est convenu d'appeler la haute fonction publique (corps issus de l'ENA, grands corps techniques, professeurs du supérieur, etc.), c'est-à-dire le grade d'administrateur civil (sauf quelques exceptions comme les professeurs d'université) ;
- **la catégorie B** recouvre les fonctions d'application. Le recrutement se fait pour les candidats titulaires au minimum du baccalauréat. Elle recouvre les corps de contrôleur des impôts, des douanes et du Trésor ainsi que les secrétaires administratifs d'administrations centrales, de rédacteur... Lorsqu'ils ne peuvent accéder directement aux corps de catégorie A, les agents publics commencent par exercer des fonctions de catégorie B puis, par concours interne, intègrent le grade supérieur ;
- **la catégorie C** recouvre les fonctions d'exécutions spécialisées. Le recrutement se fait sans diplôme.

Il existe cependant des critiques à ce système jugé très rigide et complexe puisque toute modification d'une catégorie impacte les autres. Il en devient presque un frein à la promotion interne. D'où quantité de dérogations, comme de possibilités offertes aux agents, pour sortir momentanément de la fonction publique.

Chaque grade de la fonction publique peut être divisé en classes. L'idée est de récompenser les fonctionnaires les plus capables en ouvrant leur grade à la possibilité d'un avancement plus rapide que celui qui consiste à passer d'un échelon à un autre.

Ce passage est sélectif. Il n'entraîne pas de changement de fonction, mais un changement de rémunération. Chaque classe peut être divisée en échelons. La situation d'un fonctionnaire est forcément déterminée par l'échelon auquel il se situe au sein d'un grade ou d'une classe de son corps. L'avancement du fonctionnaire se fera par accès aux échelons supérieurs puis à la classe supérieure et au grade supérieur.

La distinction entre le grade et l'emploi est une garantie essentielle pour le fonctionnaire. Définitivement acquis, le grade lui assure la continuité de l'emploi et un déroulement de carrière.

C'est une garantie aussi pour l'administration : elle est libre de modifier l'affectation et les fonctions de l'agent à l'intérieur de celles relevant du cadre d'emplois en fonction des besoins du service, sans accord de l'agent (sauf s'il y a modification substantielle du lieu géographique du poste, de la rémunération, etc.).

Les principes liés à la séparation du grade et de l'emploi sont les suivants :

- le grade est propriété du fonctionnaire ;
- l'emploi appartient à l'administration puisqu'il fait suite à la création d'un poste budgétaire ;
- le fonctionnaire est nommé à un grade et est affecté à un emploi ;
- un fonctionnaire peut changer de grade sans changer d'emploi ;
- une administration peut affecter librement un fonctionnaire à un nouvel emploi sans changer de grade ;
- le fonctionnaire conserve son grade en cas de suppression de son emploi. Dans ce cas, il est reclassé dans un autre emploi correspondant à son grade ou détaché dans un grade équivalent.

Le déroulement de la carrière des agents diffère, selon qu'il s'agisse d'un agent titulaire ou d'un agent contractuel :

- **agent contractuel** : c'est la loi du contrat qui fixe l'éventuel déroulement de carrière (assez rare cependant). En revanche, ces derniers bénéficient d'une réévaluation fixée par un décret assez vague cependant. Pour les agents disposant d'un contrat à durée indéterminée (CDI), tous les trois ans, le salaire doit être réévalué, au regard notamment de l'évaluation lors de l'entretien annuel.
- **titulaires** : l'avancement est de droit. Il s'agit d'abord d'un avancement d'échelon, lié à la durée dans l'échelon et à la valeur professionnelle. Pour ce faire, le principe est qu'une liste doit être établie afin d'en faire bénéficier les meilleurs agents. Tous les agents sont à présent évalués chaque année et non notés, lors d'un entretien qui doit s'apparenter à un entretien de motivation.

Il peut également y avoir un avancement de grade sous certaines conditions et au regard d'une procédure contrainte, liée à un concours ou à un avancement au choix de l'administration, selon des critères très précis qui diffèrent d'une administration à l'autre.

Il en est de même de la promotion interne qui vise à valoriser les agents publics et à les motiver.

FICHE 96 : LES INSTANCES REPRÉSENTATIVES DES AGENTS PUBLICS

La participation des fonctionnaires aux instances représentatives est posée par l'article 9 de la loi du 13 juillet 1983 portant droits et obligations des fonctionnaires et modifiée par la loi du 5 juillet 2010 relative à la rénovation du dialogue social dans la fonction publique. Les textes prévoient les instances suivantes :

- **les commissions administratives paritaires (CAP)** : l'administration, employeur, doit la consulter avant de prendre certaines décisions individuelles relatives à la carrière des fonctionnaires (détachement, mobilité, avancement...). Parfois, cette CAP se réunit en commission disciplinaire et rend un avis sur les poursuites proposées à l'autorité hiérarchique. Il existe une CAP par corps de fonctionnaire et par établissement ou ministère ou collectivité territoriale (bien que les centres de gestion les gèrent pour les collectivités territoriales de petite taille ou celles qui le décident). Elles sont renouvelées tous les quatre ans. Leurs séances ne sont pas publiques ;
- **les commissions consultatives paritaires (CCP)** : l'administration-employeur doit la consulter avant de prendre certaines décisions individuelles relatives à la situation des agents contractuels ;
- **les comités techniques (CT)** : c'est une instance de concertation présente dans chaque administration, qui rend des avis sur des questions et projets relatifs à l'organisation et au fonctionnement des services (effectifs, méthodes de travail, politique indemnitaire, égalité professionnelle...). Leur mandat est identique à celui des membres des CAP, mais les représentants des administrations ne prennent plus part au vote. Le comité technique se réunit au moins deux fois par an et rend des avis qui ne lient pas l'administration ;
- **le comité d'hygiène, de sécurité et des conditions de travail (CHSCT)** : c'est une instance de concertation « *chargée de contribuer à la protection de la santé physique et mentale et de la sécurité des agents dans leur travail. Il a pour mission de participer à l'amélioration des conditions de travail et de veiller à la mise en œuvre des prescriptions du code du travail* », en matière de santé et sécurité au travail. Il peut se déplacer pour visiter les lieux de travail et procéder à des enquêtes, de sa propre initiative ou sur demande. On en trouve à tous les échelons de l'administration. Il comprend des représentants désignés par les organisations syndicales les plus représentatives, proportionnellement au nombre de voix obtenues aux élections aux comités techniques. Il se réunit au moins trois fois par an ;
- **le Conseil supérieur de la fonction publique de l'État (CSFPE)** : il est consulté sur toutes les questions générales relatives à la fonction publique d'État. Il émet des avis et des recommandations. Il est également l'organe d'appel en matière disciplinaire, de licenciement pour insuffisance professionnelle ou refus de poste après disponibilité ou de désaccord concernant l'avancement. Présidé par le ministre de la Fonction publique, il est composé de représentants de l'administration

et d'organisations syndicales. Comme pour les CAP, seuls les représentants syndicaux votent. Il en existe également un pour la fonction publique hospitalière et un pour la fonction publique territoriale.

Le Conseil supérieur de la fonction publique territorial, comme celui de la fonction publique hospitalière exerce des fonctions similaires.

La loi 2019-828 du 6 août 2019 de transformation de la fonction publique est venue cependant changer le paysage de la fonction publique et notamment de ces instances puisqu'elle prévoit, à son article 4, **la fusion des CT et CHSCT** lors de leur prochain renouvellement, en décembre 2022, pour créer une seule instance : **le comité social d'administration**. Outre les missions des deux instances actuelles, seront rajoutées des missions d'examen et de concertation des « *grandes orientations en matière de politiques de ressources humaines* », mais également les « *lignes directrices de gestion en matière de mutation, de mobilité, de promotion et de valorisation des parcours professionnels* ».

Le même texte législatif est venu également modifier, à la marge, les missions des CAP, en les recentrant sur « *l'examen des décisions individuelles défavorables* ».

FICHE 97 : LE DROIT SYNDICAL

Le droit syndical est inscrit dans le préambule de la Constitution de 1946, et confirmé par celui de la Constitution de 1958, concernant tous les agents publics (agents titulaires et agents contractuels), comme suit : « *Tout homme peut défendre ses droits et ses intérêts par l'action syndicale et adhérer au syndicat de son choix* ».

C'est ainsi que le droit syndical est garanti à ces derniers : ils peuvent librement créer des organisations syndicales, y adhérer et y exercer des mandats.

Ces organisations peuvent ester en justice, se pourvoir devant les juridictions compétentes contre les actes réglementaires concernant le statut du personnel et contre les décisions individuelles portant atteinte aux intérêts collectifs des fonctionnaires.

Les syndicats de fonctionnaires ont qualité pour participer au niveau national à des négociations relatives à l'évolution des rémunérations et du pouvoir d'achat des agents publics avec les représentants du gouvernement, les représentants des employeurs publics territoriaux et les représentants des employeurs publics hospitaliers.

Selon le ministère du Travail, « *En 2013, 11 % des salariés adhèrent à une organisation syndicale. Les salariés de la fonction publique sont deux fois plus syndiqués que ceux du secteur marchand et associatif. Le niveau de syndicalisation est particulièrement élevé dans la fonction publique d'État, notamment dans "l'éducation, la formation et la recherche"* ».

Cette donnée permet donc d'affirmer que près d'un agent public sur cinq est syndiqué.
À présent, ce sont 5,2 millions d'agents qui sont amenés à élire leurs représentants syndicaux dans près de 22 000 instances, et ce, pour un mandat de quatre années. Les prochaines élections auront lieu en décembre 2022.
Les dernières élections ayant eu lieu dans toute la fonction publique en décembre 2018 ont permis de faire voter les agents publics, répartis comme suit :

	Inscrits	Votants	% de participation
Fonction publique de l'État	2 244 918	1 141 324	50,8
Fonction publique territoriale	1 846 275	955 617	51,8
Fonction publique hospitalière	1 058 899	468 431	44,2
Total fonction publique	**5 150 092**	**2 565 372**	**49,8**

Cette participation a permis à plusieurs organisations syndicales importantes d'être présentes et de récolter des voix et des sièges dans les instances supérieures de la fonction publique. Les trois principaux syndicats présents dans la fonction publique française sont ainsi, par ordre de représentativité, la CGT, la CFDT et FO, à égalité pour ces deux derniers.

Les organisations syndicales de fonctionnaires ont également qualité pour participer, avec les autorités compétentes, à des négociations relatives à certains thèmes (conditions et organisation du travail, etc.), énumérés à l'article 8 bis de la loi n° 83-634 du 13 juillet 1983 portant droits et obligations des fonctionnaires :

« *II. Les organisations syndicales de fonctionnaires ont également qualité pour participer, avec les autorités compétentes, à des négociations relatives :*
1° Aux conditions et à l'organisation du travail, et au télétravail ;
2° Au déroulement des carrières et à la promotion professionnelle ;
3° À la formation professionnelle et continue ;
4° À l'action sociale et à la protection sociale complémentaire ;
5° À l'hygiène, à la sécurité et à la santé au travail ;
6° À l'insertion professionnelle des personnes handicapées ;
7° À l'égalité professionnelle entre les hommes et les femmes. »

FICHE 98 : LE DROIT DE GRÈVE

Comme le droit syndical, le droit de grève est inscrit dans la Constitution (7e alinéa du préambule de la Constitution de 1946) comme suit : « *Le droit de grève s'exerce dans le cadre des lois qui le réglementent* ».

Il est reconnu aux agents publics (sauf exceptions concernant les magistrats, les forces de l'ordre et les militaires) avec certaines limitations possibles :

- dépôt obligatoire d'un préavis par un ou plusieurs syndicats représentatifs, cinq jours francs au moins avant le début de la grève ;
- le préavis doit préciser les motifs de la grève, fixer le lieu, la date et l'heure de début ainsi que la durée de la grève envisagée ;
- pendant la durée du préavis, les parties sont tenues de négocier ;
- interdiction des grèves perlées ou tournantes, de grèves fondées sur un motif politique ou encore de grève entraînant le blocage des locaux de travail.

Par ailleurs, il est créé une retenue sur salaire pour fait de grève : toute journée de grève, quelle que soit la durée du service non fait donne lieu à une retenue de 1/30e de la rémunération mensuelle des agents publics.

Enfin, la question du maintien d'un service minimum dérive du droit de grève. C'est ainsi que dans certaines administrations (la navigation aérienne, les établissements hospitaliers, météo France...), un service minimum, par la présence d'agents réquisitionnés, s'impose.

De même, dans les écoles maternelles et élémentaires, si au moins 25 % des enseignants est gréviste, l'établissement doit organiser un service d'accueil des enfants, gratuit.

Enfin, les collectivités territoriales peuvent organiser un service minimum afin d'assurer une continuité des services publics. Pour ce faire, des négociations doivent avoir lieu pour aborder certaines missions ou services, comme la collecte et le traitement des ordures ménagères, le transport, la restauration scolaire...

FICHE 99 : LA NOTION DE DISCRIMINATION

La discrimination est le fait de procéder à une distinction « illégale » lors de l'embauche ou durant la carrière professionnelle des agents publics, ou encore à l'égard de tiers (usagers, cocontractants...). Il existe deux types de discrimination :
- **la discrimination directe** se produit **lorsqu'une personne** est traitée de manière moins favorable qu'une autre ne l'est, ne l'a été ou ne le serait dans une situation comparable ;
- **la discrimination indirecte** se produit **lorsqu'une disposition**, un critère ou une pratique apparemment neutre est susceptible d'entraîner un désavantage particulier pour des personnes d'une race ou d'une origine ethnique donnée par rapport à d'autres personnes, à moins que cette disposition, ce critère ou cette pratique ne soit objectivement justifié par un but légitime et que les moyens de réaliser cet objectif ne soient appropriés et nécessaires.

C'est l'article 225-1 du code pénal qui définit la liste des discriminations, qui peuvent concerner tant une personne physique que morale :
- origine ;
- sexe ;
- situation de famille ;
- grossesse ;
- apparence physique ;
- particulière vulnérabilité résultant de leur situation économique ;
- patronyme ;
- lieu de résidence ;
- état de santé ;
- perte d'autonomie ;
- handicap ;
- caractéristiques génétiques ;
- mœurs ;
- orientation sexuelle ;
- identité de genre ;
- âge ;
- opinions politiques ;
- activité syndicale ;
- langue parlée ;
- ethnie ;
- prétendue race ;
- religion.

La discrimination est punie d'une peine allant jusqu'à trois ans d'emprisonnement et 45 000 euros d'amende.

Ce principe de non-discrimination s'applique à toutes les personnes, tant dans le secteur public que privé, qu'il s'agisse d'une personne physique ou morale, y compris les organismes publics, en ce qui concerne notamment :

- **les conditions d'accès à l'emploi** aux activités non salariées ou au travail, y compris les critères de sélection et les conditions de recrutement, quelle que soit la branche d'activité et à tous les niveaux de la hiérarchie professionnelle, y compris en matière de promotion ;
- **l'accès à tous les types et à tous les niveaux d'orientation professionnelle**, de formation professionnelle, de perfectionnement et de formation de reconversion, y compris l'acquisition d'une expérience pratique.

Les juges français et européens sont très sensibles aux discriminations et n'hésitent pas à condamner l'administration. Les condamnations les plus fréquentes concernant les agents publics sont les discriminations directes, et celles concernant l'administration, les discriminations indirectes. Les administrations établissent des restrictions d'accès à partir de critères discriminants (par exemple, la CEDH a condamné la France, en 2008, pour une discrimination liée à l'orientation sexuelle, et en 1999 pour une discrimination relative à l'exercice d'une activité syndicale).

FICHE 100 : LE DEVENIR DE LA FONCTION PUBLIQUE

Le devenir de la fonction publique est le signe de sa propre vitalité. C'est ainsi que l'administration ne cesse d'évoluer et de se transformer, répondant à l'une des lois Rolland, relative à la **mutabilité** du service public.

Plus récemment, c'est suite au discours du président de la République du 19 septembre 2007 que la **Révision générale des politiques publiques** (RGPP) a été mise en œuvre. Elle s'est alors traduite par une réduction du nombre de fonctionnaires. D'autres pistes ont été également mises en œuvre, comme la rénovation du dialogue social, la représentativité des organisations syndicales, le niveau de rémunération, le pouvoir d'achat, etc.

Le Livre blanc sur l'avenir de la Fonction publique a été établi dans la foulée afin de « *simplifier l'organisation statutaire générale pour construire une fonction publique de métiers (par rapport à la fonction publique de carrière) en réorganisant les différents métiers de la fonction publique en une cinquantaine de cadres d'emplois regroupés en sept filières professionnelles au lieu des 500 corps et 200 statuts d'emploi actuels, ainsi qu'en clarifiant les règles de recours à des agents contractuels (notamment les motifs du recours et le régime juridique des agents)* ».

Selon le Premier ministre de l'époque, « *cette révision a pour ambition de remettre à plat l'ensemble des missions de l'État, sans tabou ni* a priori, *pour adapter les administrations aux besoins des citoyens. La révision vise à identifier les réformes qui permettront de réduire les dépenses de l'État, tout en en améliorant l'efficacité des politiques publiques. Les économies qui pourront être dégagées grâce aux réorganisations et à la diminution des effectifs permettront de financer le renforcement de certaines politiques et les grandes priorités du gouvernement* ».

S'appuyant sur des exemples étrangers, le gouvernement avait alors annoncé une démarche en trois points :
- **un pilotage** assuré au plus haut niveau de l'État : un Conseil de la modernisation des politiques publiques réunissant l'ensemble des ministres autour du président de la République afin d'arrêter les décisions à la fin du processus de révision ;
- **une révision** exhaustive : elle portera sur l'ensemble des ministères et l'ensemble des dépenses de l'État ;
- **des objectifs** particulièrement ambitieux puisqu'il s'agit d'aboutir à des réformes structurelles modifiant profondément les modes d'intervention de l'État.

Par ailleurs, les corps de métier, comme les instances représentatives de personnel, ont été progressivement transformés et devraient évoluer sous le mandat du président Macron :

- **la fusion des corps**, dont les missions sont comparables, offre la perspective d'espaces statutaires plus vastes pour le déroulement des parcours professionnels des agents concernés. Il s'agit d'une simplification de l'architecture statutaire qui offre à ces derniers la possibilité de bénéficier d'un parcours professionnel diversifié ;
- **l'élaboration de répertoires métiers**, dans chaque ministère, mais aussi dans chaque versant de la fonction publique, contribue à une meilleure identification des emplois et des compétences associées. Cette démarche permet également de rendre cohérentes les diverses actions de modernisation et d'harmonisation et de développer un certain nombre de processus RH (recrutement, formation, accompagnement des parcours professionnels, gestion prévisionnelle) ;
- **le répertoire interministériel des métiers de l'État** (Rime) date de 2006 et a été remis à jour en 2010. Il constitue désormais le pilier de la démarche « métiers » pour la fonction publique de l'État. Tous les emplois de l'État sont identifiés et décrits dans un document unique et selon la même méthode. Sur ce point, le ministère de la Fonction publique indique que « *la première caractéristique du Rime est sa parfaite compatibilité avec la fonction publique de carrière, dont l'un des principes est la distinction du grade et de l'emploi. Le Rime permet de réaliser une correspondance entre les effectifs et les métiers. La deuxième caractéristique du Rime est sa dimension interministérielle, en mettant en avant les points communs entre les emplois et en faisant abstraction des distinctions selon les organisations, les corps et les grades. Cette approche par les domaines fonctionnels permet notamment de révéler des fonctions émergentes en cours de professionnalisation ou de spécialisation (tel, par exemple, l'accueil des usagers), en lien avec l'évolution des services publics. Le Rime a ainsi vocation à servir à la fois de point d'appui et de levier pour les démarches métiers/compétences que les ministères tendent chacun à amorcer ou à approfondir dans leur domaine d'intervention. Il encourage par ailleurs une lecture interministérielle des métiers de l'État ainsi qu'une approche fine des missions et des emplois de chaque agent. L'appropriation du Rime par les administrations comme le développement de leurs propres démarches sont également l'occasion d'une réflexion renouvelée sur ce que font aujourd'hui les agents du service public et sur l'avenir de leurs métiers* ».

Christian Vigouroux, président de la section du rapport et des études du Conseil d'État, dans un article paru dans l'AJDA en 2013, a pu indiquer qu'« *en trente ans, les principes fondateurs de la fonction publique semblent être demeurés les mêmes. Mais les priorités ont évolué. Évaluation, efficacité, lutte contre les discriminations, service à l'usager, assouplissement de certaines règles, comme celles régissant les cumuls ont fait leur apparition. Surtout, de nombreuses réformes, d'apparence secondaire, semblent dissimuler de vraies transformations souterraines. Pour autant les valeurs de la fonction publique demeurent plus que jamais nécessaires. Et la nouvelle gestion de la fonction publique que beaucoup appellent de leurs vœux est compatible avec la garantie de l'essentiel. Les transformations souterraines plus que dissimulées sont nombreuses. Elles dessinent une fonction publique moins campée sur ses certitudes, et aussi moins stable sur ses garanties, plus dépendante de ses emplois* ».

Il conclut l'article en indiquant : « *[...] ce qui est dissimulé, c'est la globalité et la cohérence du nouveau système qui s'esquisse, système de rapprochement avec le salarié du secteur concurrentiel si ce n'est système de banalisation du salarié de la chose publique. De temps à autre, la totalité du nouveau système de substitution envisagé se dévoile comme un nouveau continent brusquement apparu entre deux nuages pendant un vol aérien. Tel fut le cas du rapport du Conseil d'État en 2003, du Livre blanc sur l'avenir de la fonction publique d'avril 2008, de tel rapport parlementaire et de quelques propos libres du président de la République avant 2012.* »

La loi 2019-828 du 6 août 2019 de transformation de la fonction publique, seule loi depuis avril 2016 à intervenir de manière significative sur les fonctions publiques, est venue à son tour modifier en surface, et parfois en profondeur, cette discipline. Elle offre une curieuse résonance avec les propos de Christian Vigouroux puisqu'on y découvre des modifications similaires à celles intervenues en droit du travail (notamment sur les instances de dialogue social) ou encore une très grande ouverture de la fonction publique du contrat.

Cette réforme ne sera cependant pas la dernière puisque la même loi autorise le gouvernement, jusqu'en août 2021, à « *procéder par ordonnance à l'adoption de la partie législative du code général de la fonction publique* ».

C'est là encore le signe de la pérennité de la fonction publique - s'il fallait en douter.

CONCLUSION

La fonction publique évolue rapidement, sous le joug d'économie d'échelles, mais aussi des nouvelles technologies. Cette évolution rend les agents plus aptes à évoluer sur leur poste et dans leur carrière, n'hésitant pas à changer de métier ou à se mettre en disponibilité pour s'engager dans le monde du travail privé. Cette même disponibilité est à présent ouverte aux agents en CDI dans la fonction publique, comme le permet la loi 2019-828 du 6 août 2019 de transformation de la fonction publique.

Les possibilités offertes par les textes de travailler chez soi, de dématérialiser toutes les tâches administratives, ne doivent cependant pas masquer le lien typiquement français entretenu avec les fonctionnaires, qu'ils soient en charge de la sécurité, des finances ou même des espaces verts.

La fonction publique comme l'administration dans sa totalité vont donc continuer à muter parce qu'elles s'adaptent. La réduction d'agents publics, annoncée par le président Emmanuel Macron, lors de sa campagne électorale en 2017 et au début de son mandat, la même année, avait été fixée à 120 000 postes supprimés (50 000 dans la fonction publique d'État et 70 000 dans la fonction publique territoriale). Cette réduction est loin d'être mise en œuvre. Elle est même devenue inatteignable. Aussi, en juillet 2019, le gouvernement annonçait passer de l'objectif de 50 000 agents en moins à 15 000 pour le mandat présidentiel.

À cela se rajoute la baisse des dotations de l'État, qui devrait, si ce n'est asphyxier les collectivités territoriales, tout au moins réduire leur train de vie et les empêcher de recruter en grand nombre.

Et enfin, une année 2020 compliquée, avec une épidémie de la Covid et une crise sanitaire sans précédent. Une baisse des recettes, mais surtout, une augmentation des dépenses importante. Les missions de toutes les administrations ont été rediscutées, pour être améliorées : plus de pouvoirs et plus de réactivité.

Le souhait des Français d'une administration et d'une fonction publique plus présentes dans l'exercice plénier de leurs missions, sur tout le territoire, et au service du public est à présent une réalité. Le plan d'aide budgétaire négocié par l'Union européenne devrait ainsi limiter les déséquilibres budgétaires de toutes les administrations. Ce qui induira une stabilité des recettes par l'impôt. C'est-à-dire sans augmentation des impôts directs ou indirects.

Voilà les défis de l'administration française pour les années à venir.

Remerciements

Un grand merci à Marianne Estève, sans qui cet ouvrage n'aurait pu se faire, à Laurence Brunel, pour sa confiance, son accompagnement et son aide, et à ma sœur, pour son indéfectible soutien.

Sans le travail de relecture, très scrupuleux, de Morgan Reynaud, ce texte n'aurait pas pu aboutir. Qu'il en soit très largement remercié.

Mes amis et ma famille sont aussi largement remerciés.

34/38, rue Camille-Pelletan - 92309 Levallois-Perret cedex
La Sepec - 01960 Péronnas - 10803201226
Imprimé en France - 4e trimestre 2020

Service éditorial : Charlotte Debroise, Benjamin Dias Pereira,
Laureen Gatien, Deborah Lopez
Conception graphique : Catherine Aubin

Dépôt légal à parution
ISBN 978-2-7590-4593-8

PEFC 10-31-1470 / Certifié PEFC / Ce produit est issu de forêts gérées durablement et de sources contrôlées. / pefc-france.org